성경 파노라마

Originally published under the title of

BIBLE PANORAMA

Published by Media Ministries,
Wheaton, Illinois 60187, U.S.A.

성경 파노라마

BIBLE PANORAMA

테리 홀 지음 ● 배응준 옮김

규장

성경 파노라마

이 책의 100% 활용법

1 시각적인 자료! 사진처럼 찰칵! 머릿속에 기억!

이 책에는 독자들의 이해를 돕고 독자들이 흥미를 가지고 공부할 수 있도록 그림, 지도, 도표 등 다양한 정보가 제공되어 있다. 본문에 해당되는 각각의 시각 자료들을 기억해두면 그것이 이미지화되어 나중에 본문의 내용을 쉽게 떠올릴 수 있다.

2 복잡한 지명들은 이제 안녕! 성경을 지도로 만난다.

갈릴리, 안디옥, 시내산 등 어디에 있는 것인지 정확히 알 수는 없지만 성경에 빠지지 않고 나오는 핵심 지명들. 이 핵심 지명들과 성경의 사건, 사람들을 지도 속에서 만난다! 지도가 나올 때마다 손가락으로 허공에 몇 번 그려보거나 빈 종이에 그려보자. 다음번에 성경을 읽을 때에는 머릿속에 지도가 입체적으로 그려질 것이다.

3 혼자서 공부? Good! 그룹별로 공부? Very good!

이 책은 혼자서 하루 만에 마스터할 수 있도록 구성되어 있다. 그러나 그룹별로 공부할 경우, 더 큰 효과를 기대할 수 있다. 성경공부에 뜻이 있는 사람들끼리 모여 하루에 한 장(章) 혹은 한 주에 한 장씩 공부하라. 단, 이 책을 공부하기 시작했다면 성경의 전체적인 흐름을 파악하기 위해 되도록 빠른 시일 내에 집중해서 마스터하는 것이 좋다.

4 좋은 것은 나눠주라! 이야기하면서 다시 기억!

당신이 이 책을 마스터한 뒤에 다른 사람에게 가르칠 경우, 가장 큰 효과를 얻을 수 있다. 당신이 공부한 분량을 3일 이내에 다른 사람에게 가르쳐보라.

5 이 책을 처음부터 끝까지 통독하라!

이 책은 구약, 신구약 중간기, 신약 이렇게 세 부분으로 나뉘어 있다. 그런데 신약이 만만해 보인다고 신약에 관한 부분부터 읽지 마라. 1장부터 순차적으로 읽어야 성경의 전체적인 흐름을 잡을 수 있다.

마음을 뜨겁게 하는 성경의 파노라마가 펼쳐진다!

인류 역사상 가장 의아한 출판물이 있다. 이 책은 특별한 편집자도 없고, 출판사도 없으며, 20개의 직업을 가진 40명의 기자들이 1,600년에 걸쳐 서로 다른 10개 국가에 흩어져 살면서 총 3가지 언어로 2,930명의 인물과 1,551개의 지명을 언급하여 기록했다. 이 책은 총 66권으로 1,189장과 31,173구절, 774,746단어와 3,567,180글자로 구성되어 있다. 이 방대한 분량의 책에는 인간의 문학 양식으로 표현할 수 있는 모든 주제가 망라되어 있다. 그 표현 방식도 산문, 시, 연애소설, 수수께끼, 전기(傳記), 과학, 역사 등으로 다양하다. 과연 이 책은 무엇일까? 바로 성경이다.

성경은 처음부터 끝까지 오직 한 분이신 하나님과 인류의 문제를 불러온 한 가지 원인(죄)과 그 문제를 치유하는 우주적인 한 가지 치료법(하나님의 아들이자 구원자)에 대해 일관성 있게 말씀한다. 성경은 모두 하나의 이야기이다. 성경의 마지막 책 그 끝 부분은, 마치 성경의 첫 책의 첫 부분에서 시작된 이야기의 결말처럼 느껴진다.

많은 사람들에게 성경은 마치 거대한 퍼즐과도 같다. 그들은 성경을 파노라마처럼 쫙 펼쳐서 보지 못하고, 성경의 이야기를 수많은 퍼즐 조각으로만 대한다. 만일 당신이 퍼즐의 전체 그림은 보지 못하고 수백 개의 퍼즐 조각만 보았다면, 그 조각을 다 맞추기까지 얼마나 고생하게 될는지 상상해보라.

많은 사람들이 성경의 극히 작은 일부분을 뽑아서 공부하고, 설교를 들으며, 말씀을 읽는다. 하지만 그것들이 어떻게 하나님의 책(성경)을 이루는지는 보지 못한다. 전체 그림을 본 다음 각각의 퍼즐 조각을 들여다보는 것이 훨씬 더 의미 있는 것처럼 성경도 마찬가지이다.

한 사람의 저자로서 이 책이 독자들에게 성경의 큰 그림을 보여주는 데 도움을 줄 수 있다는 것은 내게 대단한 영광이다. 특별히 나는 이 책이 한국의 독자들에게 소개되는 것을 매우 기쁘게 생각한다. 한국 기독교는 폭발적인 성장을 거듭해 왔다. 전 세계에서 가장 큰 12개의 교회 중 11개의 교회가 한국 서울에 있다. 또한 한국은 전 세계에서 2번째로, 많은 선교사를 파송하는 나라이다. 그야말로 한국인들은 전 세계로 복음을 수출하고 있는 것이다!

어느 날, 예수님의 제자 두 명이 엠마오로 가던 도중에 부활하신 예수님을 만났다. 예수께서는 친히 모세오경으로부터 시작해서 말라기서까지 모든 성경이 어떻게 자신을 세상의 구원자로 지목하고 있는지를 파노라마처럼 설명해주셨다(눅 24:13-35). 그러자 그들은 예수께서 "길에서 우리에게 말씀하시고 우리에게 성경을 풀어주실 때에 우리 속에서 마음이 뜨겁지 아니하더냐"(눅 24:32)라고 하면서 거룩한 가슴앓이를 시작한다.

이제 우리는 하나님의 완성된 계시를 손에 가지고 있다. 나는 한국의 모든 독자들이 성경의 인물과 장소와 원리를 배워 창세기로부터 요한계시록까지 성경의 연속성을 보게 되기를 기도한다. 또한 이 책을 통해 한국의 모든 독자들이 하나님의 말씀을 매일 읽고자 하는 새로운 동기를 가지고, 하나님의 변치 않는 원리를 삶에 적용하며, 성경의 이야기를 다른 사람들과 함께 나누게 되기를 기도한다.

이 책을 읽는 당신이 미처 구하지도, 상상하지도 못한 축복이 당신에게 임하기를 빌며….

테리 홀

Terry Hall

흥미진진한 바이블 어드벤처를 떠나라!

문자 해독 능력이 곧 권력인 때가 있었다. 고대 이집트의 상형문자나 수메르의 쐐기문자를 터득하는 것은 그 당시 권력 엘리트로 진입하는 길이었다. 조선의 사대부층이 세종대왕의 한글 창제를 반대한 까닭은, 민초들에게 문자 해독력이 생기면 자신들에게 집중되어 있던 권력이 와해된다고 보았기 때문이다.

이것은 성경 이해에서도 마찬가지이다. 중세 가톨릭교회는 라틴어로 된 성경만을 고수하여 일부 성직자층이 성경 해석권을 독점하고 서민들의 성경 접근을 차단하여 종교 권력을 장악하였다. 민초들에게는 성경이 아니라 다만 성화(聖畵)와 성상(聖像)으로 신앙교육을 받도록 장려하였다. 감추어지고 닫힌 성경은 전문적인 교육을 받은 종교 엘리트들만이 암호 해독하듯이 접근할 수 있었으며 그들은 이를 신성시하여 자신들의 권력의 도구로 삼았다.

이렇게 닫힌 성경을 열린 성경으로, 혁명적으로 그 문호를 개방한 자가 바로 종교개혁가 마르틴 루터였다. 그는 라틴어 성경을 독일어로 번역하여 노동자, 농민, 중소상인들이 자유롭게 성경을 읽고 이해하도록 하였다. 성직자만의 성경 독점권이 파괴된 것이다. 빈부귀천을 막론하고 누구든지 자국어로 성경을 쉽게 대할 수 있어야 한다는 운동이 전개되었으며 바야흐로 "물이 바다를 덮음같이 여호와를 아는 지식이 세상에 충만하게 되었다"(사 11:9). 그러나 성경이 자국어로 번역되었다고 해서 저절로 열린 성경이 되는 것은 아니다. 성경이 알기 쉽게 소개되어 누구나 성경을 쉽게 이해할 수 있는 길이 확보되어야만 열린 성경이 되는 것이다.

네비게이션이 나와서 이제는 운전하기에 편리해졌다. 모르는 길도 네비게이션이 찾아서 안내해주는 대로 따라가면 목적지에 수월하게 도착할 수 있다. 그렇다면 복잡한 성경 66권도, 마치 네비게이션처럼 잘 인도해주기만 한다면 성경의 미로에서 길을 잃지 않고 성경 탐사를 잘 할 수 있을 것이다. 창세기에서 발원하여 요한계시록까지 도도히 흘러가는 구원 역사의 물줄기가 어디가 본류(本流)이고 어디가 지류(支流)이며 어디가 샛강인지를 보여주는 '영적 항공사진 지도'가 필요하다. 또한 숲을 보여주되 인서트 화면으로 나무를 확대해 보여주는 정밀사진도 필요하다. 이 두 조건을 동시에 만족시켜주는 성경 안내 네비게이션 저자가 테리 홀이다. 그는 성경을 역사, 체험, 예언의 세 구획으로 구분하여 체계적으로 아주 쉽게 우리를 인도한다.

테리 홀은 미국 무디성경대학에서 성경을 잘 모르는 신입생들에게 다년간 성경을 가르치며 그들에게 체계적인 성경지식을 확립해준 분이다. 또 많은 교회와 기독교 기관들을 순회하며 성경을 시청각적으로 가르치는 사역자로 유명하다.

그가 펼쳐 보이는 성경 파노라마는 머리에 쏙쏙 들어온다. 그는 입체적인 성경 공부법을 보여준다. 성경 역사가 어떻게 흘러가는지 역사의 큰 물줄기를 보여주며, 그것이 성경지도 어디에서 언제 펼쳐지는지도 입체적으로 규명한다. 여기에 성경 각 권의 중요 주제와 중심인물들을 연상법으로 재미있게 기억하도록 하는 것은 그만의 장기이다. 그의 안내를 따라 이 책을 다 읽게 되면 성경 66권의 큰 흐름이 사진처럼 가슴에 박히게 된다.

구약의 스바냐서와 하박국서를 찾아 헤매던 사람, 신약의 빌레몬서와 유다서를 찾으라고 하면 얼굴이 하얘지고 마는 사람도 이 책을 보면 성경의 구도와 체계를 확실히 잡을 수 있게 된다.

아는 사람 전혀 없는 낯선 외국 여행길이 초행(初行)이라 해도 가이드를 잘 만나면 견문을 넓히는 알찬 여행을 할 수 있다. 오늘 성경 66권을 여행하는 초행길에 나선다면 누구에게나 테리 홀은 능숙한 '바이블 가이드'가 되어줄 것이다. 자, 이제 능숙한 테리 홀의 안내를 받으며 '성경 답사 여행'에 따라나서라. 흥미진진한 바이블 어드벤처가 당신을 기다리고 있다.

규장 편집국장 김응국 목사

한눈에 보는 성경 파노라마

N
W
E
S
역사서 12권
여호수아서, 사사기, 룻기,
사무엘상, 사무엘하,
열왕기상, 열왕기하, 역대상, 역대하,
에스라서, 느헤미야서, 에스더서
시가서 5권
욥기, 시편, 잠언,
전도서, 아가서
서신서 21권
로마서, 고린도전서, 고린도후서, 갈라디아서,
에베소서, 빌립보서, 골로새서,
데살로니가전서, 데살로니가후서, 디모데전서, 디모데후서,
디도서, 빌레몬서, 히브리서, 야고보서,
베드로전서, 베드로후서,
요한일서, 요한이서, 요한삼서, 유다서
예언서 1권
요한계시록

CONTENTS
차례

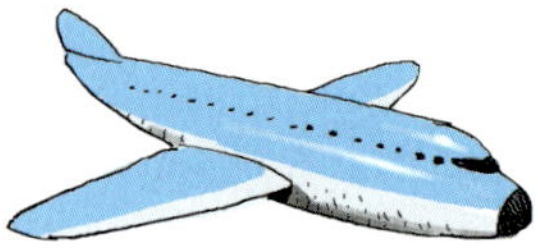

BIBLE PANORAMA

PART 1

성경의 골격 파노라마

성경을 폭넓게 조감하는 활동이 왜 중요할까? 우리 몸이 뼈대를 갖고 있는 것과 마찬가지로 성경도 뼈대를 갖고 있기 때문이다. 파노라마처럼 펼쳐져 있는 성경의 전경을 조감한 뒤에야 우리는 퍼즐 조각들을 어디에 끼워 맞춰야 할지 알게 된다. 구약 한가운데서 튀어나온 메시지를 성경 전체의 역사 흐름에 끼워 맞출 수 있을 때, 그 메시지가 당신에게 얼마나 큰 의미를 지니게 될는지 생각해보라.

01
CHAPTER

먼저 숲을 보고 나무를 보라

성경의 세 골격

퍼즐 맞추기를 좋아하는가? 그렇다면 수많은 퍼즐 조각들을 앞에 놓고 씨름할 때, 상자 겉면에 있는 완성된 그림을 보면 큰 도움을 얻을 수 있다는 사실을 잘 알고 있을 것이다. 퍼즐의 전체 그림을 모르는 상태에서 조각을 맞춘다고 생각해보라. 실로 험난한 도전이 될 것이다. 그렇지만 미리 완성도를 보고 퍼즐을 맞춘다면 당신은 퍼즐의 한 조각 한 조각에 의미를 부여할 수 있을 것이다.

크리스천들에게 성경은 방대한 규모의 퍼즐 맞추기와도 같다. 그러나 대부분의 사람들은 파노라마처럼 펼쳐진 전체 그림을 보지 못하고 단지 수많은 조각만을 본다. 다음에 퍼즐 조각 몇 개를 제시했다. 이 조각들만 가지고 전체 그림을 추측해보라. 하지만 이것들만 갖고 보면 전체 그림을 전혀 가늠할 수 없을 것이다.

많은 크리스천들은 '성경 조각'을 모으는 전문적인 수집가들이다. 우리는 주일마다 설교나 성경공부를 통해 성경 이야기의 작은 조각들을 줍는다. 물론 날마다 QT를 하는 크리스천들은 다른 크리스천들보다 더 많은 조각들을 수집할 수 있다. 그러나 많은 성경 조각들을 가지고 있으면서도 그것들을 어떻게 짜 맞춰야 할지 모르는 사람들은 말씀을 제대로 알지 못하는 상태를 자각하고 좌절감에 빠진다. 주일학교 교사들을 포

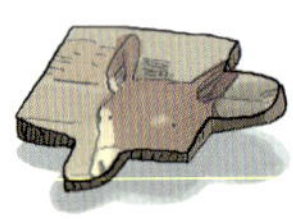

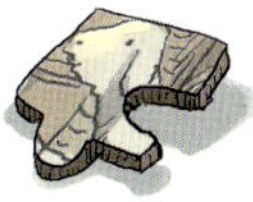

함한 수많은 크리스천들이 성경공부를 감당하기 벅찬 과업으로 여기고 있다는 사실은 별로 놀랄 일이 아니다. 아마 당신은 여기에 제시한 조각들이 노아 방주 그림의 일부라고 생각할지 모른다. 타당한 추측이다. 그러나 당신을 실망시키게 되어 유감이다. 이 퍼즐 조각들은 문맥을 떠난 성경 말씀이 사실과 전혀 다른 '억지'가 되기 십상임을 보여주는 훌륭한 예이다.

이단 종파의 지도자들은 성경을 이용하여 그릇된 가르침을 전한다. 그들은 시편이나 잠언이나 예언서(선지서)의 어느 한 구절을 성경 전체의 문맥으로부터 뚝 떼어내 해석한다. 그래서 하나님께서 원래 의도하신 것과 정반대로 말한다. 우리는 성경 각 권은 물론 모든 구절들을 성경 전체의 맥락에서 이해해야 한다. 이것이 그릇된 가르침을 차단하는 최고의 '단열재'이다. 하나님의 진리만이 우리를 자유롭게 하여 그분의 길을 걷게 한다.

1 기본적인 성경 접근법

성경

성경에 접근하는 방법은 두 가지가 있다. 하나는 '종합적 접근 방법'이고 다른 하나는 '분석적 접근 방법'이다. 종합적 접근 방법은 큰 그림을 보는 것이다. 'synthesis'(종합)이라는 영어 단어는 "합치다", "결합하다"라는 뜻의 헬라어에서 유래했다.

비행기를 타고 높이 오르면 무척이나 흥분된

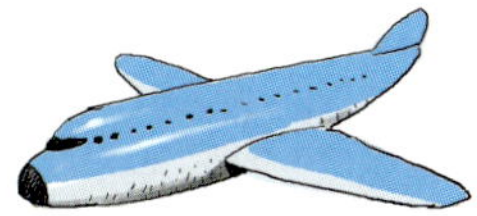

성경 종합

다. 나는 성경교육 사역을 위해 비행기를 타고 수년간 정기적으로 여러 나라를 순회했는데 그때마다 비행(飛行)에 매료되곤 했다. 어떤 광경은 높이 올라가야만 보인다. 하늘에서 내려다보면 땅에서 봤을 때보다 훨씬 더 장대한 풍경을 볼 수 있다. 하늘은 언제나 깜짝 놀랄 만한 장관을 선사한다. 위용(威容)을 자랑하는 산맥들, 알래스카의 장엄한 빙하, 웅대한 절벽으로 아름다운 경관을 이루는 그랜드캐니언, 농기계들로 평야를 가로지르며 만들어놓은 오묘한 문양들, 복잡하게 이어진 해안선 등 이루 말할 수가 없다.

성경 분석

그런데 비행기가 높이 올라갈수록 우리는 세세한 광경을 놓치기 쉽다. 여기서 '분석적 접근 방법'이 등장한다. 분석적 접근 방법은 종합적 접근 방법과는 달리 어느 한곳을 깊이 파내려가는 작업과 같다. 물론 사전 조사가 성공적일수록 무엇을 위해 어디에 착륙해야 할지 더 잘 알 수 있다.

그렇다면 종합적 접근 방법과 분석적 접근 방법 중 어느 것이 더 중요할까? 이런 질문은 무의미하다. 두 가지 접근 방법 모두 필요하기 때문이다. 이상적인 순서는 전체를 먼저 본 뒤에 부분을 보고, 다시 부분을 전체와 연관 지어 생각하는 것이다.

예루살렘에 처음 여행을 갔다고 상상해보자. 당신은 예루살렘의 유적지나 도심에 대해 전혀 아는 바가 없다. 거기서 하루 동안 관광을 한다고 할 때, 당신은 아침 일찍 일어나 혼자 발품을 팔거나 두 시간짜리 시내 투어를 신청하여 기독교 유적지를 둘러보며 설명을 들을 수 있을 것이다. 첫 번째 방법은 한곳에 오래 머물 수 있기 때문에 매력적으로 보인다. 그러나 두 번째 방법은 중요한 유적지를 빠짐없이 둘러볼 수 있다는 점에서 유익하다. 전자의 경우일지라도 안내가 상세히 되어 있는 지도를 갖고 있거나 꼭 가볼 필요가 있는 장소를 미리 파악해두었다면 당신은 주어진 시간을 좀 더 알차게 보낼 수 있을 것이다.

우리는 일곱 가지 논리적 단계에 따라 성경에 접근할 수 있다. 그 일곱 가지 논리적 단계는 성경 전체, 신약 혹은 구약, 각 권, 장(章), 단락, 문장, 단어이다. 눈치 빠른 독자들은 이것이 분량에 따라 구분된 단계임을 알아차렸을 것이다.

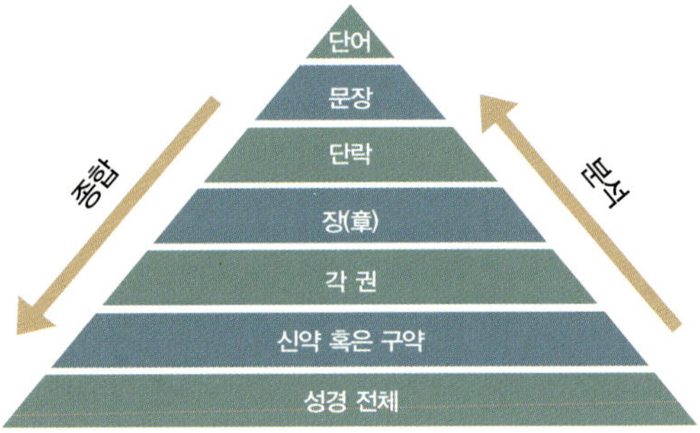

효율적인 성경공부를 위해 한 가지 제안을 하자면, 당신이 분석하기로 계획한 목표보다 적어도 한 단계 위의 분량을 읽으라는 것이다. 예를 들어 어떤 장을 집중적으로 파기 전에 그 장이 속한 각 권을(마태복음 몇 장이면 마태복음 전체를, 누가복음 몇 장이면 누가복음 전체를) 읽는 것이 좋으며, 어떤 단락을 탐색하기 전에 그 단락을 포함하고 있는 장을 읽는 것이 바람직하다.

종합이나 분석은 이 일곱 단계 어디에서나 이루어질 수 있다. 그것은 당신이 어느 방향으로 가느냐에 따라 달라진다. 부분을 전체 그림과 연결시켜서 개관하기를 원한다면 종합이 될 것이고, 개별적인 부분들을 그 자체로 탐구하기를 원한다면 분석이 될 것이다. 말씀의 유능한 일꾼이 되려면 이 두 가지 연장을 모두 잘 다룰 줄 알아야 한다.

2 성경 조감의 중요성

성경

'조감'(鳥瞰)은 새가 높은 하늘에서 아래를 내려다보는 것처럼 전체를 한눈으로 관찰한다는 뜻이다. 성경을 폭넓게 조감하는 활동이 왜 중요할까? 우리 몸이 뼈대를 갖고 있는 것과 마찬가지로 성경도 뼈대를 갖고 있기 때문이다. 파노라마처럼 펼쳐져 있는 성경의 전경(全景)을 조감한 뒤에야 우리는 퍼즐 조각들을 어디에 끼워 맞춰야 할지 알게 된다. 당신이 구약 한가운데서 튀어나온 메시지를 성경 전체의 역사 흐름에 끼워 맞출 수 있을 때, 그 메시지가 당신에게 얼마나 큰 의미를 지니게 될는지 생각해보라.

성경의 전경을 조감한 뒤에 우리는 모든 구절들을 편하게 대할 수 있다. 말씀의 더 깊은 의미를 깨달을 수 있고 세세한 요소들을 넘어 포괄적인 조직을 볼 수 있다. 1,189장과 66권으로 이루어진 이 방대한 도서관 안에서도 길을 잃지 않게 된다. 성경 66권 중에 '역사서'로 분류되는 책은 22권이지만, 성경의 전체적인 줄거리는 단지 16권을 통해 전개된다는 사실을 아는가?

성경의 전체 줄거리를 전하는 책들(16권)

현재 일어나는 일과 앞으로 발생할 일을 모두 알고 계신 성경의 저자(하나님)께서 인간을 향한 기록을 한 권의 책으로 압축시키셨다는 사실이 그저 놀랍기만 하다. 이 땅에 그런 지식을 가진 저자가 있다면(그런 사람은 있을 수도 없지만), 그가 아는 지식의 서론을 풀어놓기만 해도 국회도서관에 소장되어 있는 분량만큼의 책들이 필요할 것이다. 사도 요한이 "예수의 행하신 일이 이 외에도 많으니 만일 낱낱이 기록된다면 이 세상이라도 이 기록된 책을 두기에 부족할 줄 아노라"(요 21:25)라고 말한 것을 고려해볼 때, 우리는 하나님의 능력과 지혜가 얼마나 광대한지 조금은 짐작할 수 있다.

성경은 창조부터 모든 것의 완성에 이르기까지 계속되는 하나님의 뜻과 길에 관해 말한다. 그러므로 우리는 성경을 조감하는 과정을 통해 우리 시대를 좀 더 잘 분별할 수 있다. 이미 성취된 말씀을 깨닫게 될 때, 우리는 이 세대에 이루어지고 있는 예언을 올바로 연구할 수 있을 뿐만

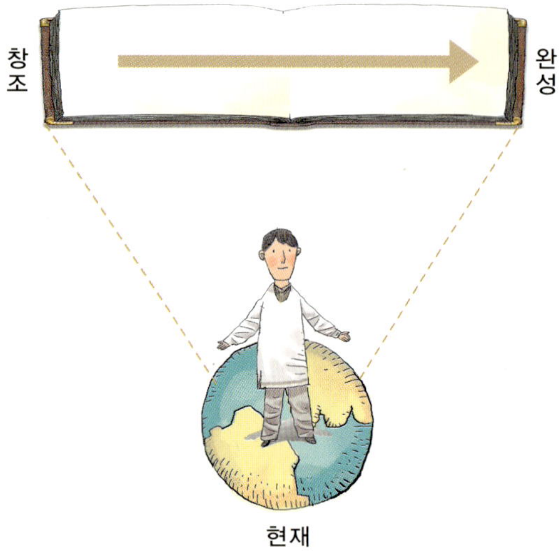

아니라, 하나님께서는 자신이 선포한 말씀을 반드시 이루신다는 확신을 가질 수 있다.

성경을 분석하여 얻은 진리들은 타당하며 또한 귀하다. 그러나 성경을 폭넓게 조감하여 말씀 전체로부터 나오는 원칙들을 깨달을 때, 우리는 역동적인 삶의 차원으로 들어가 새로운 체험을 할 수 있다. 교리가 무엇인가? 신학이 무엇인가? 성경의 전체적인 주제를 조직적으로 다루는 체계가 아닌가? 따라서 우리는 성경을 전체적으로 조감함으로써 기독교 신앙의 교리를 깨달을 수 있는 기반도 얻을 수 있다.

아무튼 당신의 마음을 계속 졸이는 것도 예의가 아니니 앞서 보았던 퍼즐 조각들이 어떤 그림의 일부인지 대답하도록 하겠다. 그것은 아기 예수님이 구유에 누워 있는 그림이다.

3 성경 이 책에서 얻는 유익

앞에 제시했던 퍼즐 조각을 다시 한 번 보기 바란다. 전체 그림을 본 다음 다시 보니 퍼즐 조각의 하나하나가 확실히 이해되지 않는가? 성경의 내용과 거기 등장하는 인물들을 거시적으로 조망할 때도 마찬가지이다.

다음의 내용으로 각자 유익한 도움을 얻게 되기 바란다.

- ✓ 성경의 세 골격 또는 여덟 골격
- ✓ 한 단락으로 된 성경의 역사
- ✓ 성경의 모든 초점은 예수 그리스도께 고정됨
- ✓ 각 행이 성경의 각 권을 묘사하는 시(詩)
- ✓ 성경을 한눈에 보여주는 세 가지 지도
- ✓ 신구약 각각에 대한 역사적인 열두 시대
- ✓ 성경 66권의 간략한 주제와 개요
- ✓ 신구약 비교 및 대조
- ✓ 신구약 사이에 있는 400년의 침묵기의 중요성

이 책을 의욕적으로 읽는다면 누구나 위의 내용을 충분히 소화할 수 있다.

그런데 인간의 기억력이 72시간 후에 어떻게 변하는지에 대한 흥미로운 통계가 있어서 잠깐 언급하고자 한다. 다양한 시각 자료를 참고하여 읽는 것이 그냥 읽는 것보다 기억력을 세 배로 증가시킨다는 점과 지속적으로 상기하고 싶은 내용을 큰 소리로 낭독하는 것이 그냥 눈으로 읽는 것보다 기억력을 일곱 배나 증가시킨다는 점을 특별히 주목하라. 가장 좋은 방법은 다른 사람들을 가르치거나 대화를 하면서 이 진리를 당신 입으로 직접 말하는 것이다. 직접 실행에 옮길 때 기억력이 엄청나게 증대된다는 점도 주목하기 바란다.

3일 후의 평균 기억력

읽기	10%
듣기	20%
참고하면서 읽기	30%
보면서 듣기	50%
공부하기	60%
큰 소리로 읽기	70%
실행하기	90%
복습하며 암송하기	100%

가장 기초적이면서도 효과적인 방법은 손가락이나 연필을 가지고 이 책에 있는 지도의 윤곽선을 따라가는 것이다. 물론 별도의 종이에 직접 지도를 그려보는 것이 더 좋은 방법이 되겠다.

그러나 무엇보다 이 책으로부터 유익을 얻기 위한 최선의 방법은 영적으로 목마른 심령을 갖는 것이다.

"하나님이여 사슴이 시냇물을 찾기에 갈급함같이 내 영혼이 주를 찾기에 갈급하니이다"(시 42:1).

이 책이 인용하는 성경구절을 일일이 찾아 문맥과의 관계를 고려하며 읽어보라. 하나님 말씀이 당신 안에 들어와 역사할 수 있도록 당신 삶에 새로운 영역을 열어달라고 구하라. 그리고 그 과정에서 당신이 보일 수도 있는 부정적인 반응에 실망하지 말라. 하나님께서 현재의 당신에게서 가장 중요하게 보시는 것, 그것 하나에만 집중할 수 있게 해달라고 구하라. 모든 것을 다 할 수는 없어도 오늘 적어도 한 가지는 할 수 있다. 모든 것을 다 할 수는 없다는 것이, 어떤 것을 할 수 없다는 이유는 되지 못한다.

4 성경 성경에 대한 기초 상식

아주 기초적인 것부터 살펴봄으로써 성경을 조망하는 작업을 시작해보겠다. 신구약은 각각 몇 권으로 이루어졌을까? 기억하기 쉬운 방법이 있다. '구약'(Old Testament)이란 단어에서 '구'(Old)에 해당하는 영문 글자의 수는 3개이고, '약'(Testament)에 해당하는 영문 글자의 수는 9개이다. 이 둘을 합친 수, 바로 39가 구약성경을 구성하는 책의 권수(卷數)이다.

구약

그렇다면 신약은 어떨까? '신약'(New Testament)이란 단어에서 '신'(New)에 해당하는 영문 글자는 3개, '약'(Testament)에 해당하는 영문 글자는 9개이다. 이 둘을 곱한 수, 바로 27이 신약성경을 구성하는 책의 권수이다.

신약

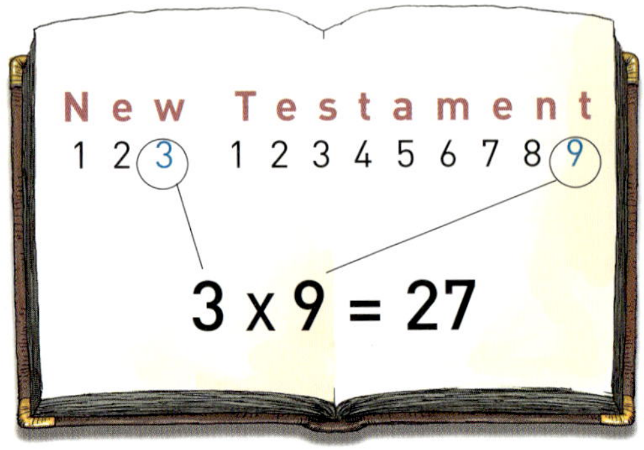

또한 예수님이 사역 초기에 선택하신 제자의 숫자가 열두 명이었다는 사실을 기억하는 것도 좋은 방법이다. 열두 제자 가운데 베드로와 요한과 야고보, 이 세 사람을 나머지 아홉 사람과 구분하여 '예수님의 세 제자'라고 칭하기 때문이다. 성경은 구약 39권과 신약 27권이 합해져서 총 66권으로 구성되어 있다('3×9=27'이라는 구구단을 떠올려서 '39(구약)+27(신약)=66(성경 총 권수)'이라고 생각하면 기억하기 좋을 것이다 – 역자 주).

5 성경 성경의 세 골격

성경 66권은 내용에 따라 역사(History), 체험(Experience), 예언(Prophecy)의 세 범주로 묶을 수 있다. 군대의 부사관들이 행진할 때 종종 붙이는 "HEP!"이라는 구령이 이 세 뼈대의 영문 첫 철자와 같다는 점을 상기하면 암기하기 쉽다.

구약의 처음 17권과 신약의 처음 5권은 성경에서 역사적인 사실을 기록한 부분이다. 따라서

성경의 세 골격

이 22권을 읽으면 성경 전체의 역사 흐름을 파악할 수 있다. 이 책들은 매우 빠르게 성경의 줄거리를 소개한다. 성경 66권을 세 범주로 나누어 22가 나왔다고 생각하면 외우는 데 도움이 될 것이다. 구약 39권에서 역사에 해당하는 처음 17권을 제하면 22권이 남는다. 그중에서 바로 다음에 이어지는 5권은 체험에 관한 책이며, 그 뒤에 이어지는 17권은 예언에 관한 책이다.

신약의 경우에도 총 27권 중에서 역사에 해당하는 처음 5권을 제하면 22권이 남는다. 그중에서 바로 다음에 이어지는 21권은 체험에 관한 책이며, 나머지 한 권은 예언에 관한 책이다.

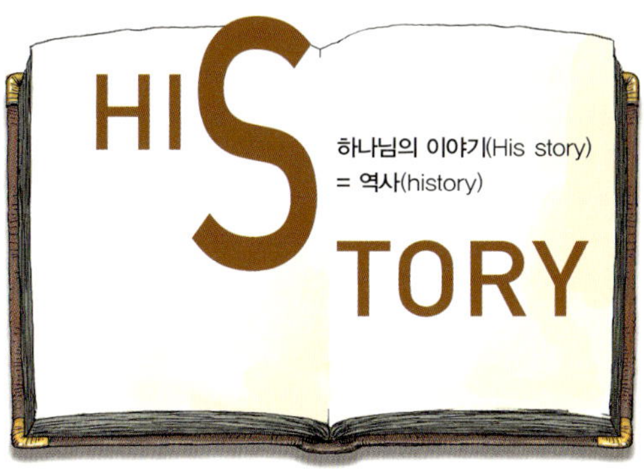

신구약 66권 중에서 22권(구약 17권과 신약 5권)이 역사적인 기록을 전하고 있다. 그리고 신구약은 이런 역사를 보완하는 다른 책들을 각각 22권씩 갖고 있다. 하나님의 계시인 성경을 창세기부터 차례로 읽어나가다가 '체험'과 '예언'에 관한 책에 이르렀을 때, 갑자기 '이야기(역사) 줄거리'가 끊겨서 당황했던 적이 있는가?

그렇게 사라졌던 줄거리가 신약의 복음서와 사도행전에서 잠깐 나타났다가 로마서에서 요한계시록에 이르기까지 다시 사라지는 바람에 혼란스러웠던 적이 있는가? 그렇다면 다음의 도표 '세 골격으로 본 성경의 역사'를 참고하라. 22권의 역사서와 그것을 보완하는 체험서와 예언서 44권의 책을 일목요연하게 정리해놓은 표를 참고하면 아마 이와 같은 혼란을 말끔히 씻을 수 있을 것이다.

또한 체험이나 예언을 기록한 책들의 내용이 대부분 역사서의 후반부를 부연하고 있다는 사실은 매우 흥미롭다. 구약의 예언서(선지서) 17권은 모두 열왕기상에서부터 에스더서 시대에 역사적으로 들어맞으며, 신약의 체험서 21권 역시 모두 사도행전이나 사도행전 직후 시대에 역사적으로 들어맞는다. 성경의 각 권들을 연대순으로 배열해놓은 3장과 9장에서 이 점을 확인할 수 있을 것이다.

세 골격으로 본 성경의 역사

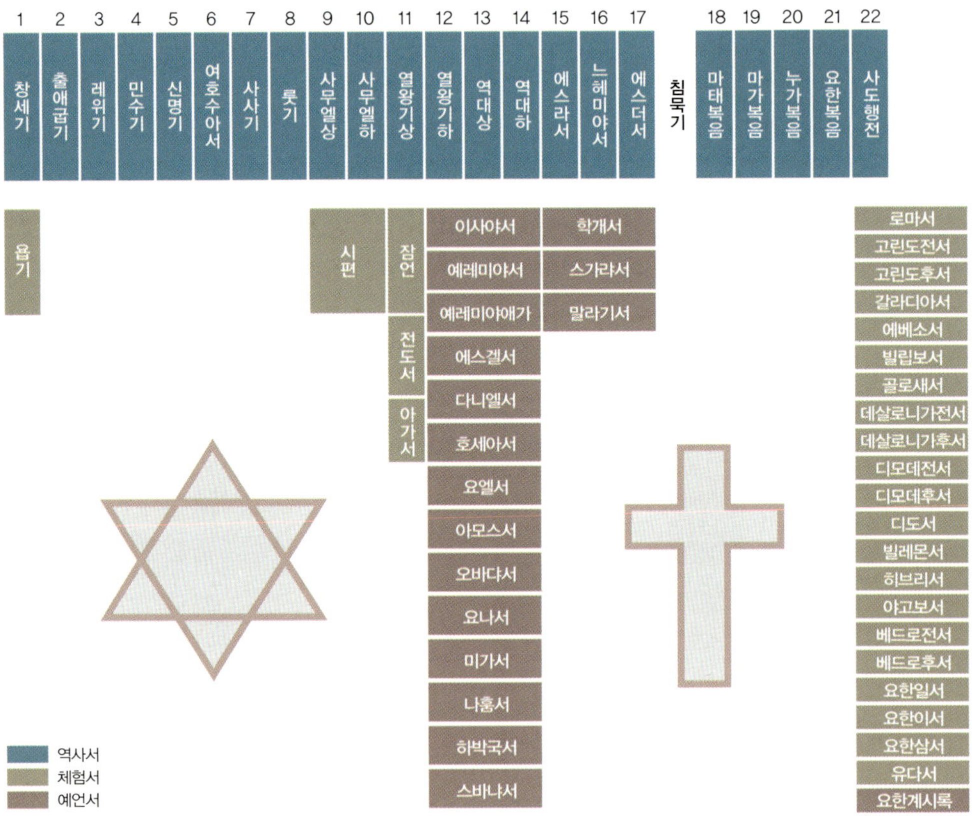

6 성경 성경의 역사 요약

구약의 역사를 한 단락으로 요약하면 다음과 같다.

하나님께서 세상을 창조하신 후에 인간은 스스로 타락하고 말았다. 그래서 하나님께서는 큰 홍수를 일으켜 인간을 심판하셨고 또 교만해진 인간들을 바벨탑에서 온 땅으로 흩으셨다. 이후에 아브라함과 이삭과 야곱은 히브리 민족의 조상이 되었다. 애굽에서 큰 집단을 이룬 히브리 민족은 모세의 영도(領導) 아래 그곳을 빠져나왔다. 그들은 40년 동안 광야를 유랑하며 배우고, 시험을 당하고, 벌을 받고, 다시 배우다가 마침내 여호수아를 따라 약속의 땅으로 들어갔다. 원래 히브리 민족에게는 왕이 없었다. 간헐적으로 사사(士師)들이 일어나 그들을 이끌었다. 그러다가 사무엘을 마지막으로 14명의 사사 시대가 막을 내리고 마침내 왕정이 시작되어 사울, 다윗, 솔로몬이 차례로 왕위에 올랐다. 솔로몬이 죽은 뒤, 히브리 민족은 남쪽 왕국(유다)과 북쪽 왕국(이스라엘)으로 분열되었다. 북이스라엘은 19명의 사악한 왕들의 통치를 받은 뒤에 앗수르(아시리아)에 의해 멸망당하여(BC 722년) 백성들이 뿔뿔이 흩어졌다. 남유다는 20명의 왕들의 통치를 받은 다음에 바벨론에 의해 멸망당하여(BC 586년) 수많은 백성들이 바벨론 땅으로 잡혀갔다. 그런데 바사(페르시아)가 바벨론을 정복하면서 남유다 백성들은 70년간의 바벨론 포로생활을 끝내고 고향으로 돌아갈 수 있었다. 이때 에스라와 느헤미야

가 백성들을 이끌고 고향으로 귀환했고, 바사의 왕비가 된 에스더는 적의 위협으로부터 동포를 구했다. 그리고 이때부터 '침묵기'(신구약 중간기)라 불리는 400년의 시간이 흐른 뒤, 마침내 세례 요한과 예수님이 등장했다.

당신은 구약의 역사서 17권(창세기에서 에스더서까지)이 이 이야기 중 각각 어디에 해당하는지 아는가?

그러면 이제 신약의 역사를 한 단락으로 요약해보자.

하늘이 다시 열리고 천사들이 세례 요한과 예수님의 출생을 준비했다. 그로부터 30년쯤 후에 세례 요한은 이스라엘 백성들을 향해 회개의 세례를 받으라고 촉구했다. 육신을 입고 세상에 오신 하나님의 아들 예수 그리스도는 3년 동안 사역하면서 하나님이 어떤 분인지 보이셨고 또 하나님의 길을 가르치셨다. 예수님은 열두 제자들을 세워 땅에서 자신의 일을 지속하도록 준비시키신 다음, 모든 인간의 죄를 위해 자발적으로 십자가의 죽음을 택하셨고, 죽은 자 가운데서 일어나 하늘로 올라가셨다. 이후에 제자들은 오순절 성령 강림 사건을 체험하여 성령의 권능을 힘입었다. 그들은 주로 유대인들을 대상으로 예수님의 구원에 관한 좋은 소식을 전했으며, 사도 바울은 광범위하게 전도여행을 하면서 이방인들에게 복음을 전파했다. 바울은 신약성경 가운데 적어도 13권의 서신서를 기록했다. 사도 요한은 종말까지의 세상을 향한 하나님의 계획을 기록한 책 '요한계시록'을 썼다.

성경은 시작할 때와 똑같이 끝난다. 성경은 하나님의 완전한 창조로 시작한 것과 같이 어떠한 악(惡)도 하나님을 대적하지 못하는 새 하늘과 새 땅으로 끝을 맺는다.

7 성경 — 성경의 다양성과 통일성

성경은 영원한 과거로부터 영원한 미래에 이르기까지 세상에서의 하나님의 일에 대해 포괄적이고도 통일된 이야기를 전한다. 이런 사실 자체가, 성경이 하나님으로부터 유래했음을 입증하는 기적적인 증거이다. 성경을 하나의 문집(文集)으로 볼 때, 다음과 같은 요소들이 두드러지게 나타난다.

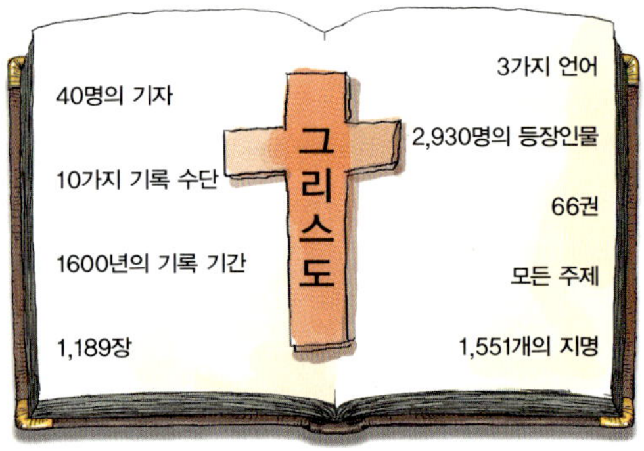

성경은 거의 1만 킬로미터를 포괄하는 지역(이는 당대에 알려진 세상의 전부였음)의 10개 나라에 거주하며 약 20가지의 서로 다른 직업에 종사하는 40명의 기자들이 기록했다.

성경은 히브리어, 헬라어, 아람어 세 가지 언어로 기록되었다.

성경은 총 66권, 1,189장으로 구성되어 있다.

성경은 1600년에 걸쳐 기록되었다(모세가 '모세

오경'을 기록한 것이 BC 1500년경이며 사도 요한이 요한계시록을 기록한 것이 AD 100년경이다. 단, 구약의 욥기가 족장 시대인 BC 2000년경에 기록되었다고 간주하면 그 기간은 훨씬 길어질 것이다).

성경은 모든 주제들이 여러 문학 형태(시, 산문, 소설, 묵시, 자서전, 학술서, 역사서 등)로 기록되었다.

성경은 최소 10가지의 다양한 수단(펜, 끌, 가죽, 진흙, 파피루스, 돌 등)으로 기록되었다.

성경에는 2,930명의 인물이 등장한다.

성경에는 등장인물들의 주요 활동 무대로 1,551개의 지명이 언급되어 있다.

여러 사람의 이야기를 다양하게 소개하는 잡지 《리더스 다이제스트》(Reader's Digest)나 그와 비견할 만한 다른 어느 책보다 성경은 '통일적으로' 보일 것이다. 이처럼 성경은 '통일적'이라고 보기 어려운 다양한 요소들을 갖고 있는데도 불구하고 다음과 같은 점들에 대해 일관성을 유지한다.

성경은 하나의 주된 줄거리를 전개한다(선하신 하나님과 완벽한 무대 설정 / 하나님께 도전하여 에덴을 망쳐버리는 인물의 등장 / 상상할 수 있는 모든 형태로 엎치락뒤치락 펼쳐지는 선과 악의 갈등 / 악이 승리하고 있을 때의 강렬한 긴장감 / 마침내 올 승리의 주인공을 향한 간절한 기다림 / 승리의 역할을 수행하는 주인공 / 남은 일을 완전히 마무리하기 위해 다시 올 것을 약속하고 떠남 / 더욱 증대되는 긴장 / 선하신 하나님의 궁극적인 승리 / 하나님의 백성들이 완전한 곳에서 하나님과 함께 영원토록 살아감).

성경의 하나님만이 영원하신 참된 하나님이며, 모든 생명과 선한 것의 근원이시다.

인간은 가장 이상적인 조건에 있을지라도 하나님 앞에서 신실한 상태로 남아 있을 수 없다.

하나님께서는 항상 인간들과 소통하고 교제하기를 원하신다.

흑암의 세력의 우두머리인 사탄이 존재한다.

하나님께서는 인간들을 죄로부터 구원하신다. 이 구원은 하나님의 선물이지만 각자가 믿음으로 받아야 한다. 인간의 힘으로는 구원에 이를 수 없다.

성경은 예수 그리스도께 모든 초점이 맞추어져 있다. 구약은 그리스도의 오심(초림)을 고대하며, 신약은 그리스도의 다시 오심(재림)을 고대한다.

오직 하나님만이 일관성을 유지하는 동시에 모순이 하나도 없는 이런 책을 우리에게 주실 수 있다. 성경의 어떤 부분을 펴서 읽더라도 우리는 하나님의 계획과 예수 그리스도의 인격과 성령의 권능을 대할 수 있다. 이것은 무엇을 뜻하는가?

이 세상에 성경처럼 모진 공격을 받으면서도 그 모든 것을 고스란히 지켜낸 책은 없다. 수많은 사람들의 삶과 문학과 전통에 이 거룩한 책보다 더 강력한 영향을 끼친 책은 없다. 하나님께서 인간에게 주신 이 말씀보다 더 많은 언어로 번역되거나 더 많이 출판된 책은 없다.

우리는 성경 어디에서나 "주께서 이렇게 말씀하셨다"라는 구절을 만날 수 있는데, 이는 성경이 하나님의 말씀이라는 것을 성경 스스로 증언하는 것이다.

8 성경의 특별한 용어
성경

성경 기자들은 하나님께서 우리에게 주신 말씀을 다양하게 표현했다. 우리는 다음 용어들을 통해 하나님 말씀의 능력과 목적을 알 수 있다.

특별한 용어	
친구	친하게 사귐(시 119:63)
깨끗케 함	죄를 제거함(시 119:9-11)
불	뜨겁게 함(렘 23:29)
금(金)	명심하고 소중히 여겨야 함(시 19:9,10)
방망이	어두운 힘을 부서뜨림(렘 23:29)
건강	강하게 함(잠 4:22)
꿀	기쁨(시 19:9,10)
등(燈)	안내(시 119:105)
법	통제(시 119:1)
젖	양육(벧전 2:2)
거울	나타냄(약 1:23-25)
비	열매를 맺게 함(사 55:10,11)
씨 뿌림	가꾸어야 함(마 13:23)
진리	우리를 낳음(약 1:18)
단단한 식물	반드시 먹어야 함(히 5:12-14)
노래	입술로 늘 말해야 함(시 119:54)
성령의 검	사탄과 싸울 때 지녀야 할 무기(엡 6:17)
물	정결케 함(엡 5:26)
하나님 말씀	하나님의 생각을 밝히 드러냄(히 4:12)

9 성경, 얼마나 잘 알고 있나?
성경

당신은 성경의 기본적인 메시지를 얼마나 잘 이해하고 있다고 생각하는가?

성경의 주된 목적은 무엇인가? 이 질문에 대한 답변은 다음과 같다.

"성경의 주된 목적은 하나님을 계시(啓示)하고 하나님의 구원의 길을 밝히는 것이다."

구원에 관한 성경의 가르침을 다른 사람에게 설명해야 한다면 무엇이라 말하겠는가? 인간의 행위(선행을 베풀고, 십계명을 지키고, 산상수훈에 따라 살고, 황금률을 지키는 것 등)로 구원을 얻을 수 있다는 주장은 모두 틀린 말이다. 왜냐하면 성경에서 말하는 구원은 인간의 힘으로는 절대로 얻을 수 없고 하나님의 선물로만 주어지는 것이기 때문이다.

지구상에 있는 모든 사람은 다음 두 부류로 나누어진다. 한쪽은 인간의 이성(理性)과 노력으로 구원을 얻으려 애쓰는 사람들이고, 다른 한쪽은 하나님의 계시를 따라 구원을 받아들이는 사람들이다. 전자는 자신의 힘으로 의(義)를 세우려는 사람들이고, 후자는 다른 이, 곧 예수 그리스도의 의로운 공로를 의지하는 사람들이다.

당신은 천국에 갈 수 있다는 확신을 품고 있는가? 그 확신의 근거를 요약해서 제시하라고 한다면 어떻게 말하겠는가? 천국의 영광의 문 앞에 당도했을 때, 당신을 안으로 들여보내야 할 까닭이 무엇이냐고 하나님께서 물으시면 당신은 뭐라고 대답하겠는가? 하나님께 인정받을 수 있는 유일한 대답은 그리스도께서 우리의 죄를 대신하여 갈보리 십자가에서 죽으셨다는 것을 믿는다고 증거하는 것이다.

"예수님이 모든 것을 갚아주셨습니다…. 저는 예수께 모든 것을 빚지고 있습니다…. 주홍같이 붉은 저의 죄를… 예수님이 눈처럼 희게 씻어주셨습니다…. 저는 아무것도 가져온 게 없습니다…. 그저 주님의 십자가에 매달릴 뿐입니다…. 오, 하나님의 어린양이시여! 제가 주께 왔습니다! 제가 주께 왔습니다!"

천국에 갈 수 있다는 확신을 당신 자신이 아닌 구주께로 확실히 옮겼는가? 나는 중학교 1학년 때 나를 향한 예수님의 사랑에 대해 처음 들었다. 그리고 이 세상에서 구세주가 필요한 죄인이 오직 나 한 사람이었더라도 예수님은 기꺼이 나 하나만을 위해 십자가에서 돌아가셨을 정도로 나를 사랑하신다는 사실을 깨달았다. 그러나 예수님은 자신의 용서를 받아들이도록 강요하지 않으셨다. 오히려 내가 그 용서의 선물을 믿음으로 받기 원하셨다. 그 당시 나는 모든 것을 온전히 이해하지는 못했지만 조금 알고 있는 그대로 행했다. 내가 죄인이라는 것을 고백했고 또 예수님을 나의 주(主, Lord)와 구주(救主, Savior)로 믿기 시작했다. 그 시점부터 나의 삶은 완전히 새로워졌다. 이생은 물론 영원까지 계속될 새로운 삶이 시작되었다!

당신은 누구를 믿는가? 또는 무엇을 믿는가? 어디에 있든지 간에 이제 당신은 예수 그리스도께서 당신의 죄를 위해 돌아가신 것에 감사할 수 있으며, 또 그분께 당신의 주인님과 구세주가 되어달라고 청할 수 있다. 하나님의 말씀이 이를 보증해주신다. 그러면 당신 안에 영원한 감사가 솟구칠 것이다.

02

CHAPTER

여덟 기둥으로 성경의 맥을 잡아라

성경의 여덟 골격

The Bible in Eight Words

성경을 내용별로 묶었을 때 역사, 체험, 예언의 세 범주로 나누어진다는 것은 앞에서 살펴봤다.

그런데 신구약의 역사서는 각각 다시 두 부분으로 나누어진다. 구약의 처음 5권은 보통 '율법', '모세오경'(Pentateuch), '토라'(Torah, "율법"이란 뜻의 히브리어)라고 일컬어진다. 율법에도 역사적인 내용들이 많이 담겨 있고, 역사서에도 율법적인 내용들이 많이 담겨 있다. 이는 단지 초점의 차이라 할 수 있겠다.

구약의 역사서

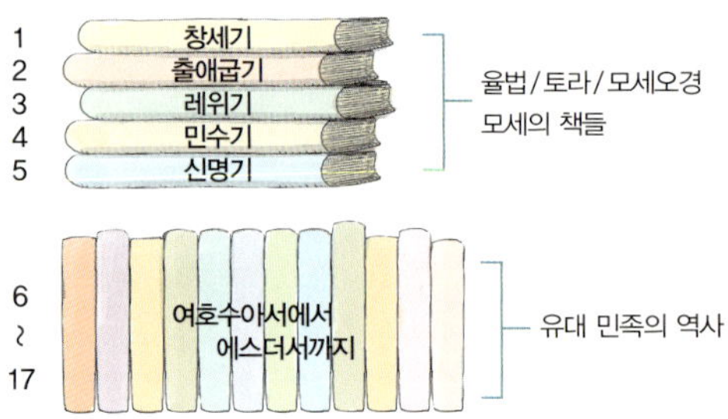

신약의 역사서

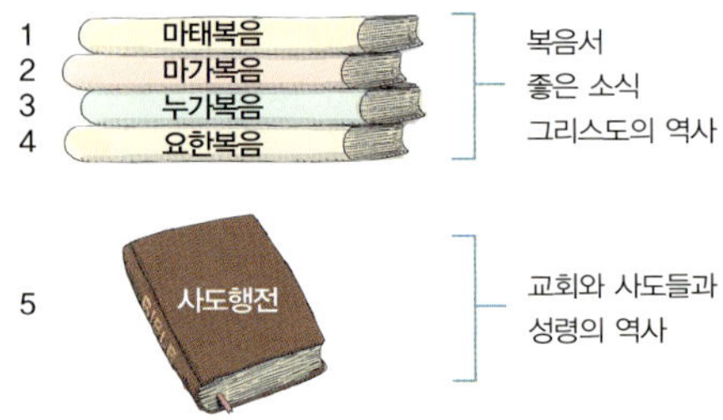

신약의 처음 4권은 '복음서'라 부른다. '복음'(Gospel)이라는 말은 예수님과 구원에 관한 "좋은 소식"이라는 뜻이다. 복음서는 그리스도의 생애에 관한 역사를 주로 다루고, 사도행전은 초대교회에 관한 역사를 주로 다룬다.

성경의 역사서 22권을 이런 식으로 나누면 구약이 율법서, 역사서, 시가서(체험이 중심이 되는 5권), 예언서 이렇게 넷으로 구분되고, 신약이 복음서(신약의 시작), 역사서, 편지(보통 '서신서'라 불리고 체험 중심적인 21권), 예언서(요한계시록) 이렇게 넷으로 구분되어 신구약이 여덟 개의 골격으로 이루어져 있다는 것을 알 수 있다.

다음은 성경을 이루는 이 여덟 개의 골격 각각의 정수(精髓)를 한 단어로 요약한 것이다. 왼쪽은 여덟 골격을 나타내고, 오른쪽은 각각의 주제를 한 단어로 기술한 것이다.

성경의 여덟 골격

구약	율법서	기초
	역사서	설명
	시가서	열망
	예언서	기대
신약	복음서	나타남
	역사서	형성
	서신서	권면
	예언서	완성

1 여덟 골격 율법서 기초

하나님께서는 율법서로 토대를 닦으시고, 다음에 이어지는 성경들을 그 위에 세우셨다.

모세오경은 성경이라는 논의 모판과도 같다. 성경의 주요 주제가 구약의 처음 5권에 뿌리를 내리고 있기 때문이다. 만일 우리가 구약의 여섯 번째 책인 여호수아서부터 성경을 읽기 시작한다면, 하나님과 하나님의 일에 대한 깨달음을 얼마나 많이 놓치게 될지 잠시 생각해보기 바란다.

창세기는 하나님을 제외한(하나님은 시작도 끝도 없으시므로) 모든 것들의 시작을 기록한다. 해, 달, 별, 세상, 식물과 동물, 남자와 여자, 결혼, 출산, 문명, 구원 등 모든 것들이 여기에서 비롯된다.

구약의 분류

사탄이 부리는 것들 역시 창세기에서부터 비롯된다. 기만, 더럽힘, 불신, 죄, 고통, 살인, 거역, 성적인 타락 등이 다 그렇다.

그러나 창세기는 우주적인 갈등인 선과 악의 세력 사이에서 누가 승리할 것인지에 대해서도 말한다(창 3:15). 지금으로부터 약 2천 년 전에 기록된 요한계시록을 읽어보면 그 전말을 자세히 알 수 있다. 성경의 처음 세 장과 마지막 세 장을 신중히 비교해보면, 성경이 정말 '통일성'을 갖춘 책이라는 것을 알 수 있다. 요한계시록을 어떤 시각으로 보든지 하나님의 백성들이 결국은 승리한다는 한 가지 사실만큼은 분명해질 테니

하나님의 속성

나 여호와는 변역지 아니하나니
그러므로 야곱의 자손들아
너희가 소멸되지 아니하느니라 말 3:6

사랑하지 아니하는 자는
하나님을 알지 못하나니
이는 하나님은
사랑이심이라 요일 4:8

산이 생기기 전,
땅과 세계도 주께서 조성하시기 전
곧 영원부터 영원까지
주는 하나님이시니이다 시 90:2

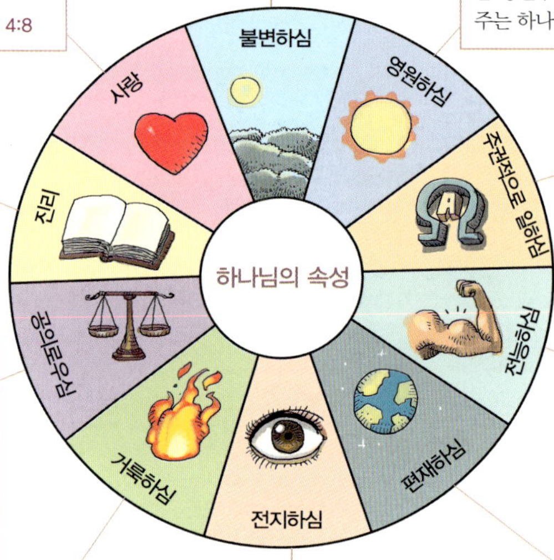

예수께서 가라사대
내가 곧 길이요 진리요
생명이니 나로
말미암지 않고는
아버지께로 올 자가
없느니라 요 14:6

모든 일을 그 마음의 원대로
역사하시는 자의 뜻을 따라
우리가 예정을 입어
그 안에서 기업이
되었으니 엡 1:11

이제 후로는 나를 위하여
의의 면류관이
예비되었으므로
주 곧 의로우신 재판장이
그날에 내게 주실 것이니
내게만 아니라
주의 나타나심을 사모하는
모든 자에게니라 딤후 4:8

또 내가 들으니 허다한
무리의 음성도 같고
많은 물소리도 같고
큰 뇌성도 같아서 가로되
할렐루야 주 우리 하나님
곧 전능하신 이가
통치하시도다 계 19:6

서로 창화하여
가로되 거룩하다
거룩하다 거룩하다
만군의 여호와여
그 영광이 온 땅에
충만하도다 사 6:3

여호와여 주께서
나를 감찰하시고 아셨나이다
주께서 나의 앉고 일어섬을 아시며
멀리서도 나의 생각을 통촉하시오며
나의 길과 눕는 것을 감찰하시며
나의 모든 행위를 익히 아시오니
여호와여 내 혀의 말을 알지
못하시는 것이 하나도
없으시니이다 시 139:1–4

내가 주의 신을 떠나 어디로 가며
주의 앞에서 어디로 피하리이까
내가 하늘에 올라갈지라도
거기 계시며 음부에
내 자리를 펼지라도 거기 계시니이다
내가 새벽 날개를 치며
바다 끝에 가서 거할지라도
곧 거기서도 주의 손이
나를 인도하시며 주의 오른손이
나를 붙드시리이다 시 139:7–10

말이다. 하나님께서 이 세상을 심판하시는 두려운 시기가 지나간 뒤에는 더할 나위 없이 좋은 시대가 이를 것이다.

성경의 처음 5권으로 구성된 이 중대한 토대에는 하나님의 성품과 인간을 향한 하나님의 계획이 들어 있다. 이 두 가지는 결코 변하지 않는다. 창세기는 하나님이 언제나 존재하시며, 모든 것을 다스리시며, 전지(全知)하시며, 전능하시며, 편재(遍在)하시며, 거룩하시며, 공의로우시며, 진실하시며, 모든 것을 사랑하시며, 결코 변하지 않는 분임을 계시한다.

하나님은 타자(他者)에 의해 비롯되지 않은 완전함의 총체이다. 하나님의 성품은 결코 변하지 않는다. 성품이 변하는 하나님은 성경의 하나님이 아니다. 또한 하나님께서는 자신이 창조한 인간들과 교제하기를 원하신다. 하나님은 인간에게 무관심한 분이 절대 아니시다. 하나님은 언제나 자신을 계시하시는데, 그것은 인간들이 그분을 받아들이기를 바라시기 때문이다. 하나님께서 인간에게 요구하시는 삶의 원칙도 결코 변하지 않는다. 하나님께서는 인간에게 무엇보다 하나님을 사랑하고 이웃을 자기 몸처럼 사랑할 것을 줄곧 요구하신다.

두 가지 큰 계명

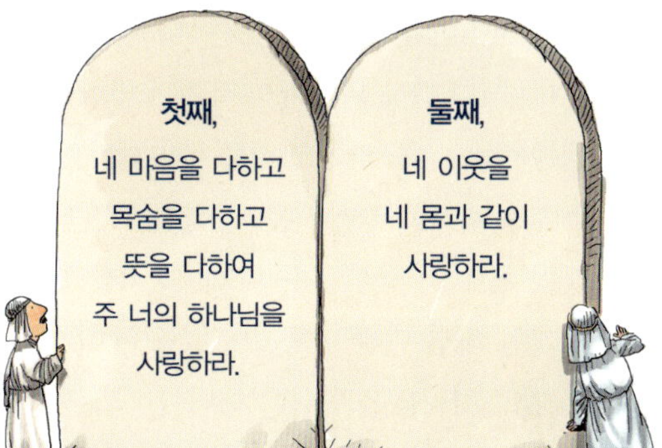

인간을 향한 하나님의 계획은 언제나 '다른 신들을 섬기지 말라', '하나님의 이름을 망령되이 일컫지 말라', '부모를 공경하라', '살인, 간음, 절도를 범하지 말라', '이웃의 소유를 탐내지 말라'라는 명령으로 요약되었다.

십계명

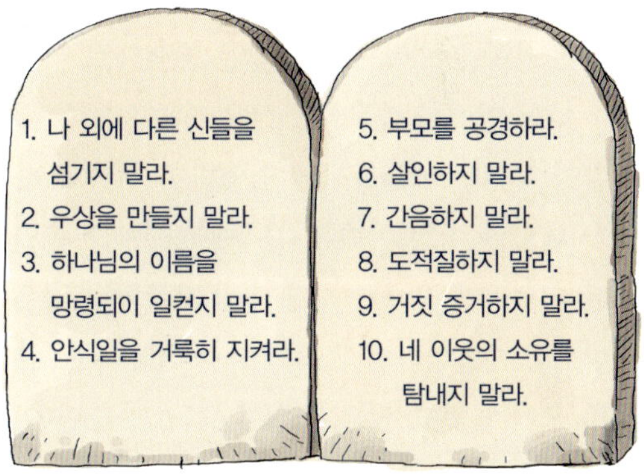

하나님과의 관계 　 인간과의 관계

그러나 구원은 어느 시대든 하나님의 은혜를 기초로 하고, 인간은 그것을 믿음으로 받았다. 하나님은 한 사람이라도 멸망하기를 바라시는 그런 분이 아니다. 오히려 하나님은 모든 인간이 구원에 이르기를 원하신다. 창세기 1장 1절에서 요한계시록 22장 21절에 이르기까지 모든 성경은 인간을 향한 선한 계획을 한 번도 포기한 적이 없으신 신실하신 하나님을 나타낸다.

당신은 하나님을 어떤 시각으로 보는가? 당신에게 무관심한 분? 지나치게 엄한 분? 너무 태평한 분? 전능하신 하나님의 성품에 대해 불만이 있는가? 그렇다면 율법서(창세기에서 신명기까지)를 읽고 신앙의 기초를 다시 닦기를 강력히 권고하는 바이다. 공책에 '하나님의 성품'과 '나를 향한 하나님의 뜻'이라는 두 가지 제목을 적은 뒤, 율법서 5권을 정독하면서 깨달은 내용들을 꼼꼼하게 기록하라.

율법서 5권에는 인간의 일관된 본성에 관해서도 기록되어 있다(이 점에 대해서는 성경의 다른 책들도 마찬가지이지만). 인간은 가장 이상적인 환경에서조차 하나님을 의지하지 않고 기뻐하지도 않으려는 성향을 드러낸다. 인간은 제멋대로 행하여 하나님 앞에서 불성실한 삶을 택하곤 한다.

만일 우리가 에덴동산에 있었다면 아담과 하와가 내렸던 결정과 다른 결정을 했을까? 만일 사탄이 우리가 꿈에 그리던 멋진 자동차나 넓은 아파트를 제안한다면 우리는 과연 어떻게 할까? 혹시 우리가 얻고 싶은 것을 손에 넣을 수만 있다면 영혼이라도 기꺼이 팔 용의가 있는 사람들은 아닌지 모르겠다. 그러나 그것은 하나님께서 기뻐하시는 크리스천의 삶이 아니다.

2 역사서 설명

여덟 골격

구약의 역사서(여호수아서에서 에스더서까지)는 하나님의 성품과 인간을 향한 하나님의 계획이 한 민족의 이야기 안에서 '어떤 식으로 구현되었는지' 설명한다.

하나님께서는 아브람(나중에 '아브라함'으로 이름이 바뀜)을 이방 민족 가운데서 택해 최초의 히브리인으로 삼으셨다. 그리고 하나님은 아브람과 그의 자손들을 통해 자신이 인간들에게 어떤 삶을 바라는지 보여주고자 하셨다.

율법서	역사서
5권	12권
기초	설명
하나님의 성품	이스라엘의 행실
개인적	민족적
율법 제정	실제 훈련
하나님의 은혜	

아브라함이나 그의 후손인 유대인들이 다른 민족보다 더 우수해서 하나님께 선택을 받은 것일까? 바울은 절대 그렇지 않다고 단언한다(롬 4:13-25). 아브라함은 여느 사람들과 마찬가지로 하나님의 '의(義)로 여기심과 받아주심'을 위로부터 오는 선물로 받았다(창 15:6).

하나님께서는 아브라함과 그의 자손들을 불러 준비시키셨다. 그리고 이방 민족들 앞에서 하나님을 믿는 믿음을 실천하여 하나님의 '소금'이 되게 하셨다. 따라서 "말을 물가로 데려갈 수는 있어도 물을 마시게 할 수는 없다"라는 속담은 절반만 들어맞는다. 말의 먹이에 소금을 넣어 갈증이 생기게 만들 수 있기 때문이다. 뜬금없이 무슨 말이냐고? 가장 위대한 교사이신 하나님께서 학생들(이방 민족들)의 호기심을 유발하기 위한 시청각 자료로 이스라엘 민족의 삶을 사용하셨다는 것이다. 이스라엘 민족이 소금의 역할을 제대로 하기만 하면 이방 민족들이 갈증을 이기지 못해 제 발로 하나님을 찾아올 테니까.

그래서 하나님께서는 히브리 민족에게 말씀을

12권의 이스라엘 역사서

주셨다. 그들은 이방 민족들 앞에서 그 말씀대로 믿고 살아야 했다. 그들은 하나님의 교훈을 그들의 관례로 삼고, 율법을 그들의 삶의 지침으로 삼아야 했다. 하나님께서는 인간의 삶에 독특한 특질을 만들어놓으셨는데, 이방 민족들은 유일하고 참되신 하나님을 섬기는 히브리 민족의 삶을 보면서 이에 대한 갈증을 느꼈다. 하나님께서 히브리 민족을 편애하신 게 아니다. 오히려 다른 민족들을 자극하여 하나님을 의욕적으로 믿도록 하기 위해 히브리 민족을 사용하신 것이다.

이 방법이 효과가 있었을까? 있기도 하고 없기도 했다. 이스라엘(아브라함의 후손들)이 하나님의 성품을 믿고 말씀에 순종함으로써 그 효과를 입증하기도 했지만, 불신앙과 반항을 거듭하며 제 길을 고집함으로써 하나님의 계획을 망쳐놓기도 했기 때문이다.

그러나 하나님은 신중한 교사이셨기 때문에 이방 민족들이 하나님 백성들로 인해 자신의 성품을 오해하는 것을 허락하지 않으셨다. 하나님은 사랑이 충만하신 분이지만 동시에 의로우신 분이기 때문에 불의를 눈감아주지 않으신다. 이스라엘이 그릇된 길로 갈 때마다 징벌하셨던 것도 바로 이런 이유 때문이다. 이방 민족들은 이스라엘이 하나님께 순종하며 믿음의 길로 걸어갈 때엔 축복을 받지만, 불순종과 불신앙의 길로 걸어갈 때 징벌을 받는 것을 분명히 목격했다.

이스라엘과 마찬가지로 하나님께 속한 우리도 믿음과 순종의 길을 걸어가면 축복을 받지만 불순종과 불신앙의 길을 걸어가면 징벌을 면치 못한다는 것을 증명하는 사람들이다. 다시 말해서 우리는 '하나님의 성품'의 증인들이다. 어떤 증인이 되느냐 하는 것은 우리가 선택할 몫이다.

이스라엘 민족은 장차 하나님의 선하심과 은혜의 기념물이 될 것이다. 그들은 스스로 일어난 민족이 아니라 하나님의 은혜로 일어난 민족이기 때문이다. 우리는 인간의 공적(功績)으로 하나님의 은혜를 확보할 수 있다고 생각해서는 안 된다. 피 흘림이 없이는 죄 사함도 없기 때문이다. 우리는 오직 믿음으로만 하나님께 '의롭다 하심'을 얻을 수 있으며, 오직 순종을 통해서만 이를 다른 사람들에게 증거할 수 있다.

우리는 성경의 역사를 통해 이스라엘의 영적 상태가 마치 '롤러코스터'를 타는 것과 같다는 것을 알 수 있다. 그들은 믿음과 순종을 향해 나아갔다가 다시 뒤로 물러나는 삶을 되풀이했다. 하나님께서는 이스라엘이 승리할 수 있도록 언제나 모든 것을 완벽하게 공급하셨다. 이스라엘은 그냥 그 모든 것을 사용하기만 하면 되었다.

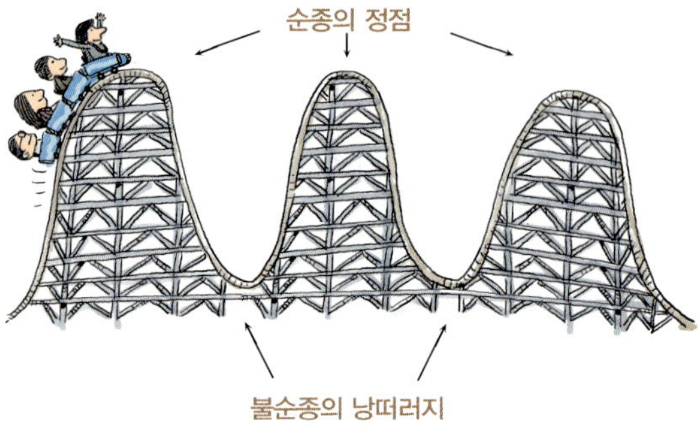

이스라엘의 영적인 역사

그런데도 이스라엘 백성들은 하나님께서 큰 이적을 베풀어주시자마자 거역의 길을 걷곤 했다. 혹시 그런 모습을 보면서 그들이 한심하다고 느낀 적은 없는가? 사실 나는 처음 믿기 시작할 때, 성경에 나오는 이스라엘 백성들을 무척 딱하게 여겼다. 그러나 세월이 흐르면서 내가 그들과 하나도 다르지 않다는 것을 점점 깨달았다. 하나님께서 어제 강력한 이적을 베풀어주셨다고 해도 바로 오늘 투덜거리며 불평하는 것이 나의 모습이기 때문이다.

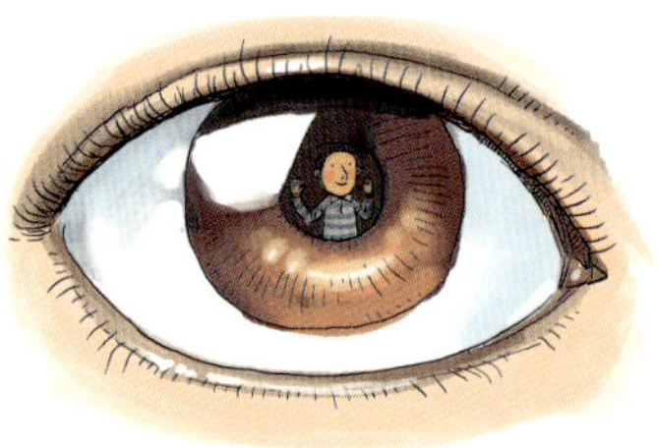

우리는 다른 사람들에게 하나님의 은혜를 드러내는
'하나님 은혜의 진열장'이다.

하나님께서는 모든 크리스천들을 하나님의 은혜의 산물(産物)이자 세상의 소금으로서 세상에 나타내기를 원하신다. 우리는 그저 믿고 순종하면 된다. 그러나 문제가 있다. 무슨 문제일까? 믿을 것인가 말 것인가, 순종할 것인가 말 것인가는 우리 스스로 선택해야 할 몫이라는 것이다. 하나님께서 오늘 우리 삶의 어떤 영역에서 믿음을 촉구하고 계신 것은 아닌지, 순종을 요구하고 계신 것은 아닌지 잠시 묵상하는 시간을 가졌으면 좋겠다.

3 여덟 골격 시가서 열망

시가서 5권(욥기에서 아가서까지)에는 인간의 열망이 기록되어 있다. 이 책들은 우리가 창조주 하나님 가까이에서 걷도록 도와준다. 특정한 시대에 한정되지 않는 이 책들은 다양한 삶의 행보를 하고 있는 모든 시대의 인간의 마음을 어루만진다. 그것들이 인간의 심령 깊은 곳에 있는 내면의 욕구를 다루고 있기 때문이다.

욥기 – 왜 우리 삶에 고통이 있는가? 고통의 문제를 어떻게 다루어야 하는가?

시편 – 사악한 세상에서 하나님을 예배하려면 어떻게 해야 하는가? 박해를 당할 때 믿음의 절개(節槪)를 지키려면 어떻게 해야 하는가?

잠언 – 일상의 실제적인 문제들을 해결할 지혜를 어디에서 얻을 수 있는가?

전도서 – 진정한 가치를 지닌 삶은 어떤 삶인가?

아가서 – 하나님은 성(性)을 어떻게 보시는가?

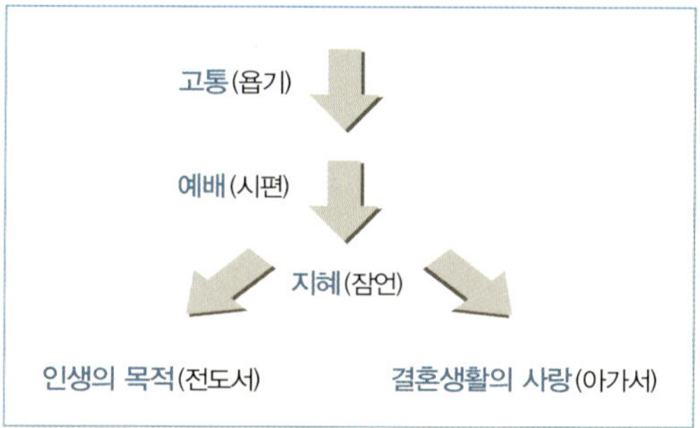

이 5권의 책들이 적절한 진행 과정에 따라 성경에 배열되었다는 점을 주목하기 바란다. 우리는 고통이나 어쩔 수 없는 환경에 직면할 때, 주권적으로 역사하시는 하나님을 바라보고 또 하나님만을 예배한다. 하나님을 향한 예배와 경외심은 지혜의 시작이요, 원천이다. 그리고 인생의 목적과 결혼생활이라는 두 가지 주요 영역에서 우리는 이 지혜가 절대적으로 필요하다.

4 여덟 골격 예언서 기대

17권의 예언서(선지서, 이사야서에서 말라기서까지)에는 이중적인 기대로 가득하다. 하나님의 백성들을 향한 하나님의 기대와 하나님을 향한 하나님 백성들의 기대가 그것이다. 구약의 선지자들은 장래의 하나님나라에 대해 예언한 것만큼이나(혹은 그 이상으로) 자기들이 살고 있는 세대의 실패에 대해서도 말했다.

이스라엘의 선지자들

선지자	
이사야	
예레미야	(예레미야애가)
에스겔	
다니엘	
호세아	
요엘	
아모스	
오바댜	
요나	
미가	
나훔	
하박국	
스바냐	
학개	
스가랴	
말라기	

하늘의 농부는 구약의 포도원 나무들이 열매 맺기를 기대했지만, 포도나무들은 번번이 그 기대를 저버렸다. 그래서 하늘 농부는 포도나무들이 본래의 책임을 다할 수 있도록 선지자들을 세워 가지치기를 했다. 16명의 선지자(예언서가 17권인 까닭은 예레미야 선지자가 두 권을 기록했기 때문인데)들은 시온의 포도원에서 괴로워하는 자들을 위로하고 편안하게 사는 자들을 괴롭게 하는 한편, 이스라엘 민족을 만드신 하나님께서 결함이 있는 이스라엘 민족을 대상으로 '리콜'(recall, 어떤 제품에 결함이 있을 때 생산 기업에서 그 제품을 점검 · 교

환 · 수리해주는 소비자보호제도)을 실시하려는 계획을 갖고 계시다고 선포했다. 이스라엘 민족은 자기들을 향한 하나님의 계획대로 살지 않아 창조주 하나님의 성품을 드러내지 못했다. 선지자들은 언어와 시각적인 소통 수단을 사용하여 땅에 떨어진 하나님의 기준을 들어 올리려고 노력했으며, 하나님의 경책에 주의를 기울이지 않으면 땅에서 사라질 날이 멀지 않을 것이라고 엄중히 경고했다. 그래서 선지자들은 대중의 인기를 얻지 못했다. 시류에 영합하지 않는 설교자들이 인기를 얻지 못하는 것은 예나 지금이나 마찬가지였나 보다.

그러나 그럴수록 선지자들의 믿음과 하나님을 향한 신실함은 더욱 강해졌고, 이스라엘 두 왕국(북이스라엘과 남유다)의 불신앙과 불성실을 폭로하는 수위도 한층 높아졌다. 물론 일부 경건한 왕들이 선지자들의 경고를 귀담아 듣고 회개와 부흥을 주도했던 시기가 있었지만, 이스라엘 민족은 대체로 하나님을 거역하는 성향을 보였다. 그리하여 결국 외세의 침략으로 두 왕국이 모두 멸망하여 이방 민족의 포로로 끌려가거나 타국을 떠도는 처지가 되었다. 그들은 선지자들의 강력한 경고에 주의를 기울이지 않아 그 참담한 사태를 자초했다.

성경에는 경고 없는 심판의 예가 하나도 없다. 하나님께서는 징벌을 경고하실 때마다 회개하면 용서하겠다고 약속하셨다. 하나님은 이 방법을 아직도 바꾸지 않으신다. 혹시 하나님께서 계속 질책하심으로써 지금 우리에게 무엇인가를 말씀하려고 하는 것이 아닐까? 하나님께서는 우리가 자발적으로 순종하기를 바라신다. 더욱이 우리의 순종을 독려하는 데 필요하다면 무엇이든 기꺼이 하신다.

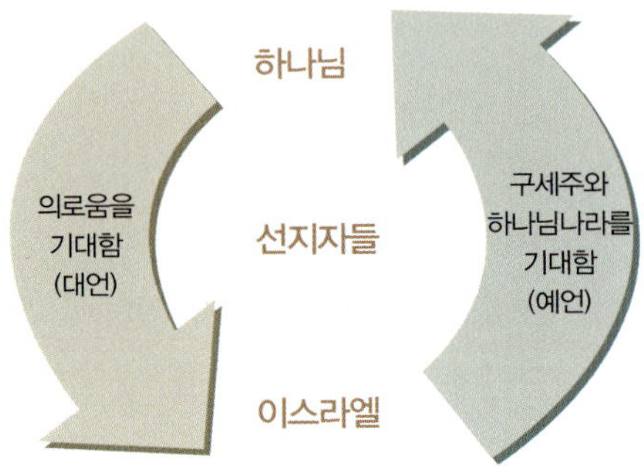

선지자들의 선포는 '대언'(代言)과 '예언'(豫言)이라는 양면을 모두 포함한다. 장래의 일에 대한 예언은 어떤 사항을 입증하거나 백성들을 격려하거나 하나님의 심판을 주목하게 하기 위한 것이었다. 선지자들의 시대에 성취된 단기적인 예언들은 그들의 메시지가 하늘로부터 온 것임을 입증했다. 반면 선지자들의 시대에도 이루어지지 않은 장기적인 예언들은 '하나님의 징계'가 '하나님의 싫어하심'을 뜻하는 것은 아니라는 점을 보여주었다. 하나님의 징계는 언제나 자신의 백성들을 바로잡기 위한 것이었지 내치기 위한 것은 아니었다.

5 복음서 나타남

여덟 골격

말라기 선지자는 오실 메시아에 대한 명백한 기대로 구약을 끝맺는다. 성경을 전혀 모르는 상태에서 처음부터 읽는다고 해도 구약의 이야기가 말

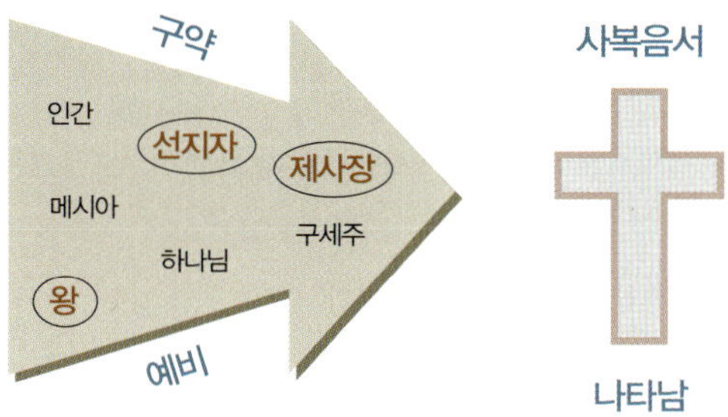

라기서에서 끝나지 않음을 알 수 있는데, 그것은 주인공이 아직 등장하지 않았기 때문이다. 이스라엘은 완전한 선지자이며, 완전한 제사장이며, 완전한 왕이신 분을 약속받았지만 그분은 아직 오시지 않았다. 오히려 하나님과 하나님의 선하심에 반하는 일들만 거세게 일어났다. 그런데 어떻게 한 사람이 이 세 직분을 온전히 수행할 수 있을까?

말라기 선지자 이후에 400년 동안 '침묵기'(혹은 신구약 중간기)가 흐른다. 이 기간에는 선지자들이 출현하지 않았다. 이스라엘 민족에게는 실로 어두운 시기가 아닐 수 없었다. 그러다가 세례 요한이 주인공의 오심을 선포하고 또 그토록 기다리던 주인공이 실제로 등장하면서 신약이 시작되었다. 주인공의 사촌인 세례 요한은 그분의 길을 예비하기 위해 힘썼고, 그분이 세상의 죄를 담당하기 위해 이 땅에 오신 하나님의 어린양이라고 사람들에게 알려주었다. 우리는 복음서에서 '성육신'(成肉身)으로 세상에 오신 하나님을 볼 수 있다.

'성육신'(Incarnation)이란 하나님께서 인간의 몸을 입으신 것을 말한다. '면' 없는 칼국수를 생각할 수 없는 것처럼, 인간의 몸을 입으신 하나님이 없는 성육신은 생각할 수 없다. 무한하신 분이 사람의 아기가 되셨다. 시간을 존재하세 하신 분이 시간 안에서 태어나셨다. '완전한 하나님이자 완전한 인간'이신 그분은 하나님의 성품과 메시지를 완벽하게 나타내셨다.

그분은 인간들을 대신하여 '죽기 위해' 인간이 되셔야 했다. 하나님은 죽음이 없는 분이기 때문이다. 또한 그분은 인간의 죄 값을 치르기 위해 하나님이셔야 했다. 인간은 자신의 죄 값을 치를 만큼 선하지 않기 때문이다. 만일 예수님이 완전한 하나님이자 완전한 인간이 아니라면 우리의 구세주가 되실 수 없을 것이다. 어떻게 예수님이 '완전한 하나님이자 완전한 인간'이 될 수 있느냐고 내게 묻지 말라. 나는 설명하지 못한다. 단지 믿을 뿐이다. 그것은 이성(理性)에 반할는지 모르지만 성경이 명백히 계시한 것이다. 유한한 인간의 머리로 어찌 무한하신 하나님의 오묘함을 다 헤아릴 수 있겠는가?

당신은 예수 그리스도를 어떤 시각으로 보는가? 예수 그리스도를 선한 인간이나 위대한 스승 정도로 여기는 것은 합당하지 않다. 그분께서 말과 행동으로 완전한 신성(神性)을 보여주셨기 때문이다. 만일 예수님이 예수님 자신의 주장보다 눈곱만큼이라도 못한 분이라면 그분은 거짓

말쟁이이거나 정신병자 둘 중의 하나일 것이다. 나는 그분의 주장을 전폭적으로 믿기로 결단했다. 하나님이 어떤 분인지 알고 싶다면 예수 그리스도를 바라보라. 그분이 바로 인간의 몸으로 세상에 오신 하나님이기 때문이다.

복음서	사도행전
4권	1권
땅에 계신 그리스도	하늘에 계신 그리스도
30년의 기간을 포괄함	30년의 기간을 포괄함
준비하는 사도들	선포하는 사도들
유대인들이 주요 대상	유대인과 이방인이 대상
그리스도와 사도들	성령과 사도들
구원	구원의 선포

6 여덟 골격 역사서 형성

예수 그리스도께서 33년 전에 떠나온 하늘로 다시 올라가시면서 그분의 지상 사역은 종결되었다(행 1장). 그리스도께서는 세상을 떠날 때와 똑같은 모습으로 장차 어느 날에 다시 오리라는 것을 고별 약속으로 남기고 떠나셨다. 그리고 그로부터 50일 후, 예수님 말씀에 따라 성령을 기다리며 예배하던 120명의 성도들에게 성령이 강림하여 엄청난 능력을 부어주셨다. 하늘에서 온 조력자 성령께서는 비밀리에 모였던 그들을 변화시켜 대중 앞에서 복음을 전하는 용감한 전도자로 바꾸어놓으셨다. 성령께서는 그들을 인도하여 그들이 갈 수 있는 세상 끝까지 복음을 전파하게 하셨다.

누가는 사도행전 2장에서 오순절 성령 강림에 대해 말한 뒤, 나중에 '교회'(사도행전 이전에 교회에 대해 언급한 곳은 마태복음 16장 18절과 18장 17절뿐인데, 이 두 구절은 교회를 미래에 세워질 것으로 보고 있다)라 불리는 성도들의 교제에 관해 기록했다. 사도들의 행적이 기록된 역사서는 곧 교회의 형성 과정이 기록된 책이다.

후에 바울은 그리스도의 새로운 몸으로서 교회의 독특한 특징에 대해 자세히 설명했고, 유대인과 이방인의 구별을 없앴다(엡 2,3장). 그런데 그로부터 300년이 지난 다음, 교회라는 단어가 세상에서 그리스도를 믿는 성도들로 이루어진 '몸'이 아니라 '예배당 건물'을 지칭하는 것으로 받아들여지는 현상이 나타나기 시작했다.

'보편교회'(지역교회의 상대개념으로 예수 그리스도를 믿는 자들의 모임을 총체적으로 일컫는 개념)가 시작되던 바로 그날, 최초의 '지역교회'(보편교회의 상대개념으로 각 지역에 위치한 개별 교회를 일컫는 개념)인 예루살렘 교회에 3천 명의 새신자가 증원되었다는 것은 매우 흥미로운 사실이다. 이후 계속해서 누가는 교회가 로마제국 전체로 확산되는 과정을 기록했다.

당신은 그리스도를 믿는가? 그리스도께서 주시는 거듭남을 체험했는가? 예수님이 당신의 죄를 위해 그분의 목숨을 대속물(代贖物)로 주셨다는 사실을 믿는가? 예수님이 당신의 유일한 구주이심을 믿는가? 그렇다면 성령께서 당신 안에서 살고 계신 것이며, 당신의 몸을 세상에 있는 수많은 성령의 전(殿) 가운데 하나로 삼으신 것이다(고전 6:19,20).

세상에 있는 그리스도의 교회는 완벽한 모임은 아니지만 구속(救贖)받은 백성들의 모임이다. 하나님께서 그들 위에서 여전히 역사하고 계시기 때문이다. 하나님은 자신의 백성들이 사랑하는 아들(그리스도)을 닮아 변화되고, 안전하게 하나님의 나라에 이를 때까지 결코 쉬지 않으신다. 지역교회는 예배와 교훈과 교제와 섬김을 위한 곳이다(행 2:42-46). 성도들은 마지막 때가 가까워 올수록 모이기를 폐하지 말라는 권고를 받았다(히 10:25). 우리는 교회가 필요하고, 교회는 우리가 필요하다.

어떤 사람이 그리스도를 구세주로 영접할 때 그는 하나님 가족의 일원으로 입양된다. 그 사람은 고아가 아니며 외동딸이나 외아들이 아니다. 교회는 하나님의 영광을 위해서 그리고 우리의 성장을 위해서 형성되었다.

7 서신서 권면

여덟 골격

하나님께서 시내산에서 모세에게 몇 가지 명령을 하셨을까? "열 가지"라는 대답은 부분적으로만 맞다. 물론 하나님께서는 십계명을 돌판

신약의 서신서들

에 새기셨다. 그러나 하나님께서는 출애굽기 20장에서 십계명을 주신 이후에도 쉬지 않고 계속 명령하셨다. 출애굽기, 레위기, 민수기, 신명기를 잘 읽어보면 하나님께서 시내산에서 주신 명령이 613가지에 이른다는 것을 발견할 수 있다.

그렇다면 신약의 명령은 몇 가지나 된다고 생각하는가? 우리가 은혜 아래 있기 때문에 구약의 이스라엘 백성들보다 명령을 더 적게 받았을 것이라고 생각하는가? 아니면 우리가 그리스도의 율법 아래 있기 때문에 그들보다 명령을 더 많이 받았을 것이라고 생각하는가? 신약성경에는 1,051가지의 명령이 들어 있는데, 이는 대부분 서신서에서 발견된다. 그리고 과거나 미래에 해당하는 명령들도 있지만 대부분이 현재 우리를 향한 명령이다.

그래서 신약의 서신서들을 '권면'이라는 단어로 요약한 것이다. 서신들은 우리를 향한 하나님의 뜻을 상세하고도 명료하게 밝힌다. 하나님이 당신에게 무엇을 원하시는지 정말 알고 싶다면, 하나님의 명령이 나오는 구절에 표시를 해가며 신약의 서신서들(로마서에서 유다서에 이르기까지)을 정독하기 바란다. 하나님께서는 우리에게 어물

어물하지 않고 명백한 어조로 말씀하신다. 당신이 말씀을 읽고 마음에 새기면 당신을 향한 하나님의 계획을 분명히 깨달을 수 있다.

하지만 성경을 읽다보면 종종 문제에 부닥친다. 하나님의 말씀이 아니라 말씀이 뿌려지는 우리의 마음밭이 잘못되었기 때문이다. 마태복음 13장 1절에서 23절을 읽고, 과연 당신의 마음밭이 어떤 상태인지 깨우쳐달라고 기도하기 바란다.

복음서와 사도행전	서신서
역사	교리
5권	21권
과거에 초점	현재에 초점
민족적	개인적

8 여덟 골격 예언서 완성

창세기가 모든 것의 기원을 기술한다면, 신약의 예언서인 요한계시록은 모든 것의 완성을 묘사한다. 창세기에서 사탄과 죄에 의해 훼손되었던 환경이 요한계시록에서 완벽하게 복원된다.

요한계시록을 어떻게 해석하든지 간에(요한계시록의 모든 상징들을 문자적 의미로 해석하는 방법조차도) 인정할 수밖에 없는 두 가지 사실이 있다. 하나는 세상 최악의 날이 다가오고 있다는 것이며, 다른 하나는 세상 최고의 날이 다가오고 있다는 것이다. 마치 요한계시록이 "좋은 소식과 나쁜 소식을 가지고 왔다"라고 말하는 것 같다. 그런데 이것은 사실이다.

하나님께서는 나쁜 소식을 먼저 전하신다. 선과 악의 전면적인 싸움이 지구를 온통 뒤덮을 것이다. 끔찍한 재앙과 파괴가 일어날 것이며 대부분의 사람들이 목숨을 잃을 것이다. 그런데도 사람들은 전능하신 하나님 앞에 고개를 조아려 용서를 구하기를 거부할 것이다. 그들은 귀신들에게 현혹되어 죽음을 택할 것이다. 요한계시록 4장에서 19장까지 말씀을 읽어보면 이 모든 사실을 알 수 있다.

요한계시록

그러나 이 전면전이 한창일 때 승리의 영웅 예수 그리스도께서 나타나 모든 대적들을 하나님과 하나님의 백성들 앞에 굴복시키실 것이다. 그분은 자신의 완벽한 나라를 세우실 것이며, 아버지 하나님께서 창조 때 의도하셨던 모습 그대로 세상을 회복시키실 것이다. 성경이 시작할 때와 똑같이 끝난다는 게 바로 이런 뜻이다. 그러나 끝이 시작보다 한층 더 높고 장대할 것이다. 두 명(아담과 하와)의 인간이 아니라 헤아릴 수도 없이 많은 성도들이 하나님의 얼굴을 보며 교제할 것이기 때문이다. 자기 의(義)와 죄로부터 돌아서 자기들을 위해 기꺼이 목숨을 버리신 주님의 사랑을 믿기로 결단한 수많은 성도들이, 아담과 하와가 유혹을 받기 전에 가졌던 하나님을 향한 순결한 사랑을 되찾게 될 것이다.

성경의 시작과 끝	
창세기	요한계시록
처음 창조	새로운 창조
두 명의 순결한 인간	구속받은 수많은 성도들
하나님의 완전한 통치 하나님과 조화를 이루는 모든 피조물	

하나님께서 인간에게 성경을 주신 주된 목적은 하나님과 그분의 아들 예수 그리스도를 알게 하기 위해서다. 예수 그리스도를 안다는 것은 곧 영생을 의미한다(요 17:3). 하나님께서는 모든 인간들이 하나님의 사랑과 용서의 제안을 받아들임으로써 그분과 친밀한 교제를 누리기를 바라신다.

세상을 창조하신 하나님께서 또한 돌보신다! 우리 육신의 생명을 유지시켜주시는 분은 또한 영생(우리 죄를 위해 자신을 희생함으로 말미암아 가능해진)을 제안하시는 분이기도 하다.

당신은 그리스도께서 완수하신 구속 사역을 믿음으로써 구원받은 하나님 백성의 일원이 되었는가? 어떤 책의 저자를 실제로 알고 난 뒤에 그 책이 더 큰 의미로 다가오듯이 성경도 예외가 아니다. 당신이 하나님의 백성이 될 때, 성경 기자들에게 영감을 주신 성령께서 당신 안에 거하시며 자신이 기록한 책을 직접 해석해주실 것이다.

PART **2**

구약성경 파노라마

구약성경 39권의 이름을 차례대로 말할 수 있는가? 이스라엘에는 몇 지파가 있었나? 350만이나 되는 이스라엘 백성이 하룻밤 사이에 홍해를 지나려면 홍해가 얼마나 넓은 폭으로 갈라졌을까? 70년 동안의 바벨론 포로생활을 끝낸 유대인들은 몇 차에 걸쳐서 귀환했는가? 구약의 마지막에 해당하는 예루살렘 성벽 재건 시대에 대해 알려면 어떤 책을 읽어야 할까?

구약 시대를 알아야 하나님의 마음이 보인다 | 구약성경의 열두 시대

지도로 보면 구약이 더 입체적으로 보인다 | 지도로 보는 구약성경

구약 드라마 속 줄거리의 핵심을 잡는다 | 구약성경 각 권의 핵심 주제

하나님의 드라마가 사람을 바꾼다 | 구약성경의 생활 원리 1

구약의 드라마로 최고의 인생을 배운다 | 구약성경의 생활 원리 2

03

CHAPTER

구약 시대를 알아야 하나님의 마음이 보인다

만일 성경을 지구에 비유한다면, 이 지구는 구약과 신약이라는 두 개의 큰 대륙을 가지고 있을 것이다. 구약의 대륙은 신약의 대륙에 비해 더 크고, 더 어둡고, 탐사가 덜 된 땅이다. 우리는 구약이라는 대륙을 탐사할 때, 한 가지 난관에 봉착하게 된다. 그것은 우리가 적절한 지도나 안내 없이 대륙의 어느 한 지점에 떨어진다는 것이다.

대체로 우리는 역사서, 체험서, 예언서라는 세 그루의 나무를 한 시간 정도 정밀하게 조사한 뒤에 깊은 숲에서 나온다. 그런데 그렇게 일주일 정도 지나 다시 숲으로 들어가면 낯선 식물군을 만나게 된다. 식물학자에게는 이것이 대단한 일이겠지만, 성경을 공부하는 사람들에게는 좌절감을 안겨준다.

나는 중학생 시절에 그리스도인으로서 새로운 삶을 시작하면서 나름대로 놀라운 결론에 도달한 적이 있다. 성경이 왜 구약과 신약으로 나눠져 있는지 알아낸 것이다. 당시 나는 정말 우습게도, 구약은 신앙생활을 오래 한 그리스도인들을 위한 책이며, 신약은 그리스도를 이제 막 영접한 초신자들을 위한 책이라는 결론을 내렸다.

1 주제별 구약성경의 윤곽

이번 장에서 우리는 성경의 3/4 분량에 해당하는 구약의 윤곽을 잡아볼 것이다(구약은 신약의 세 배에 달한다). 당신은 몇 가지 안내를 받아 같은 지역을 주제별 · 시대별 · 제목별로 여행할 것이다. 그리고 다음 장에서는 구약의 이야기와 책들을 지도 위에 직접 그려볼 것이다.

주제별로 보았을 때, 구약과 신약은 각각 세 부분으로 나뉜다. 그 세 부분이 역사, 체험, 예언이라는 것을 이제는 분명히 알 수 있을 것이다. 구약은 역사서 17권, 체험서 5권, 예언서(선지서) 17권으로 구성되어 있다(거꾸로 해도 17권, 5권, 17권이 된다). 구약의 전반적인 줄거리는 처음 17권을 통해 진행되고, 나머지 22권은 이 줄거리를 보충한다.

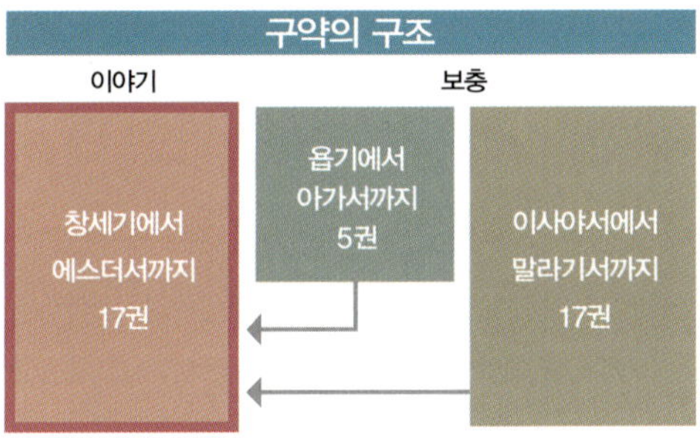

이 사실을 좀 더 사실적으로 살펴보겠다. 우선 성경책을 꺼내 창세기에서 에스더서까지의 부분을 왼손으로 잡아보라. 그런 다음 욥기에서 말라기서까지의 부분을 오른손으로 잡으라. 대부분의 사람들은 왼손에 쥐고 있는 부분이 창조부터 바벨론 포로 이후 예루살렘 재건까지의 시대를 포괄한다는 것을 발견하고 깜짝 놀란다. 유대 민족의 귀환과 예루살렘 재건에 관해 기록한 에스라서, 느헤미야서, 에스더서 이 세 권의 책은 우리를 구약 역사의 끝 무렵으로 데려간다. 그리고 오른손에 있는 모든 내용은 역사적으로 왼손에 있는 책들의 시대에 들어맞는다.

에스더서 이후에 계속되는 구약의 줄거리를 찾으려고 애쓰지 말라. 대신 영문자 'E'로 시작되는 '에스더서'(Esther)가 구약 역사의 '끝'(end)을 나타낸다고 생각하기 바란다. 에스더서에서 마태복음 사이에 삽입된 22권의 책들은 창세기에서 에스더서까지의 다양한 시기들을 자세히 설명해준다.

구약의 역사서들은 연대순으로 배열되어 있으며, 하나의 이야기가 지속된다. 그러나 체험과 예언에 관한 책들은 주제별로 배열되어 있으며, 앞서 완성된 역사적인 설명에 다양한 종류의 정보를 추가한다.

2 주제별 주제별로 본 구약성경

17권의 역사서는 주로 히브리 민족의 과거사에 초점을 맞추고 있고, 그 다음에 이어지는 5권의 체험서는 개인의 현재 체험에 더 초점을 맞추고 있으며, 마지막 17권의 예언서는 장래에 더 초점을 맞추는 동시에 우리를 다시 '민족적인' 영역(히브리 민족 이상으로 예언자들의 응시를 받는)으로 이끌어간다. 물론 여기서 말하는 과거, 현재, 미래의 시간은 매우 상대적인 개념이다. 구약의 모든 책들이 오늘날 우리의 유익을 위해 하나님의 영감을 받아 기록되었기 때문이다.

다음에 제시하는 '주제별로 본 구약성경'에서 확인할 수 있듯이 역사서 17권 가운데 처음 5권은 '율법' 혹은 '모세오경'이라 불리며 독특한 단위로 간주되기도 한다. 이와 유사하게 예언서(선지서) 17권 가운데 처음 5권을 한데 묶어 '대선

주제별로 본 구약성경

역사 과거 — 민족적	체험 현재 — 개인적	예언 미래 — 민족적
오경	**시가서**	**대선지서**
창세기	욥기	이사야서
출애굽기	시편	예레미야서
레위기	잠언	예레미야애가
민수기	전도서	에스겔서
신명기	아가서	다니엘서
역사서		**소선지서**
여호수아서	바벨론 포로 이전	호세아서
사사기		요엘서
룻기		아모스서
사무엘상		오바댜서
사무엘하		요나서
열왕기상		미가서
열왕기하		나훔서
역대상		하박국서
역대하		스바냐서
에스라서	바벨론 포로 이후	학개서
느헤미야서		스가랴서
에스더서		말라기서

지서'(대예언서)라 하고, 나머지 12권은 '소선지서'(소예언서)라 부른다.

대선지서 5권이 소선지서 12권보다 더 중요하거나 영감을 더 많이 받았기 때문에 그런 이름을 갖게 된 것일까? 절대 그렇지 않다. 여기서 '대'(大), '소'(小)의 명칭은 단지 책의 분량에 따른 것이다. 사실 예레미야서 한 권의 분량이 소선지서 12권을 합친 것보다 더 많으며, 이사야서와 에스겔서의 분량 역시 소선지서 12권을 합친 것과 거의 비슷하다.

구약성경이 5권씩 세 그룹(율법서 5권, 체험서 5권, 대선지서 5권)과 12권씩 두 그룹(나머지 역사서 12권, 소선지서 12권)으로 배열되어 있는 점을 주목하라. 더욱이 모세오경을 제외한 12권의 역사서 가운데 처음 9권이 바벨론 포로 이전의 시기에 해당하며, 소선지서 12권 가운데 처음 9권이 바벨론 포로 이전의 시기에 속한다는 사실도 묘한 대칭을 이룬다. 이 18권의 책을 보통 'B.B.E.'(Before Babylonian Exile, 바벨론 포로 이전의 책)라고 하며, 역사서의 나머지 3권과 예언서의 나머지 3권을 합하여 'A.B.E.'(After Babylonian Exile, 바벨론 포로 이후의 책)라고 한다.

우리가 가진 구약성경이 이처럼 완벽한 대칭 구조를 이루고 있다는 점을 주목하기 바란다. 사실 우리가 지금 갖고 있는 구약성경의 순서는 히브리인들이 원래 가지고 있던 구약성경의 순서와 다소 다르다. 우리 주님이 권능의 손으로 이렇게 짜임새 있게 정돈해주신 것이다. 우리가 지금 갖고 있는 구약성경의 순서는 예수님이 오시기 250년 전에 편찬된 '70인역 성경'(Septuaginta, 히브리어로 기록된 구약성경을 헬라어로 번역한 성경)의 순서에서 유래한 것이다.

3 주제별 성경 목록 외우기

구약성경 39권의 이름을 차례대로 말할 수 있는가? 그렇다면 당신은 평소에 성경을 가까이하는 훌륭한 성도일 것이다. 그러나 그렇지 못하다면 다음과 같은 방법으로 외우기 바란다. 역사서 17권과 예언서 17권은 각각 '5권, 9권, 3권' 단위로 나누어진다. 이것들을 단위별로 외운 다음

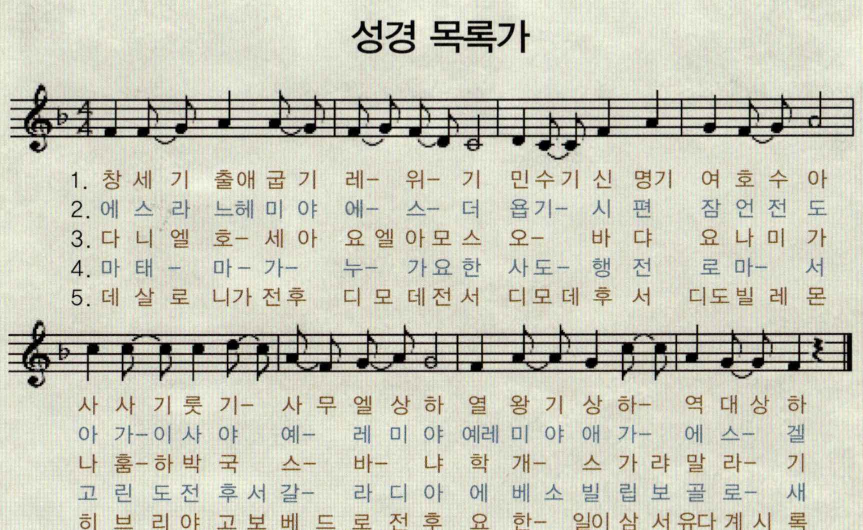

'성경목록가'는 우리의 신앙 선배들이 널리 알려진 곡조에 가사를 붙여서 성경 66권 목록을 쉽게 외울 수 있게 한 것이다. – 한국어판 편집자

다시 종합하면 어렵지 않게 암기할 수 있을 것이다. 체험에 관한 책은 5권밖에 되지 않으니 쉽게 외울 수 있다.

사실 나는 신학교를 졸업할 때까지 성경 66권의 목록을 암기하지 못했다. 별도로 배운 적이 없기 때문이다. 그러나 사역자로 인정을 받기 위한 시험에서 이 문제가 나올 수 있다는 것을 알게 되었다. 더군다나 신학석사 학위를 받게 될 사람이 성경 66권의 이름도 외우지 못한다고 생각하니 스스로 부끄러웠다. 그래서 열심히 암기했다. 물론 아쉽게도 아무도 묻지 않았지만 말이다.

앞 페이지에 악보 하나를 제시했다. 성경 66권의 목록을 단순한 곡조에 맞추어 부르며 암기하기 위한 악보이다. 곡조가 단순하기 때문에 몇 번만 따라 부르면 금세 익힐 수 있을 것이다.

물론 성경책 맨 앞에 목차도 있고, 책의 옆면을 옴폭 파서 찾고자 하는 부분을 쉽게 찾도록 도와주는 '색인'도 있다. 그러나 성경 목록을 암기하면 원하는 성경의 각 권을 더 빨리 찾을 수 있다. 성경을 좀 더 빨리 찾아 더 많은 것을 배울 수 있기를 바란다.

4 시대별 구약의 열두 시대

이스라엘에는 몇 지파가 있었나? 예수님은 몇 명의 제자를 지명하셨는가? 소년 예수가 성전에 올라가 율법학자들을 어리둥절하게 만들었던 것은 몇 살 때였나? 구약의 역사는 몇 개의 시대로 나눌 수 있는가?

모두 "12"라고 대답했다면 정답이다.

구약의 역사서 17권 가운데서도 발 빠른 동작으로 구약의 전반적인 줄거리를 전개해나가는 책들이 11권 있다. 이 11권의 책들에 해당하는 각 시대와 바벨론 포로 시대를 합하여 '구약의 열두 시대'라는 이름을 붙여보았다.

이 열두 시대는 구약의 이야기를 이루는 기본적인 틀로서 나머지 구약성경 28권의 시대적 배경이 된다. 열두 시대는 빠른 속도로 진행되면서 구약의 역사를 보여주기 때문에 여기 제시한 11권의 책을 순서대로 읽으면 구약의 흐름을 파악할 수 있다.

구약의 열두 시대

창세기	출애굽기	민수기	여호수아서	사사기	사무엘상	사무엘하	열왕기상	열왕기하	바벨론 포로	에스라서	느헤미야서
1	2	3	4	5	6	7	8	9	10	11	12

그러면 이제 이 열두 시대가 전하는 구약의 이야기를 아주 간략히 살펴보겠다.

창세기 하나님은 완벽한 환경에서 인간을 창조하셨다. 그리고 세 차례의 큰 심판(에덴에서의 추방, 노아 시대의 홍수, 바벨탑 사건)을 내리신 뒤, 장차 히브리 민족의 조상이 될 세 사람, 즉 아브라함과 이삭과 야곱에게 초점을 맞추셨다. 창세기 뒷부분에서 야곱의 식구들은 기근을 피하여 애굽으로 내려갔다.

출애굽기 유대인들은 애굽 땅에서 그 수가 크게 번성했지만 애굽의 노예가 되었다. 이에 하나님께서는 바로에게 재앙을 내리시고, 모세로 하여금 이스라엘 백성들을 이끌고 광야로 나와 시내산에 당도하게 하셨다. 그리고 거기서 이스라엘 백성들에게 율법을 주시고, 또 성막 예배 제도를 명하셨다.

민수기 민수기는 시내산에서의 인구 조사와 이스라엘의 불신앙으로 인한 광야에서의 방황과 요단강에서의 새로운 인구 조사에 대한 기록이다.

여호수아서 이후에 여호수아는 이스라엘 백성들을 이끌고 약속의 땅에 들어가 가나안 족속들을 정복했다.

사사기 그런 다음 통치자이자 군사 지도자인 열두 명의 사사(士師)가 간헐적으로 등장하여 백성들을 다스렸다.

사무엘상하 사무엘을 마지막으로 사사 시대가 막을 내린 뒤, 사울이 이스라엘의 초대 왕으로 즉위했지만, 그는 다윗을 추적하는 데 일생을 허비했다. 사무엘하는 다윗의 왕권 수립 과정을 보여주고, 열왕기상은 솔로몬의 왕권에 대해 기록한다.

열왕기상하 열왕기상하 두 권은 솔로몬이 죽은 다음에 이스라엘 왕조가 남북으로 분열되어 쇠퇴의 길을 걷다가 마침내 외세에 멸망을 당하여 남북 두 왕조의 백성들이 팔레스타인 땅을 떠나게 되는 사건에 대해 말한다.

에스라 · 느헤미야서 북쪽 왕국(이스라엘)의 백성들은 앗수르에 의해 뿔뿔이 흩어졌고, 남쪽 왕국(유다)의 백성들이 바벨론에서 70년 동안의 포로생활을 마치고 3차에 걸쳐 예루살렘으로 돌아와 성전과 성벽을 재건한다.

성경의 역사 이야기는 여기에서 끝났다가 400년 후에 신약의 시작과 더불어 재개된다.

5 시대별 나머지 책들의 자리 매김

이제 구약의 역사서 17권 가운데 열두 시대를 나타내는 책들에 뽑히지 못한 6권의 시대적 위치를 정해주는 작업이 남았다.

율법서

이 목록에 들지 못한 2권의 율법서(레위기와 신명기)의 시대적 위치를 찾기는 어렵지 않다. 왜냐하면 이 2권이 그것들의 내용이 포함되어 있는 책들과 인접해 있기 때문이다.

레위기 레위기는 하나님께서 시내산에서 주신 예배 제도를 설명하는 내용으로, 시기적으로는 출애굽기 24장 12절에서 민수기 10장 10절까지에 해당한다.

신명기 신명기는 이스라엘 백성들이 약속의 땅 건너편 모압 평지에 이르렀을 때 새로운 세대들을 위해 율법을 재음미한 내용으로, 시기적으로는 민수기 28장 이후에 해당한다. 레위기와 신명기에서는 유대인들이 광야에서 머물고 있는 상태라고 생각하면 되겠다.

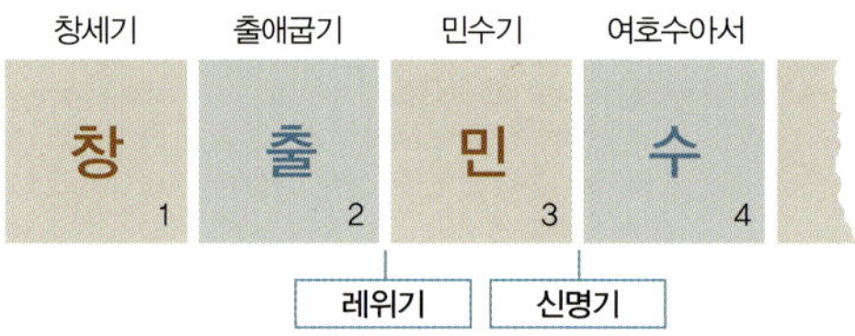

역사서

룻기 역사서의 남은 책들 가운데 룻기는 사사 시대의 타락한 백성들 가운데서 신실하게 믿음을 지킨 소수의 사람들을 근접 촬영한다. 룻기 또한 시대적인 위치를 찾기가 그리 어렵지 않다. 사사기 다음에 배열된 룻기가 사사기 시대에 속한다는 것을 쉽게 알 수 있기 때문이다(룻 1:1).

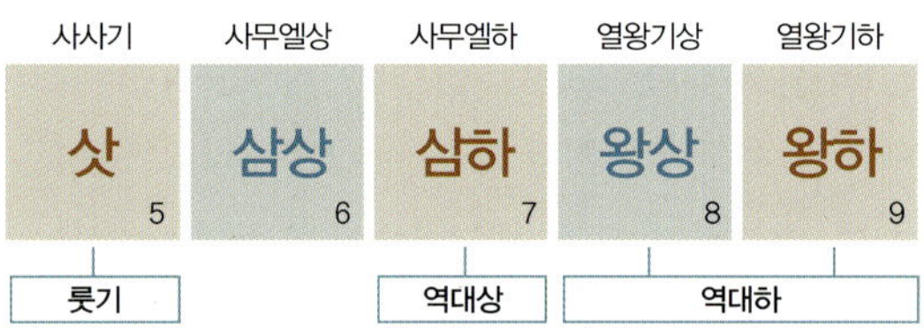

역대상하 그런데 역대상과 역대하는 좀 특이하다. 역대상이 시대적으로 사무엘하 시대에 해당하는 반면, 역대하는 열왕기상과 열왕기하 두 권의 시대에 해당하기 때문이다. 역대상은 왕국의 역사를 보충 설명하는 '첫 번째' 책이니까 시대적으로 '한 권'(사무엘하)에 들어맞고, 역대하는 '두 번째' 책이니까 '두 권'(열왕기상하)에 들어맞는다고 생각하면 이 두 책의 시대적 위치를 기억하기가 좀 더 쉬워질 것이다.

에스더서 그리고 마지막으로 에스더서는 시대적으로 에스라 시대에 해당한다. 영문자 'E'로 시작하는 두 권의 책 '에스라서'와 '에스더서'를 나란히 놓으면 외우기 쉽다. 이렇게 하면, 구약의 역사서 17권을 시간 순서대로 배열하여 가장 먼저 일어난 사건부터 가장 나중에 일어난 사건까지 총괄할 수 있다.

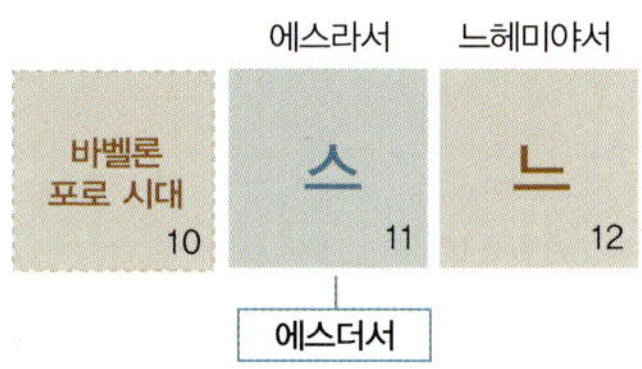

시가서

시가서 혹은 체험서 5권의 시대 역시 구약의 줄거리를 빠르게 진전시키는 핵심적인 역사서들의 시대에 끼워 넣을 수 있다.

욥기 욥기가 창세기의 족장 시대에 놓여 있다는 사실을 주목하기 바란다. 욥기가 나중에 기록되었을 가능성도 있으나 욥기의 사건들을 아브라함 시대에 일어난 것으로 보는 것(성막이나 율법에 대한 언급이 없는 것이나 욥의 수명이 매우 길었다는 점 등을 고려하여)이 통례이다.

시편 학술적으로 시편의 역사적인 배경은 구약의 열두 시대 전부에 해당한다. 시편의 내용이 구약 역사의 전 세대를 반영하기 때문이다. 모세가 한 편(90편)을 기록했고 바벨론 포로 시대나 그 후에 두 편(126편, 137편)이 기록되었지만, 다윗이 거의 절반(150편 중 약 73편)을 기록했기 때문에 일반적으로 시편의 역사적인 배경을 사무엘상하 시대에 해당하는 것으로 간주한다. 왜냐하면 사무엘상하에 다윗의 생애가 기록되어 있기 때문이다. 다윗은 사무엘상에서 사울의 추적을 피해 도망 다니지만, 사무엘하에서는 왕으로 즉위하여 이스라엘을 통치한다.

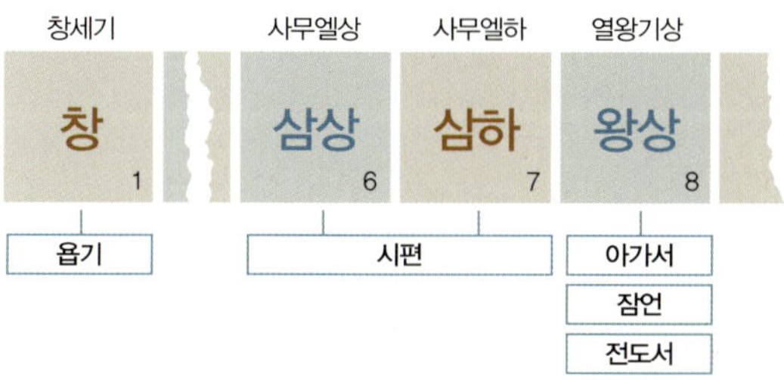

아가서 한편 솔로몬은 세 권의 시가서를 썼다. 솔로몬의 생애가 열왕기상 전반부에 묘사되어 있으므로 이 세 권의 시대를 열왕기상 시대에 해당하는 것으로 간주했고, 기록된 순서에 따라(추정이지만) 아가서, 잠언, 전도서의 순으로 위치를 정했다. 솔로몬은 결혼생활의 기쁨을 노래한 아가서를 인생의 청년기에 기록한 것으로 보인다.

잠언 · 전도서 솔로몬이, 왕으로서 하나님의 지혜를 널리 펼치는 잠언을 인생의 절정기에 기록한 것으로 보고, 인생을 철학적으로 회고하며 참된 만족이 있는 삶이 무엇인지 고찰한 전도서를 인생의 후반기에 기록한 것으로 보는 것이 타당하다.

예언서

자, 이제 예언서 17권의 시대적 위치를 잡아주는 작업만 남았다. 힘이 들어도 조금만 참기 바란다. 예상하는 것보다 훨씬 쉽다.

예레미야애가 · 다니엘 · 에스겔서 바벨론 포로 시대에 활동한 선지자 역시 예레미야, 에스겔, 다니엘 이렇게 세 명이다. 그런데 예레미야 선지자는 두 시대(포로 전, 포로기)에 걸쳐 사역하면서 두 권의 책(예레미야서, 예레미야애가)을 기록했다. 그중 바벨론 포로기에 해당하는 책은 예레미야애가이다. 따라서 예레미야애가, 다니엘서, 에스겔서 이 3권의 책이 이때에 기록되었다.

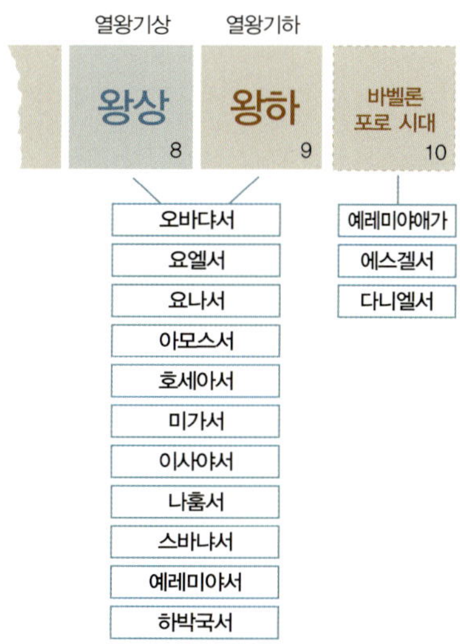

나머지 11명의 선지자들(예레미야 포함)은 열왕기상 중반부의 시대에서 열왕기하 종반에 이르는 시대에까지 두루 활동했다. 이 시기에 활동했던 11명의 선지자들의 이름을 사역 순서대로 배열해놓았으니 참고하기 바란다.

학개 · 스가랴 · 말라기서 우선 바벨론 포로 시대 이후에 활동한 선지자(예언자)가 학개, 스가랴, 말라기 이렇게 세 명이라는 점을 주목하기 바란다. 그들은 구약 맨 마지막 부분에 차례대로 나오기 때문에 기억하기 어렵지 않을 것이다.

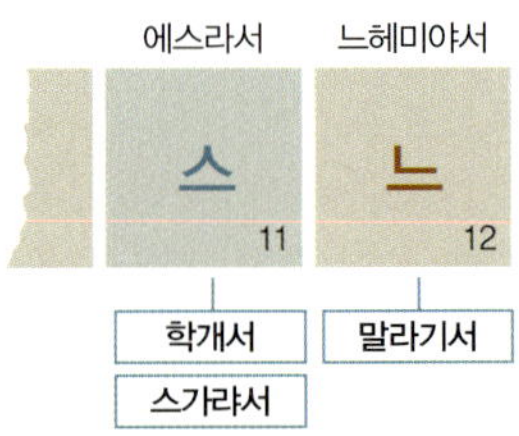

다음의 도표 '시대순으로 본 구약성경'을 보라. 유대 민족의 역사를 빠르게 진행시키는 역사서 11권과 바벨론 포로 시기를 포함하여 구약의 열두 시대를 설정한 다음, 이를 중심으로 구약의 나머지 책들의 시대적 위치를 정리해봤다.

당신은 성경을 읽을 때, 이렇게 시대순으로 정리된 도표를 참고함으로써 큰 유익을 얻을 수 있다. 하나님께서 특정 시대의 인간들에게 무엇이라고 말씀하셨는지 알고 싶다면, 그 시대에 수직으로 연결되어 있는 책들을 모두 읽는 것이 좋다. 예를 들어 창세기는 욥기와 병행해서 읽으라. 이 둘은 서로 보완하고 주석 역할을 하기 때문에 함께 읽으면 족장 시대에 대해 많은 것을 공부할 수 있다. 구약의 마지막에 해당하는 예루살렘 성벽 재건 시대에 대해 알려면 어떤 책을 읽어야 할까? 느헤미야서와 말라기서이다. 에스라서의 내용을 보완하는 세 권의 주석은 무엇일까? 에스더서와 학개서와 스가랴서이다.

성경 말씀에 대한 최고의 주석은 바로 '성경'이다. 성경이 성경에 주석의 빛을 조명한다. 나는 말씀을 연구하면 할수록 이 사실에 탄복하곤 한다. 물론 나는 주석서를 반대하지 않는다. 그렇다고 성경을 공부하는 사람이라면 누구나 필수적으로 주석서를 소장해야 한다고 주장하는 것은 더더욱 아니다. 이는 단지 강조와 우선순위의 문제이다. 사람에게 묻기 전에 먼저 하나님께 묻자는 것이다.

6 제목별

새로운 성경 통독법

성경 통독을 결심했을 때, 이처럼 신구약을 시대순으로 읽어나가면 지루하지 않게 과업을 수행할 수 있다(신약의 시대순 배열은 이 책 9장에 있다). '시대순으로 본 구약성경'의 도표에 따라 기본적인 책과 그 아래 수직으로 배열되어 있는 책들을 먼저 읽은 뒤에 옆의 책으로 넘어가는 것도 좋은 방법이며, 줄거리를 이어나가는 기본적인 책 11권을 먼저 읽음으로써 구약의 큰 그림을 파악한 뒤 각각의 책에 수직으로 배열되어 있는 책들을 읽으면서 보충하는 것도 좋은 방법이다.

사실 파노라마처럼 펼쳐지는 구약의 전경을

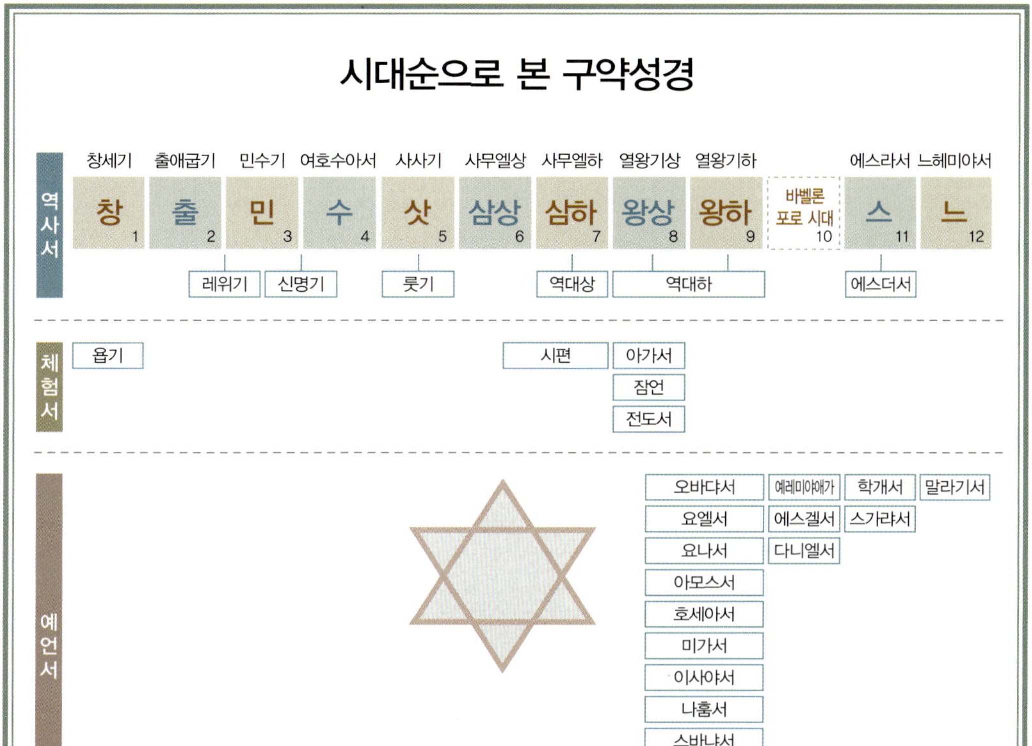

⚜ 위 11권의 책들은 유대 민족의 역사를 빠르게 훑는다. 나머지 역사서들은 그 시대를 자세히 보충한다. 솔로몬의 세 책들은 기록 연대순(추정)으로 배열했고, 선지자들의 책은 선지자들의 사역 연대순으로 배열했다.

효율적으로 감상하려면 구약의 줄거리를 빠르게 전개하는 11권의 기본적인 책들을 읽으면서 각 장의 내용을 짧게 요약하는 것이 좋다. 요약은 신문 기사의 표제어처럼 세 단어 이내가 좋다. 일례로 창세기 1장은 '엿새 동안의 창조', 2장은 '아담과 하와의 동산', 3장은 '뱀과 죄와 형벌'로 요약할 수 있다. 그다지 어려워 보이지 않을 것이다. 이렇게 하면 성경을 읽는 동안 실로 많은 것을 얻고 있음을 깨닫고 깜짝 놀라게 될 것이다. 성경의 각 장에 제목을 붙이면 쉽사리 까먹지도 않고(성경을 읽긴 읽었는데 무엇을 읽었는지 기억이 나지 않을 때의 그 괴로움은 아는 사람만 알 것이다), 개별적인 구절이나 단락의 나무들 속에서 길을 잃는 대신 각 장의 숲에 담긴 핵심을 파악할 수 있다. 때로는 한 장의 내용이 너무 길어서 요약하기 곤란한 경우도 있을 것이다. 그럴 때는 각 단락에 제목을 붙인 다음, 그 제목들에서 장 제목을 이끌어내면 된다.

그룹 성경공부에 딱 맞는 한층 더 흥미로운 방법도 있다. 각 장 제목의 첫 글자를 짜 맞추어 그 책의 주제를 표현하는 방법이다. 이런 문학 형식을 '이합체'(離合體, acrostic)라고 한다. 이렇게 하려면 먼저 읽고자 하는 책이 총 몇 장으로 구성되어 있는지 파악하고, 그 숫자에 딱 맞는 글자 수로 책의 주제를 정한 뒤 각 장에 배당된 글자로 그 장의 제목을 붙여 나가는 작업을 수행해야 한다.

요나서를 예로 들면 총 4장으로 구성되어 있으니까 책의 주제를 '큰 물고기'의 네 글자로 정하고, 1장의 제목을 '큰~', 2장의 제목을 '물~', 3장의 제목을 '고~', 4장의 제목을 '기~'로 붙여볼 수 있다.

요나서

큰 성읍 니느웨로 가지 않고 도망한 요나(1장)

물고기 배 속에서 기도한 요나(2장)

고대하던 니느웨의 구원(3장)

기고만장한 요나와 하나님의 긍휼하심(4장)

창세기처럼 긴 책의 주제도 한 문장으로 요약할 수 있다. 창세기가 총 50장으로 구성되어 있으니까 먼저 50개의 주제 문장을 만들어야 한다. 이때 각 장의 제목이 어떤 글자로 시작되어야 하는지 염두에 두고 내용을 깊이 묵상하면서 장 제목을 정해야 한다. 그런 다음 제목이 각 장의 내용과 잘 어울리는지 확인한다. 여기에는 상당한 시간과 집중력을 요하지만 엄청난 보상이 뒤따른다. 이런 방법으로 말씀을 한 권씩 독파해나간다면, 하나님 말씀에 대한 지식이 쑥쑥 자라는 것을 실감할 수 있을 것이다.

다음에 견본으로 제시한 '창세기의 장별 제목'은 무디성경대학 교수로 있을 때, 내가 가르치던 학생 한 명이 작성한 것이다(영어 첫 철자만 따서 합치면 뜻이 있는 문장이 되나 번역된 한글의 경우는 그렇게 되지 않는다 – 역자 주). 배리 허들스턴(Barry Huddleston)이란 이름의 그 학생은 성경을 집중적으로 묵상하기 위한 계획의 일환으로 신구약 전체를 이런 방식으로 요약하여 《이합체 성경》이라는 제목의 책을 출판하기도 했다.

창세기의 장별 제목

1장 **I**nception of the world 세상의 시초
2장 **N**ewlyweds placed in Eden 에덴에 사는 신혼부부

3장 **T**emptation and man's fall 유혹과 인간의 타락
4장 **H**atred and first murder 증오와 최초의 살인
5장 **E**ntire genealogy of Adam 아담 자손의 계보

6장 **B**uilding of the ark 방주를 지음
7장 **E**ruption of the flood 홍수의 발생
8장 **G**oing from the ark 방주 밖으로 나옴
9장 **I**nitiation of rainbow promise 무지개 약속의 시작
10장 **N**oah's sons and grandsons 노아의 아들과 손자들
11장 **N**ations scattered from Babel 바벨에서 흩어진 민족들
12장 **I**mmigration of Abram's family 아브람 가족의 이주
13장 **N**ephew Lot leaves Abram 아브람의 조카 롯이 아브람을 떠남
14장 **G**ifts for Priest Melchizedek 멜기세덱을 위한 예물

15장 **G**od counts Abram righteous 아브람을 의롭게 여기심
16장 **O**ffspring Ishmael from Hagar 이스마엘이 태어남
17장 **D**esignation changed to Abraham 아브람의 이름이 아브라함으로 바뀜

18장 **C**ompassion for Sodom's righteous 소돔의 의인들을 향한 아브라함의 간구
19장 **R**emoval of Sodom and Gomorrah 소돔과 고모라의 멸망
20장 **E**gyptian escapade of Abraham 아브라함이 애굽으로 피함
21장 **A**rrival of promised Isaac 약속의 아들 이삭의 출생
22장 **T**est of Abraham's faith 아브라함의 믿음을 시험하심
23장 **E**nd of Sarah's life 사라의 생명이 다함
24장 **D**enoting Rebekah as bride 리브가를 신부로 지명함

25장 **T**wins Esau, Jacob born 쌍둥이 에서와 야곱이 태어남
26장 **H**ostility between Isaac, Philistines 이삭과 블레셋의 대립
27장 **E**sau robbed of birthright 에서가 상속권을 강탈당함

28장 **H**eavenly ladder at Bethel 하늘에서 내려온 사다리
29장 **E**arning Leah and Rachel 레아와 라헬을 얻음
30장 **A**dditions to Jacob's family 야곱의 가족이 늘어남
31장 **V**enture away from Laban 위험을 무릅쓰고 라반을 떠남
32장 **E**ndeavoring to wrestle God 야곱이 하나님과 씨름함
33장 **N**ew friendship with Esau 에서와의 새로운 우정

34장 **A**venge for Dinah's defilement 디나를 욕보인 자들에 대한 복수
35장 **N**ame changed to Israel 야곱의 이름이 이스라엘로 바뀜
36장 **D**escendants of Esau listed 에서의 후손들

37장 **T**reachery of Joseph's brothers 요셉의 형들의 배신
38장 **H**arlot Tamar deceives Judah 다말이 유다를 속여 음행함
39장 **E**nraged Potiphar jails Joseph 성난 보디발이 요셉을 가둠

40장 **E**xplanation of two dreams 두 가지 꿈을 해몽함
41장 **A**ppointing Joseph as ruler 요셉이 애굽의 총리로 임명됨
42장 **R**euben rebuked his brothers 르우벤이 형제들을 책망함
43장 **T**rek to Egypt again 애굽으로 다시 내려감
44장 **H**olding Benjamin for cup 요셉이 베냐민을 구류하려고 함

45장 **A**nnouncement of Joseph's identity 요셉이 정체를 밝힘
46장 **N**ew home in Egypt 애굽에서 새 삶이 시작됨
47장 **D**esign to save Egypt 애굽 백성들을 구하기 위한 계획

48장 **M**anasseh and Ephraim adopted 야곱이 므낫세와 에브라임을 아들로 여김
49장 **A**nnouncement of Jacob's blessing 야곱의 축복
50장 **N**ew relationship among brothers 형제들 사이의 새로운 관계

"IN THE BEGINNING GOD CREATED THE HEAVEN AND THE EARTH AND MAN."

(영어의 첫 철자를 다 합하면 이 문장이 만들어진다)

"태초에 하나님이 하늘과 땅과 인간을 창조하셨다."

시(詩)로 표현한 구약성경

창세기는 말해요.
이 세상이 하나님의 창조의 손으로 만들어졌다고
출애굽기도 말해요.
히브리 민족이 약속의 땅을 얻기 위해 어떻게 진군했는지

레위기에는 법이 있어요.
거룩하고 의롭고 선한 율법이
민수기는 각 지파의 수효를 헤아려요.
그들 모두가 아브라함 혈통의 사람들이지요.

신명기는 하나님의 권능의 역사를 기록하고
용맹스러운 여호수아는 이스라엘 백성들을 이끌고 약속의 땅으로 들어갔어요.

사사기 시대의 사람들은 종종 매를 맞았지요.
잦은 반항으로 하나님의 진노를 유발했기 때문이에요.
룻기는 하나님을 기쁘시게 했던 한 사람의 믿음에 관해 기록해요.

사무엘상하는 이새의 아들에 대해 말하고
열왕기상하는 이스라엘 열 지파가 근본을 벗어나 반란을 일으킨 것을 말해요.

역대상하는 증언해요.
유대 민족이 포로로 끌려갔다고
에스라는 고레스 왕 덕택에 남은 자들을 데리고 고향으로 돌아왔어요.
느헤미야는 예루살렘 성벽을 다시 쌓았고
에스더는 사악한 무리의 음모로부터 동포를 구했지요.

욥기는 보여줘요.
고난의 회초리 아래서 믿음으로 사는 게 어떤 것인지
하나님의 모든 자녀들은 다윗의 시편을 더없이 아름다운 노래로 불러요.

잠언은 최상품의 진주를 꿴 아름다운 목걸이 같고
전도서는 이생의 모든 것이 헛되고 헛되며 또 헛되다고 가르쳐요.

신비로운 아가서는 향긋한 샤론의 수선화를 찬미해요.
환희에 사로잡힌 이사야는 보여줘요.
세상의 왕, 구세주, 그리스도의 모습을

예레미야는 울면서 꾸짖어요.
이스라엘이 하나님을 배신했기 때문이지요.
가련한 그는 예레미야애가에서 이스라엘의 파멸을 구슬프게 한탄해요.

에스겔은 불가사의한 것들에 대해 아주 비밀스럽게 말해요.
다니엘은 장차 임할 제국들과 왕들을 환상 가운데 보았지요.

호세아는 심판과 자비에 관해 말하기를 좋아하고
요엘은 하나님이 인간과 함께 거하게 될 축복의 날을 묘사해요.
아모스는 드고아에서 양을 치다가 부름을 받았고
오바댜는 마침내 에돔이 멸망할 것이라고 예언하지요.

요나는 놀랍게도 그리스도의 부활을 묘사하고
미가는 유다가 멸망하지만 곧 회복될 것이라고 선언하고
나훔은 니느웨에 심판이 쏟아질 것이라고 예언해요.

하박국은 환상 가운데 보았어요.
갈대아 사람들의 운명이 어떠하리라는 것을
스바냐는 유대 민족에게 경고하고 또 경고해요.
주께 돌아와 회개하고 살라고

학개는 성전 재건을 강력히 촉구하고
스가랴는 그리스도 승리의 통치를 예언해요.

구약의 예언의 현(絃)을 마지막으로 퉁긴 말라기 선지자는 장엄하게 보여줘요.
주님의 오심을!

⚜ 구약성경 39권을 주제 중심으로 요약하여 지은 시(그레이스 앤더슨 작시)

04

CHAPTER

지도로 보면 구약이 더 입체적으로 보인다

The Old Testament on One Map

우리 하나님께서는 이 땅과 사람들을 좋아하신다. 왜냐하면 이 모든 것을 만드셨기 때문이다. 성경을 아무 데나 펴서 인명이나 지명(고유명사와 대명사를 망라하여)이 언급된 부분에 표시 해보면, 표시된 부분이 정말 많다는 것을 알 수 있다. 만약 사람과 장소에 대해 언급한 부분을 성경에서 모두 지운다면 성경은 분량과 의미 면에서 매우 축소될 것이다.

하나님 말씀은 2,930개의 인명과 1,551개의 지명으로 구성되어 있다. 동일한 인명이나 지명이 반복되는 경우를 하나로 계산해도 이렇게 많다. 당신은 "그게 나랑 무슨 상관이지?"라고 반문할지 모른다. 하지만 성경에 당신 이름이 나온다고 해도 대수롭지 않게 넘어가겠는가?

성경을 조금만 읽어도 하나님께서 인간을 가장 귀하게 여기신다는 사실을 쉽게 깨달을 수 있다. 창세기의 창조에 관한 대목에서 아담과 하와에 대한 기록이 피조 세계 전체에 대한 기록을 합친 것보다 더 많다. 세상은 인간을 위해 만들어졌다. 안식일조차도 인간을 위해 만들어졌다. 하나님은 인간과 교제하기 위해 인간을 창조하셨다. 영원하시고 부족함이 없으신 하나님께서 단지 '교제를 나누기 위해' 하잘것없는 인간을 지으셨다니, 생각만 해도 가슴이 벅차오른다. 더욱이 하나님의 외아들이 직접 이 땅에 내려오셔서, 하나님께 반역한 인간들의 죄를 대신해 십자가에서 돌아가셨으니 어찌 감격하지 않을 수 있겠는가? 하나님께서 정말로 우리를 귀히 여기실까? 하나님의 창조를 보라. 그리고 그리스도의 십자가를 보라.

성경에 언급된 장소는 하나같이 인간들과 관련이 있다. 한 가지 예외는 있다. 지옥은 인간들을 위해 준비된 곳이 아니라 사탄과 타락한 천사들을 위해 마련된 곳이다. 그리스도께서 거저 주시는 구원을 무시하거나 거부하는 자들만이 그곳에 갈 것이다. 우리는 인간이 만든 세상 종교들의 경전에서 한 가지 공통된 점을 발견할 수 있는데, 그것은 거기에 "하나님께서 이렇게 말씀하셨다"라는 권위 있는 음성이 빠져 있다는 것이다. 대략 훑어보기만 해도 그런 책들 속에는 철학적 성찰은 가득하지만, 사람과 장소에 대한 언급은 찾아보기 힘들다는 것을 금방 알 수 있다.

기독교 신앙은 역사적이고도 지리적이다. 하나님께서는 역사학과 고고학 연구로 검증될 수 있는 인명과 지명으로 성경을 가득 채우셨다. 그러므로 인간의 지식과 정교함이 증대되면 될수록 하나님의 계시에 대한 검증도 비례하여 증대된다. 하나님께서는 모든 시대의 인간들이 믿을 만한 증거를 충분히 확보할 수 있게 해놓으셨다. 물론 하나님과 우리의 관계에서는 언제나 '보이지 않는 것을 확신하는' 믿음이 필요하다. 그러나 우리는 견고한 말씀에 믿음의 뿌리를 두고 있지 않은가?

성경은 처음부터 끝까지 영감(靈感)으로 기록된, 권위를 지닌 하나님의 말씀이다. 이는 성경의 모든 '단어'들이 중요하며 또 연구할 만한 가치를 지니고 있음을 의미한다. 인명과 지명도 예외가 될 수 없다. 나는 신약 시대에 살고 있는 우리 대다수가 '뛰어넘기 원칙'을 충실히 지키고 있다는 생각을 가끔 하곤 한다. 성경을 읽다가 생소한 단어나 인명이나 지명이 나오면 '읽다보면 알겠지' 하는 생각으로 그냥 넘어간다. 그러나 나는 당신에게 성경사전이나 백과사전을 들춰보는 수고를 마다하지 말라고 권하고 싶다. 또한 성경지도를 참조해서 읽는 습관을 들이면 특정 사건이 성경의 어느 지역에서 발생했는지 알 수 있어 말씀을 이해하는 데 매우 유익하다.

어떤 목사님이 어린 아들과 대화를 나누다가 충격을 받았다고 한다. 아들이 《걸리버 여행기》가 성경 이야기보다 더 진짜처럼 느껴진다고 말했기 때문이다. 지혜로운 목사님은 아들의 말을 자르거나 야단치는 대신에 무엇 때문에 그렇게 느껴지는지 조용히 물었다. 그러자 그는 제 방으로 달려가 《걸리버 여행기》 책과 성경책을 갖고 왔다. 그리고 《걸리버 여행기》 속에 있는 지도를 가리키며 "보세요! 지도가 있잖아요. 여기 나오는 곳들은 진짜가 틀림없어요!"라고 말했다. 물론 그 아이가 들고 있는 성경에는 지도가 없었다.

나도 성경의 지리를 연구하고 가르치는 지난 몇 해 동안, 성경의 이야기들이 정말 실제적으로 다가와 깜짝 놀랐다. 이번 장에서는 구약 39권의 지리적 배경이 된 지역들을 지도에 나타내 보겠다(신약성경의 지도는 10장과 11장에서 그려볼 것이다). 이번 장을 마칠 무렵이면 당신도 직접 지도를 그릴 수 있을 것이다. 자신이 없는가? 그러면 빌립보서 4장 13절을 지금 즉시 읽어보기 바란다.

1 구약 세계 지도로 보는 구약의 세계

다음에 제시하는 세계지도는 성경 이야기가 세계의 어느 지역에서 발생했는지를 보여준다. 그 정도는 알고 있다고 말하고 싶은가? 그렇다면 먼저 지명 표시가 없는 아래 지도를 보자.

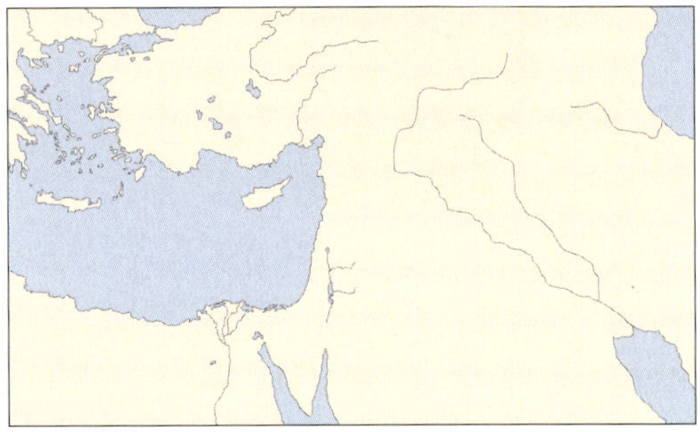

이것은 다음 세계지도에서 사각형으로 표시된 부분을 확대한 그림이다. 이 지도는 성경의 지리적 배경이 된 땅과 다섯 개의 바다로 이루어져 있다. 바다의 이름들을 다 알겠는가? 맨 위에서부터 시계 방향으로 흑해, 카스피해, 페르시아만, 홍해, 지중해이다. 연필이나 손가락으로 바다를 짚어가면서 큰 소리로 읽어보자.

사실 구약 이야기의 지리적 배경이 된 지역은 생각보다 넓지 않다. 창조와 노아의 홍수를 제외한 구약의 모든 사건들이 이 범위 안에서 발생했다(단, 요나 선지자가 하나님의 얼굴을 피하여 도망가려고 했던 다시스는 이 지도의 범위 밖에 위치한다). 이 구약의 지도는 세로가 약 1,400킬로미터, 가로가 약 2,200킬로미터에 달한다.

노아 시대 이후에 강과 바다의 범위가 거의 변

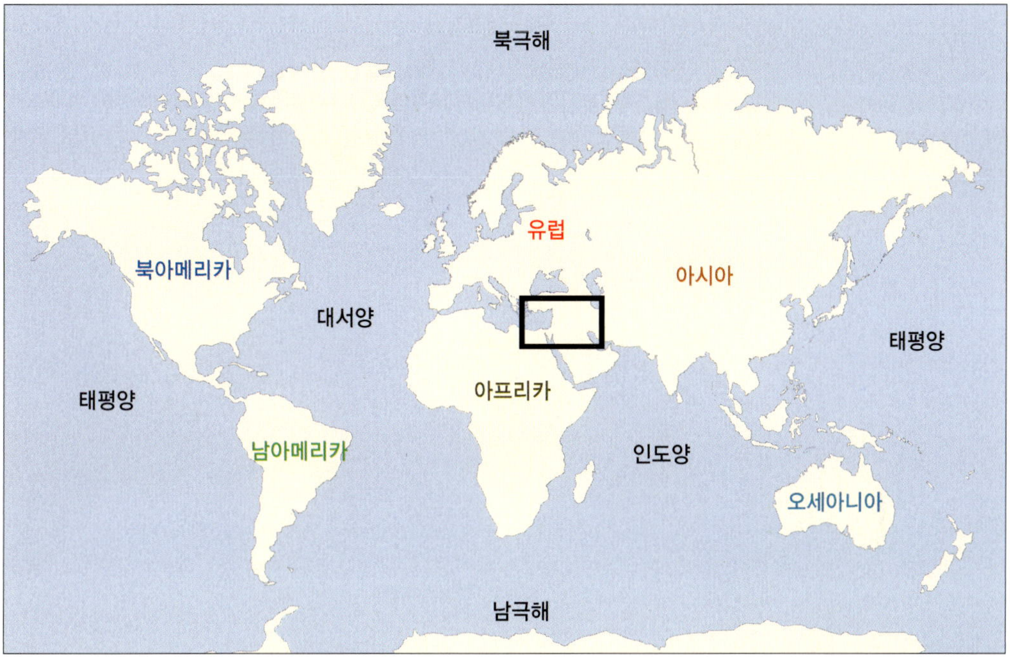

▲세계지도

▲강과 바다의 이름으로 알아보는 구약의 세계

▲구약의 세계에 위치한 현대 국가들

하지 않았기 때문에 이 지도에 현대 국가들의 이름을 넣을 수도 있다. 이 지역을 점유하고 있는 현대 국가들의 이름이 표기된 지도 '구약의 세계에 위치한 현대 국가들'을 참조해보라. 이 지역은 여러 국가들의 잦은 분쟁으로 국경이 종종 변하기 때문에 최신 정보를 제공하려고 노력했다. 이렇게 함으로써 현대 세계와의 관련성을 파악할 수 있으리라고 생각한다.

다시 강과 바다의 이름이 표기된 앞의 지도를 보면, 북쪽에서 페르시아만으로 흐르는 두 개의 강줄기가 보이는가? 위에서 흐르는 것이 티그리스강이고(힛데겔강이라고도 불린다), 조금 아래에서 흐르는 것이 유브라데(유프라테스)강이다. 왼쪽 아래 나일강도 보인다. 나일강은 이집트 남쪽에서 발원하여 지중해로 흘러들어간다. 지도에서 보듯이 가장 큰 바다는 물론 지중해이며, 성경은 지중해를 '대해'라고 부른다.

대해 동남쪽으로는 요단강이 두 개의 '작은 바다'를 서로 연결하고 있다. 신약은 위에 있는 바다를 갈릴리 바다로 칭하지만, 구약에서는 보통 긴네렛(마치 하프 모양처럼 생겼다고 해서 붙여진 이름인데, 근처 산에서 보면 정말 그렇게 보인다) 바다라고 불렀다. 아래쪽에 있는 바다는 구약에서 염해(Salt Sea) 혹은 아라바 바다로 칭했던 오늘날의 사해이다. 그런데 신약에서는 사해를 무엇이라 불렀을까? 놀랍게도 신약에는 사해에 대한 언급이 단 한

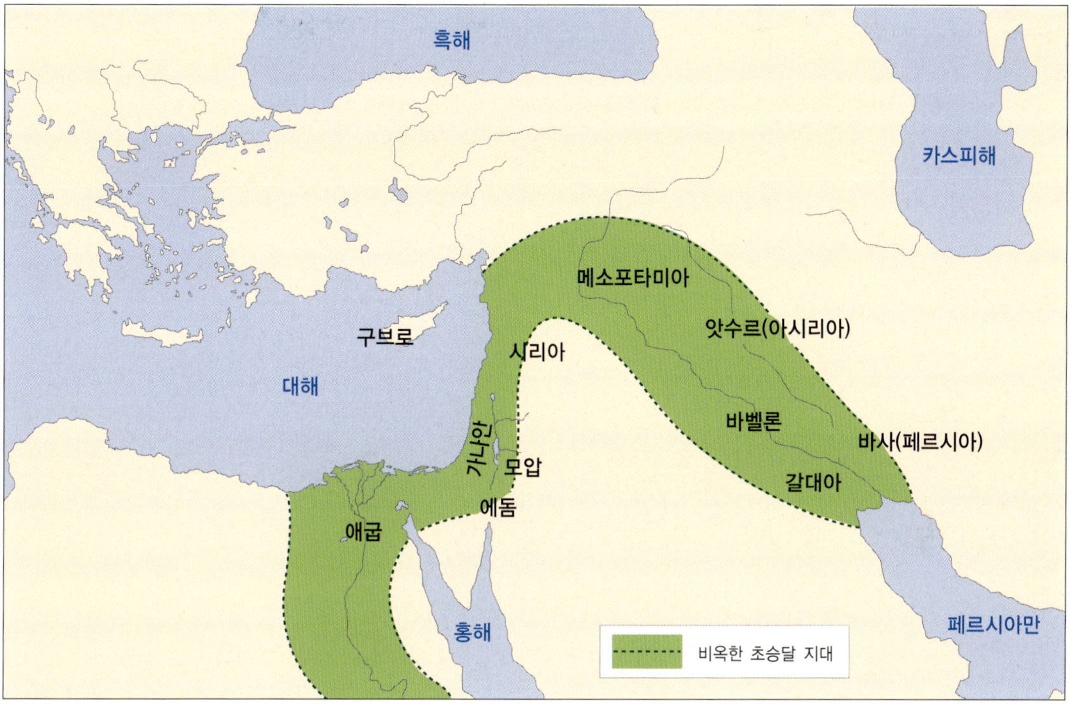

▲구약의 세계에 등장한 고대 국가들

번도 나오지 않는다. 그곳으로 계속 유입된 물이 방출되지 않아 고인 물의 염도가 높아져서 생물체가 생존할 수 없게 되었기 때문에 현대에 들어 사해(Dead Sea)라고 불리게 된 것이다. 사해의 염도는 미국 유타 주에 있는 '솔트 레이크'(Salt Lake)의 염도보다 여섯 배나 높다. 사해에서는 부력이 커서 손발을 물 속에 넣고 수영하기가 무척 힘들다.

크리스천들의 삶 역시 지속적으로 받기만 하고 절대 나누지 않는다면 고여서 썩고마는 영적인 사해가 될 것이다. 하나님께서는 우리가 잔을 계속 비워 다른 사람들을 축복하기를 원하신다. 그래야만 하나님께서 신선한 생수를 계속 채워주실 수 있기 때문이다.

위 지도는 구약에 종종 등장하는 주요 고대 국가들의 위치를 표기한 것이다. 구약이 최소한 4,000년의 역사를 포괄하고 있으며 또 이 모든 나라들이 동시에 존재한 것이 아니라는 사실을 염두에 두기 바란다. 또한 이 나라들이 여러 시대에 걸쳐 정복 전쟁을 겪었기 때문에 국경을 정확히 표시하기 어렵다는 점과 당시의 문명이 경작 가능한 '비옥한 초승달 지대'에 제한되었다는 점에 주목하라. 대해 북쪽으로 구브로(키프로스)섬이 보이는가? 블레셋 족속이 이 섬에서 왔는지도 모르지만, 그것은 구약에서 그리 중요한 사실이 아니다.

2 구약 세계 직접 그려보기

언제 어디서든지 구약의 지도를 그릴 수 있기를 바라는가? 머릿속에 지도를 입력해놓으면 성경을 가르치는 데 도움이 될 뿐 아니라 스스로 연구하는 데도 유익하다. 그러니 필요할 때 마음대로 꺼내볼 수 있도록 구약의 세계 지도를 당신의 기억 창고에 저장하기 바란다.

'시시한 이야기' 한 토막이 이 지도를 기억하는 데 큰 도움을 줄 것이다. 내가 이야기를 하면서 그림을 그려볼 테니 잘 따라오기 바란다. 자, 그럼 시작해보겠다. ①번 그림에 낚싯배의 뱃머리가 있다.

당신은 이 부분만 볼 수 있다. 이것은 낚싯배이므로 분명 낚싯줄을 드리우고 있을 것이다. 그러나 낚싯줄이 모두 엉켜 있다.②

그런데 이 배의 뱃머리 바로 밑에는 물에 빠진 불행한 한 사람이 있다. 그 사람이 할 수 있는 일이라고는 연약한 손가락 두 개(이 사람의 손가락이 무척이나 가늘다는 점을 유의하라)를 들어 올리는 것뿐이지만, 배 밑바닥에 닿을 만큼 높이 들어 올리지는 못한다.③

그 사람은 이 사태를 대비하여 풍선에 줄을 매달아 수면 위로 올려 보낸다. 그리고 풍선이 너무 빨리 부상하지 못하도록 줄 끝에 벙어리장갑(엄지손가락의 위치를 주목하라)을 매단다.④

호수 오른편에는 물벌레 한 마리가 있다. 물벌레는 왼쪽에서 일어나는 일들을 피하여 안전하게 지나가기 위해 더듬이 두 개를 쭉 뻗고 있다.⑤

자, 이제 끝났다. 그럼 이 그림의 주요 부분에 이름을 붙여보라. 그리고 이야기를 다시 읽으면

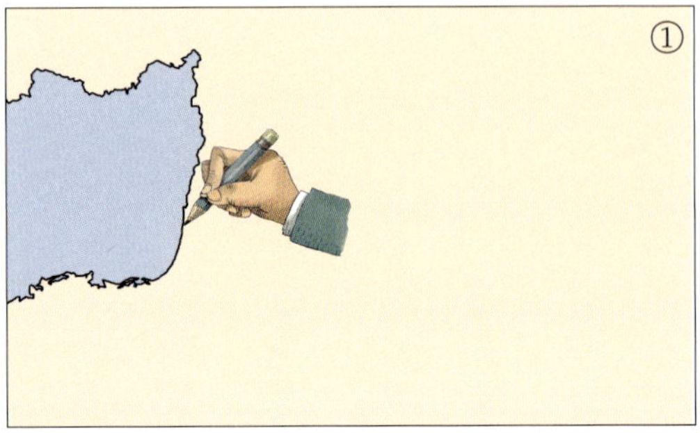

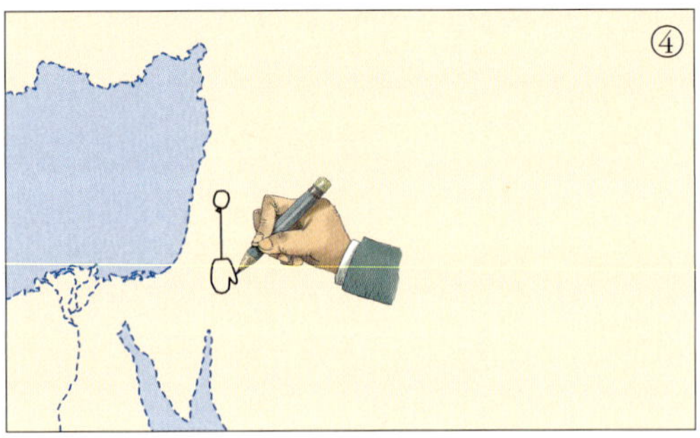

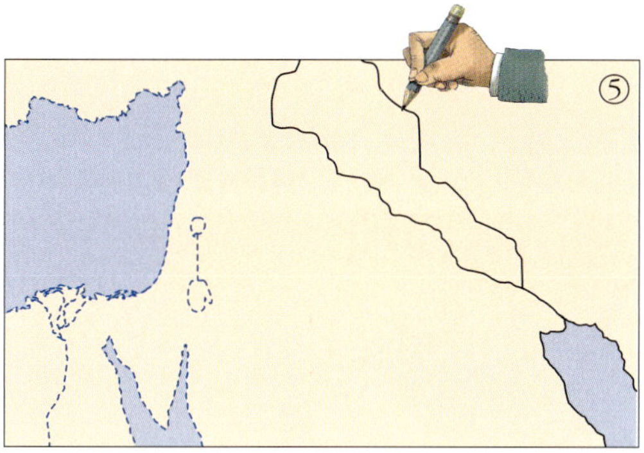

서 윤곽선을 따라 손가락이나 연필로 세 번 정도 그려보라. 다 했다면 이제 책을 덮고 손가락으로 허공에 직접 그림을 그려보라. '내가 지금 무슨 짓을 하고 있는 거지?'라는 생각이 들 수도 있겠지만, 매우 중요한 기술을 익히고 있는 것이니 내 지시에 따라주기 바란다. 위 지도를 바탕으로 다음과 같이 재미있는 그림을 그려볼 수도 있다.

무엇이 연상되는가? 아무것도 연상되지 않는가? 그렇다면 '강과 바다의 이름으로 알아보는 구약의 세계'(63쪽) 지도와 잘 비교해보라.

3 구약 지도 지도로 보는 창세기

이제 선(線)과 간략한 상징들을 이용하여 구약의 역사를 지도에 옮겨보기로 하겠다. 먼저 구약의 역사서 17권의 지도를 보고 다른 성경의 지리적 배경을 정리해보도록 하겠다. 구약의 처음 17권에는 역사가, 나머지 22권에는 그것을 보충하는 내용들이 기록되어 있음을 다시 떠올려보라.

천지창조의 처음 닷새가 지난 뒤, 티그리스와 유브라데 계곡(이 두 개의 강이 에덴동산을 관통하며 흘렀다)에서 인간의 이야기가 시작된다. 창조 직후에 인간은 타락하여 죄에 빠졌고 악해질 대로 악해졌다. 결국 하나님께서는 노아의 여덟 식구를 제외한 모든 인간을 멸망시키셨다. 그리고 나중에 모든 민족들이 바벨탑으로부터 흩어졌다. 다음 지도에 굵게 표시된 '4'라는 숫자는 창세기 1장에서 11장에 기록된 4대 사건, 즉 창조, 타락, 홍수, 바벨 사건을 나타낸다.

그 후에 하나님께서는 갈대아 우르 지방에 거주하던 아브람(나중에 아브라함으로 이름이 바뀜)이라는 사람을 택하셨다(창 12장). 아브라함과 그의 가족은 하나님의 부르심에 응하여 비옥한 초승달 지대에 속한 메소포타미아의 하란으로 이주했고, 나중에 가나안(약속의 땅이라 불리는 곳)으로 이사했다가 마지막엔 애굽으로 내려갔다. '창세기 지도'에서 살펴볼 수 있는 바와 같이 창세기는 지리적으로 에덴에서 시작하여 애굽에서 끝난다.

창세기에는 12장부터 마지막까지 네 사람, 즉

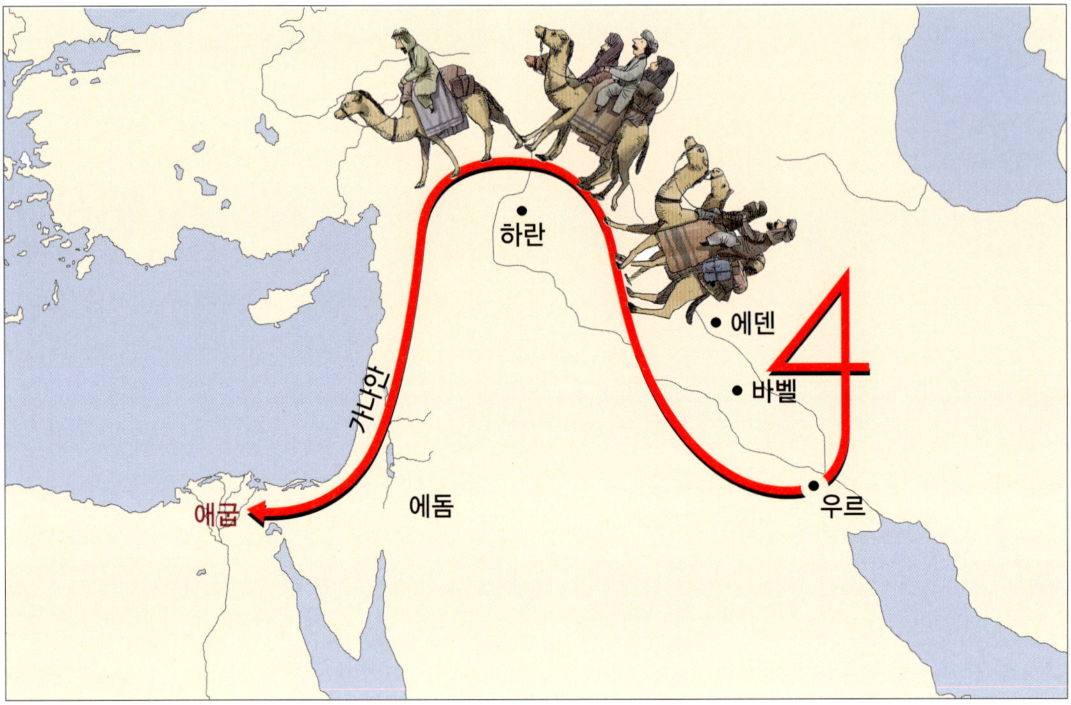

▲창세기 지도

아브라함과 이삭과 야곱과 요셉의 삶이 집중적으로 기록되어 있다. 그들과 그들의 가족은 몇 차례 이주했지만, 가나안 지역 안에서 움직이거나 애굽으로 내려가거나 하란으로 갔다가 다시 오는 정도에서 그쳤다. 창세기의 사건들은 몇몇을 제외하고는 '창세기 지도'에 표시된 선 위에서 일어났다.

아브라함은 가나안 땅에 들어가 이스마엘과 이삭을 낳았다. 그들은 각각 아랍 민족과 이스라엘 민족의 조상이 되었다. 이삭은 가나안에서 에서와 야곱을 낳았고 그들은 각각 에돔 민족과 이스라엘 민족의 조상이 되었다. 야곱은 열두 아들을 낳았는데, 그들은 이스라엘 열두 지파의 시조(始祖)가 되었다. 창세기에서 히브리 세계의 인구는 약 400년의 기간 동안(어림잡아 BC 2200년에서 1800년 사이) '0명'에서 '70명'으로 증가했다.

창세기 1장에서 11장이 인간의 죄에 대해 이야기하는 반면, 12장에서 50장은 아브라함의 자손 예수 그리스도를 통해 임하게 될 구원에 대해 이야기한다.

4 구약 지도 지도로 보는 출애굽기

애굽으로 내려간 유대인들(70명의 야곱의 식구들)은 그 다음 400년 동안(BC 1800년에서 1400년 사이)

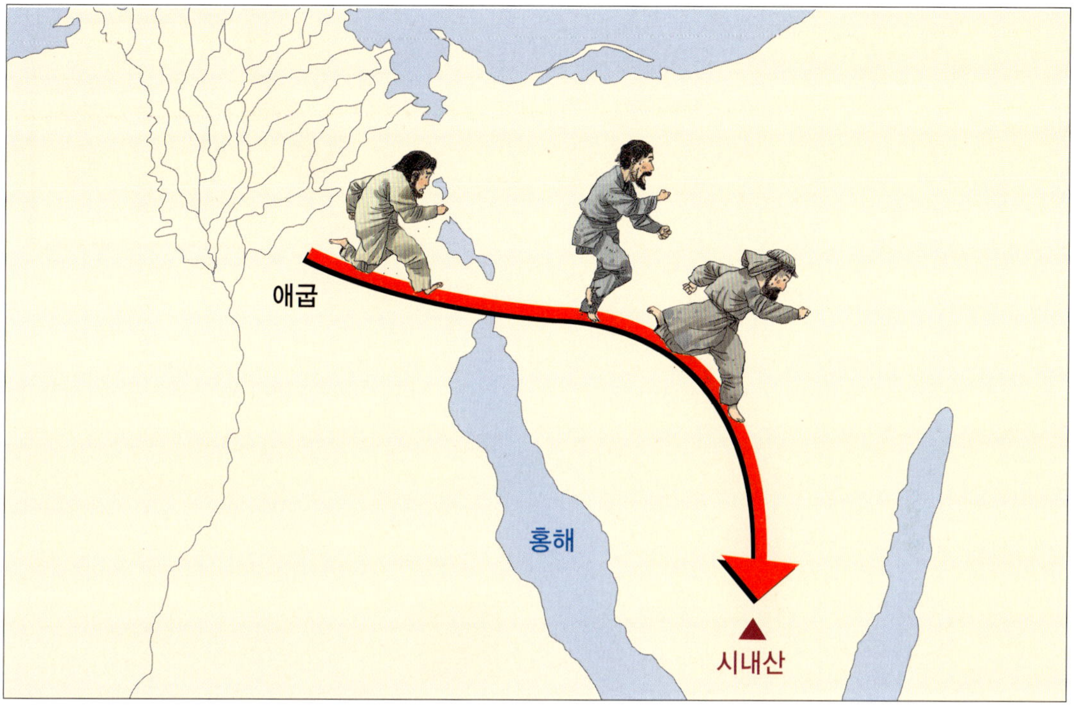

▲출애굽기 지도

최소한 350만 명으로 그 숫자가 엄청나게 늘어났다. 민수기는 이스라엘 백성들 가운데 전투에 참가할 수 있는 20세 이상 남자의 숫자가 60만 명이 넘었다고 기록한다(민 1:46). 그들은 대부분 결혼을 했을 것이다. 이렇게만 보더라도 이스라엘 민족의 인구가 120만 명이나 되고 거기에 부부 한 쌍이 네 자녀를 두었다고 생각해보면, 출애굽 당시 이스라엘 백성들의 인구는 350만 명이 넘는다. 노인들은 싸울 수 있는 남자의 숫자에 포함되지 않았다. 이런 사실에 근거하여 일부 학자들은 출애굽 당시 애굽을 빠져나온 히브리 민족의 숫자를 600만에서 700만 가량으로 추정하기도 한다.

위 지도의 굵은 선은 애굽을 탈출한 유대인들이 홍해를 건너 홍해의 두 지류(앞에 제시한 그림에서 물에 빠진 사람의 두 손가락이 바로 이 부분에 해당하는데) 사이에 위치한 시내산에 당도했음을 보여준다. 그런데 그들이 정말 '홍해'(Red Sea)를 건넜던 것일까? 아니면 해안을 따라 펼쳐진 갈대숲 혹은 '갈대 바다'(Reed Sea)를 헤치고 지나갔던 것일까? 나는 개인적으로 그들이 정말 홍해를 건넜다고 믿는다. 구약 학자들 가운데는 이적을 믿지 않고 후자의 견해에 찬성표를 던지는 이들도 적지 않다. 하지만 그들은 이스라엘 백성들이 갈대숲을 헤치고 지나간 것이라는 견해를 지지함으로써 오히려 더 큰 문제에 직면하고 만다. 애굽의 군대가 어떻게 얕은 늪지에 빠져 죽을 수 있었는지에 대해 명쾌하게 설명하지 못하기 때문이다.

그렇다면 홍해가 얼마나 넓은 폭으로 갈라졌을까? 이스라엘 모든 백성들과 그들의 짐과 가축들이 하룻밤 사이에 다 지나갈 수 있을 만큼 넓게 갈라져야 했을 것이다. 2열 종대로 지나간다고 가정했을 때, 350만 명이 다 지나가려면 꼬박 35일이 걸린다. 그렇다면 그들이 애굽의 온갖 좋은 물건들을 다 짊어지고 나왔고 또 체계적으로 편성된 부대가 아니라 오합지졸의 평민들이었음을 생각해보면, 적어도 5만 명씩 횡대를 지어 지나갔으리라 추측된다. 5만 명 정도가 횡대로 나란히 통과하려면 홍해가 최소한 16킬로미터의 폭으로 갈라져야 했을 것이다. 하나님께서 자기 백성들로 홍해를 건너게 하신 이 권능의 역사가 구약성경에 자주 언급되고 있는 것은 결코 놀랄 일이 아니다. 더욱이 가나안의 여러 이방 민족들은 홍해의 이적을 통해 전능하신 하나님을 두려워하는 마음을 갖기 시작했다.

5 구약 지도 지도로 보는 레위기

다음 지도가 보여주는 것처럼 '레위기 지도'는 시내산을 뜻하는 부호 하나만 사용하여 나타낼 수 있다. 출애굽한 이스라엘 민족이 시내산에서 약 2년 동안 머물던 시기에 일어난 일들을 기록한 것이 레위기이기 때문이다. 그 시기는 휴식하고, 하나님의 율법을 배우고, 하나님의 성막을 세

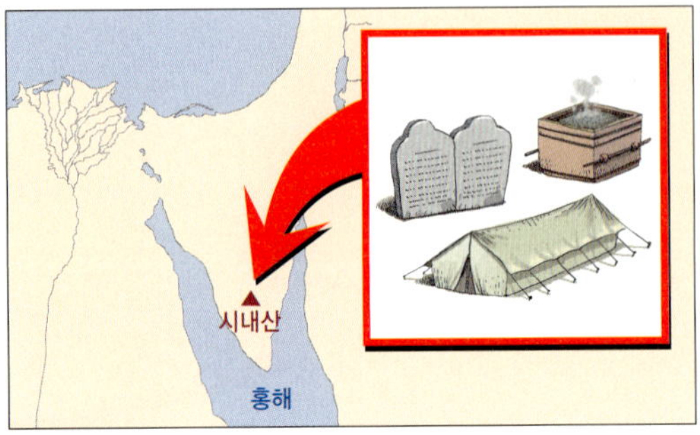

▲레위기 지도

우고, 가나안으로의 행군을 정비하는 시기였다. 유대인들은 시내 광야에 당도하여(출 19:1) 시내산을 떠나기까지(민 10:12) 그곳에 머물렀다.

6 구약 지도 지도로 보는 민수기

민수기에서 유대인들은 약속의 땅 남쪽 끝에 있는 가데스 바네아로 이동했다. 그들은 상상할 수 있는 모든 증거들을 목격했음에도 하나님께서 약속의 땅을 주시리라는 것을 믿지 않았다. 그들은 아무 노력을 하지 않아도, 어느 누구의 반대에도 부딪히지 않고 은쟁반에 담긴 이상적인 사회를 건네받을 수 있을 것이라고 착각했다. 오늘날 우리의 모습을 보는 것 같지 않은가?

결국 불신앙 세대의 사람들이 모두 죽을 때까지 그들은 40년 동안 광야를 배회했다. 그렇게 40년이 지난 뒤에야 비로소 출애굽 2세대들은 에돔과 모압의 영토 가장자리와 여리고 맞은편 요단강에 진을 쳤다. 또한 그들은 민수기의 기간 동안에 모압 북쪽에서 긴네렛 호수(갈릴리 호수) 북쪽에 이르는 요단 동편을 정복했다.

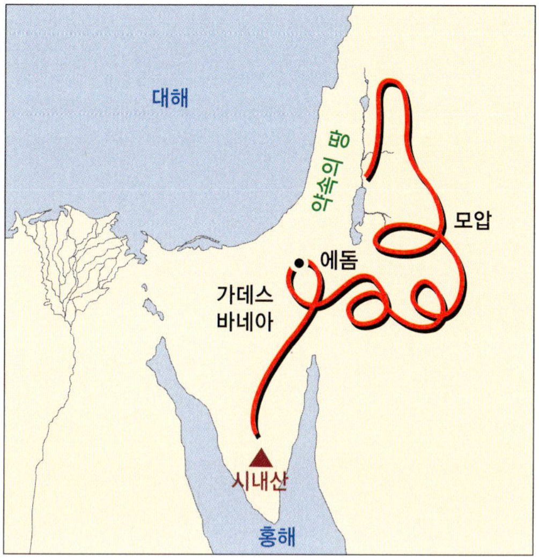

▲민수기 지도

7 구약 지도 지도로 보는 신명기

'신명기 지도' 역시 레위기의 경우와 마찬가지로 산을 뜻하는 부호 하나만 사용하여 나타낼 수 있다. 신명기도 레위기와 마찬가지로 이스라엘 민족이 한곳에 머물러 있는 동안에 일어난 일들을 기록한 책이기 때문이다.

이스라엘 백성들이 모압 평지에 진을 치고 있는 동안 모세는 회중들을 소집하여 하나님과 언약을 맺게 했는데, 이 사건은 모세오경의 절정이다. 모세는 비스가산에서 약속의 땅을 바라본 뒤에 죽었다.

▲신명기 지도

8 구약 지도 지도로 보는 여호수아서

여호수아는 이스라엘 백성들을 이끌고 물이 마른 요단강을 건넜다. 이것은 하나님께서 자기 백성들을 위해 주권적인 섭리로 물을 가르신 두 번째 사건이었다. 여호수아가 강물이 끊어진 두 지점에 대해 언급했다는 점(수 3:16)이 매우 흥미롭다. 그 두 지점은 거리상 32킬로미터나 떨어져 있었다. 이때 이스라엘의 인구가 40년 전에 애굽을 빠져나왔을 때와 거의 유사했다는 점을 고려한다면 홍해가 생각보다 훨씬 넓은 폭으로 갈라졌으리라 짐작해볼 수 있다.

이스라엘 백성들은 요단강을 건넌 뒤에 여리고 남쪽에 진을 쳤다. 그들은 여리고와 아이에서 시작하여 가나안 중부와 남부를 정복한 뒤에 북쪽으로 향했다. 다음 '여호수아서 지도'를 보라. 이스라엘 민족의 군사 원정이 종결되는 지점에 있는 열두 개의 점이 보이는가? 이는 이스라엘 열두 지파의 땅 분배를 뜻하는 것으로서, 그 내용이 여호수아서 후반부에 자세히 기술되어 있다. 이스라엘 백성들은 BC 1406년경에 요단을 건넌 다음, 7년간의 정복 전쟁을 치르고 나서야 비로소 약속의 땅에 정착했다.

앞에서 낚싯배 이야기를 따라 지도를 그려본

것처럼 지금까지 제시한 지도들의 상징 부호와 굵은 선들을 종이 위에 직접 그려보고 또 손가락으로 허공에 그려보기 바란다. 그리고 아무것도 참고하지 말고 다른 사람들에게 직접 설명해보라. 그러면 이 지도들을 금세 당신 것으로 만들어 성경의 내용을 간략히 정리할 수 있다.

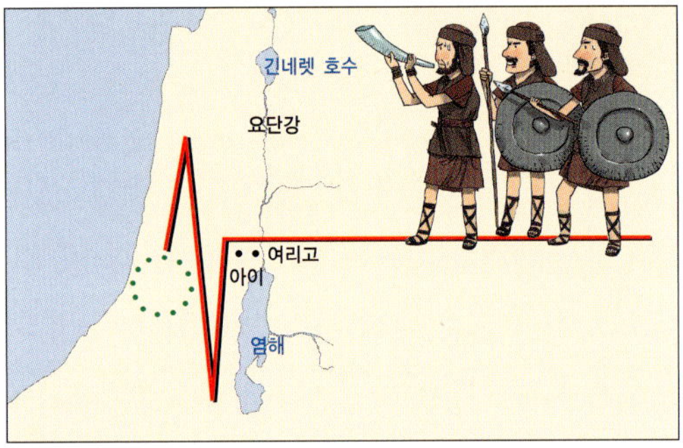

▲여호수아서 지도

9 구약 지도 지도로 보는 사사기·룻기

이 지도의 독특한 상징 부호(용수철 모양)는 사사기 시대의 이스라엘 백성들이 주기적으로 일곱 번이나 죄에 빠졌음을 상기시킨다. 사사들이 활동한 기간은 약 350년(BC 1400년경의 여호수아에서

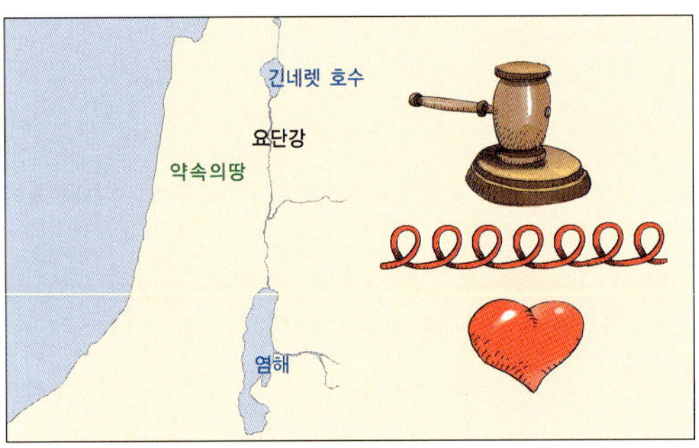

▲사사기 · 룻기 지도

부터 BC 1050년 사울의 즉위까지)에 달한다. 룻의 사랑 이야기도 이 시기에 일어났으므로 '주기'를 나타내는 부호 밑에 작은 하트 모양을 그려 넣었다.

10 구약 지도 소리굽쇠 모양의 왕국 시대

대부분의 사람들은 구약성경에서 예언서(선지서) 다음으로 어려운 것이 왕국 시대에 관한 책들이라고 말한다. 등장인물도 많고, 그만큼 사건도 복잡하기 때문이다. 이스라엘의 왕국 시대를 긴 소리굽쇠로 생각해보라. 이스라엘의 왕국 시대는 사무엘상에 등장하는 초대 왕 사울의 통치 시기부터 열왕기하와 역대하에 기술된 바벨론 포로 시기까지 지속된다.

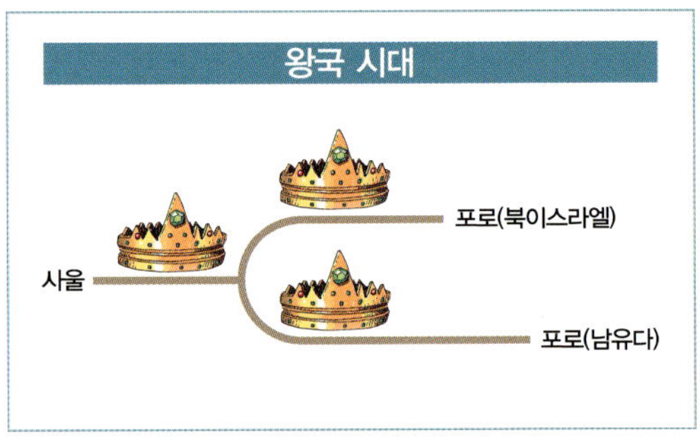

왕국 시대란 유대인들이 원하여 세운 왕에 의해 통치를 받던 시기를 뜻하는데, 구약에는 이 시기에 관한 역사서가 6권 있다. 우리가 이미 잘 알고 있는 것처럼 이 6권의 책은 두 권씩 세 벌(사무엘상하, 열왕기상하, 역대상하)로 구성되어 있다.

구약의 전반적인 이야기를 다시 한 번 살펴보자. 그래야 나무를 한 그루씩 보면서도 숲에서 길을 잃지 않을 테니 말이다. 성경의 처음 8권은 창조에서 가나안 정복까지의 이야기를 전한다.

이 8권의 책은 태초 시대, 족장 시대, 노예 시대, 방황 시대, 정복 시대, 사사 시대의 여섯 시기로 나누어진다. 그리고 아담에서 시작하여 노아, 아브라함, 이삭, 야곱, 요셉, 바로, 모세, 여호수아, 기드온, 삼손, 사무엘 등 12명이 여기에 주요 인물로 등장한다.

구약 시대

성경	시대	인물
창세기	태초 시대	아담, 노아
창세기	족장 시대	아브라함, 이삭, 야곱, 요셉
출애굽기, 레위기	노예 시대	바로, 모세
민수기, 신명기	방황 시대	모세
여호수아서	정복 시대	여호수아
사사기, 룻기	사사 시대	기드온, 삼손, 사무엘
사무엘상에서 역대하까지	왕국 시대	41명의 왕, 1명의 여왕
에스라서, 느헤미야서 에스더서	재건 시대	스룹바벨, 에스라 느헤미야, 에스더

왕국 시대는 41명의 왕과 1명의 여왕의 치세(治世)를 포괄하며, 모든 유대인들이 포로로 잡혀가면서 이 시대의 막이 내린다.

왕국 시대 이후에는 재건 시대가 이어진다. 이 시대에 관한 기록은 에스라서와 느헤미야서와 에스더서에 담겨 있다.

여호수아서에서 열왕기하에 이르는 지도에는 지리적 특징보다 상징적 특징이 더 강하게 나타난다. 왜냐하면 이 책들에 기록된 대부분의 일들이 약속의 땅 안에서 이루어졌기 때문이다.

왕국의 소리굽쇠 손잡이 부분이 성경책 두 권 반(사무엘상하와 열왕기상 1-11장)을 차지한다. 이 책

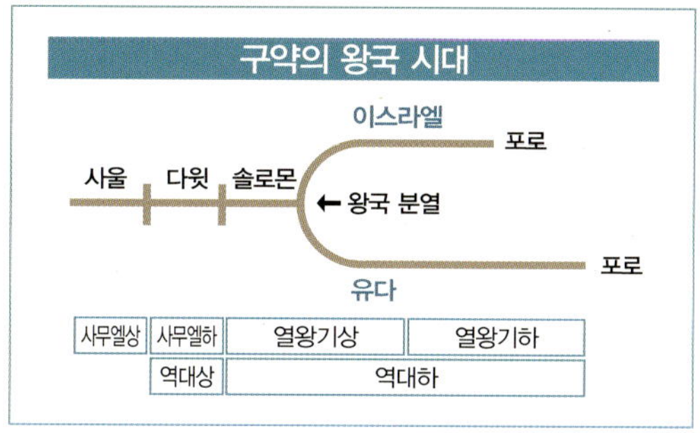

들은 이스라엘이 통일왕국이었을 당시에 이스라엘을 통치했던 왕들에 대해 이야기한다.

사울은 사무엘상에서 이스라엘의 초대 왕으로 즉위하지만 이후의 왕들이 본받을 만한 모범을 보이지 못한다. 반면 다윗은 사무엘하에서 하나님 마음에 합한 사람(행 13:22)으로 등장한다. 솔로몬은 열왕기상 전반부(1-11장)에서 얼마 동안 하나님을 잘 섬기다가 이방의 후궁들이 가져온 우상들을 섬기기 시작한다.

다시 도식상에 나타난 소리굽쇠의 생김새를 보자. 열왕기상 후반부와 열왕기하의 시기 동안에 이스라엘에 두 왕국이 존재했다는 것을 알 수 있다. 두 왕국은 각각 19명 이상의 왕들을 배출했는데, 이것은 책 한 권 반에 걸쳐 기술되어 있다(남쪽 왕국은 여왕 한 명이 추가되어 총 20명의 왕들이 치리했고 또 북쪽 왕국보다 더 오래 존속하여 분량도 더 많이 차지한다). '이스라엘'이라 불리는 북쪽 왕국은 BC 722년에 앗수르(아시리아)에 정복당했고, '유다'라 불리는 남쪽 왕국은 BC 586년에 바벨론에 의해 멸망당했다.

사울과 다윗과 솔로몬은 각각 40년씩 통치했다. 나는 이 사실을 대할 때마다 모세의 120년

생애가 40년씩 왕자 시절, 목동 시절, 선지자 시절로 나눠지는 것을 떠올리곤 한다. 르호보암이 왕국을 둘로 분열시켰던 해(BC 930년)가 구약 연대기의 한 축을 이룬다(나는 930년이라는 연도를 아주 쉽게 외웠다. 흔히 주일 아침마다 우리가 소속된 성경공부반을 향해 '나누어' 가는 시간이 9시 30분이기 때문이다).

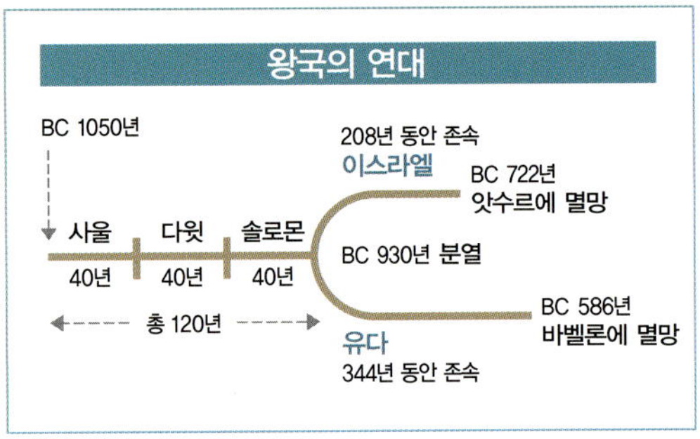

왕국이 분열되었던 BC 930년에 소리굽쇠의 손잡이 부분에 해당하는 120년(40년씩 세 번)을 더하면 사울 왕이 즉위한 BC 1050년이 나온다(예수가 나신 해를 기점으로 원년 이전, 시간을 거슬러 올라가는 것이므로 과거로 갈수록 시간을 더해야 한다). 소리굽쇠의 위쪽 막대에 표기된 숫자 208은 930에서 722(북이스라엘이 멸망한 해)를 뺀 것으로 북이스라엘 왕국의 존속 기간이다. 아래쪽 막대의 숫자 344는 930에서 586(남유다가 멸망한 해)을 뺀 것으로 남유다 왕국의 존속 기간이다. 남유다는 북이스라엘보다 136년 더 유지되었다. 그리고 유다 백성들은 바벨론에 끌려가 70년 동안 포로생활을 했다. 이처럼 '930'이라는 관문을 통과하면 이스라엘 왕국 시대를 앞뒤로 넘나들 수 있다.

11 구약 지도 지도로 보는 사무엘상하

우리는 지도를 통해 사무엘상을 상징적인 짧은 선과 왕관 하나로 간략히 나타낼 수 있다. 왕국도 하나였고 왕도 사울 한 사람이었기 때문이다.

사무엘하 역시 왕이 다윗이라는 것만 제외하고 사무엘상과 동일하다.

▲사무엘상 지도

▲사무엘하 지도

12 구약 지도 지도로 보는 열왕기상하

열왕기상은 왕이 솔로몬이라는 것만 빼면 사무엘상하와 비슷하게 시작된다. 그러나 열왕기상의 후반부는 솔로몬의 아들 르호보암의 때에 왕국이 남북으로 분열되었다고 기록한다.

열왕기하는 북쪽 왕국이 먼저 앗수르에게 멸망하고 나중에 유다가 바벨론에게 멸망함으로써 두 왕국이 끝났다고 전한다.

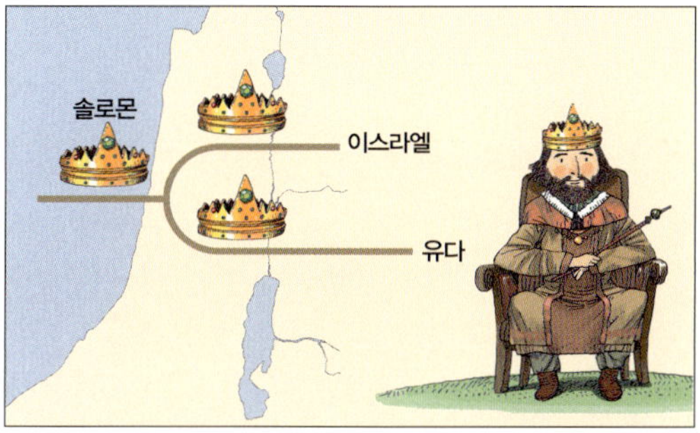

▲열왕기상 지도

▲열왕기하 지도

13 구약 지도 지도로 보는 역대상하

사무엘상하와 열왕기상하를 상징적 지도상에 옮기고 나면 역대상하를 살펴보는 작업이 매우 수월해진다. 역대상이 기본적으로 사무엘하와 동일하고, 역대하는 기본적으로 열왕기상하와 동일하기 때문이다.

기술적으로 정확성을 기한다면 역대하는 솔로몬 계열로만 진행된다. 사실 역대상하는 남유다 왕들의 계보만을 그리고 있다. 그것만이 만왕의 왕이신 그리스도께로 이어지는 약속의 계보이기 때문이다.

▲역대상 지도

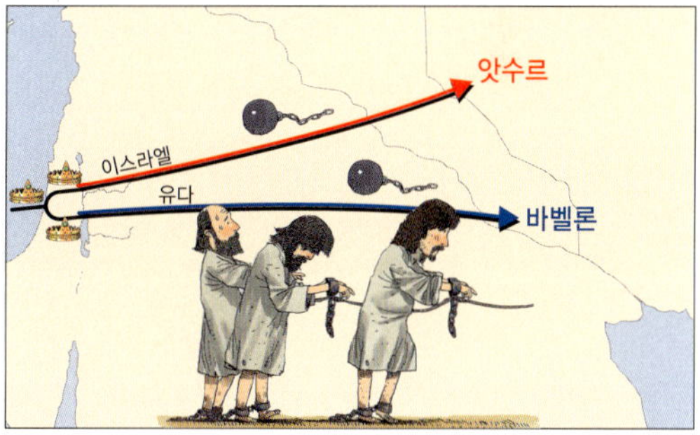

▲역대하 지도

14 구약 지도 지도로 보는 에스라 · 느헤미야 · 에스더서

에스라서와 느헤미야서는 70년 동안의 바벨론 포로생활을 끝내고 3차에 걸쳐서 고향(남유다의 수도 예루살렘)으로 귀환하는 유대인들(북이스라엘의 백성들은 BC 722년에 앗수르에 멸망당한 뒤에 주변 국가로 뿔뿔이 흩어지고 말았다)에 대해 기록한다.

'에스라 · 느헤미야 · 에스더서 지도'에서 바벨론으로 오가는 경로를 표시한 굵은 선들은 상징성을 기하기 위한 것이지, 명확한 경로는 아니다.

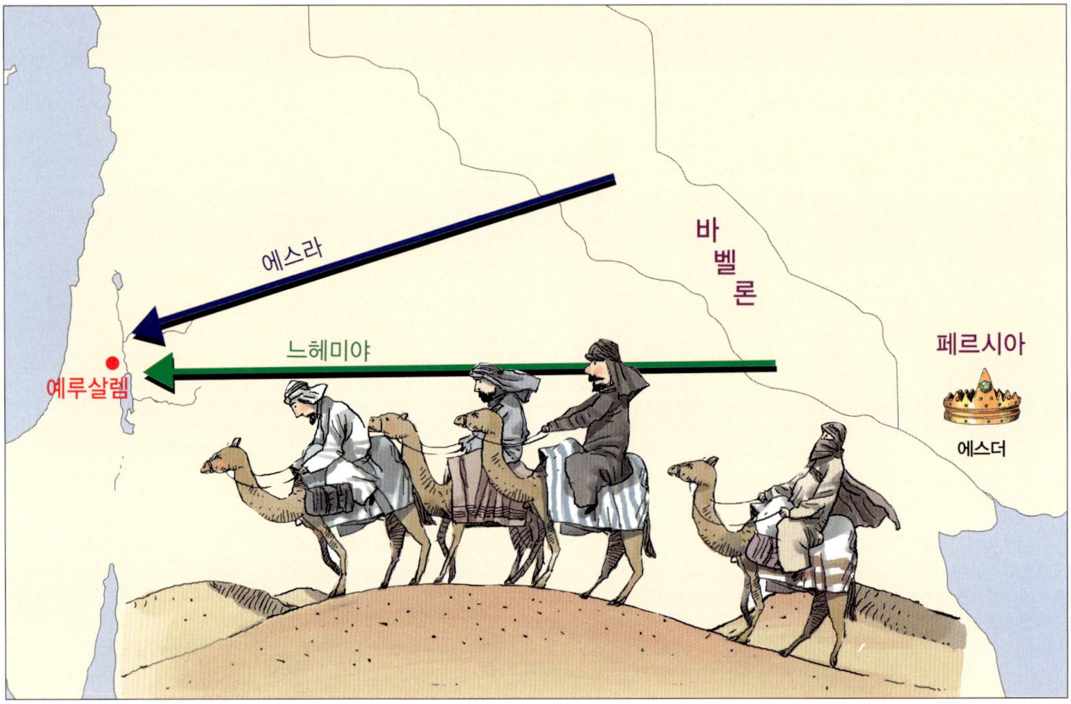

▲에스라 · 느헤미야 · 에스더서 지도

아마 실제로는 아라비아 사막을 가로지르는 대신 비옥한 초승달 지대를 따라갔을 것이다.

에스더는 1차 귀환과 2차 귀환 사이의 시기에 바사(페르시아) 왕국의 왕비가 되었다.

구약을 마감하는 이 재건 시대를 다음과 같이 요약할 수 있다.

- BC 536년 1차 귀환 – 스룹바벨이 일부 유대인들을 데리고 귀환하여 예루살렘 성전을 재건함.
- BC 478년 – 에스더가 바사의 왕비가 되어 유대인들을 말살하려는 칙서로부터 동포들을 구함.
- BC 458년 2차 귀환 – 에스라가 동포를 데리고 귀환하여 예루살렘에서 대대적인 영적 부흥을 일으킴.
- BC 444년 3차 귀환 – 느헤미야가 3차로 귀환하여 예루살렘 성벽을 재건함.

유다 백성들이 포로생활을 하는 동안 바사가 바벨론을 정복하여 고대 근동의 패권을 쥐었다. 바사 왕 고레스는 유대인들을 풀어주어 고향으로 돌아가도록 했다. 유대인들은 정치적으로나 종교적으로 70년 동안 포로생활을 했다. 최초의 포로 이송(BC 606년)에서 1차 귀환(BC 536년)까지 70년 동안 정치적으로 포로생활을 했고, 예루살렘 성전의 파괴(BC 586년)에서 재봉헌(BC 516년)까지 70년 동안 종교적으로 포로생활을 했다.

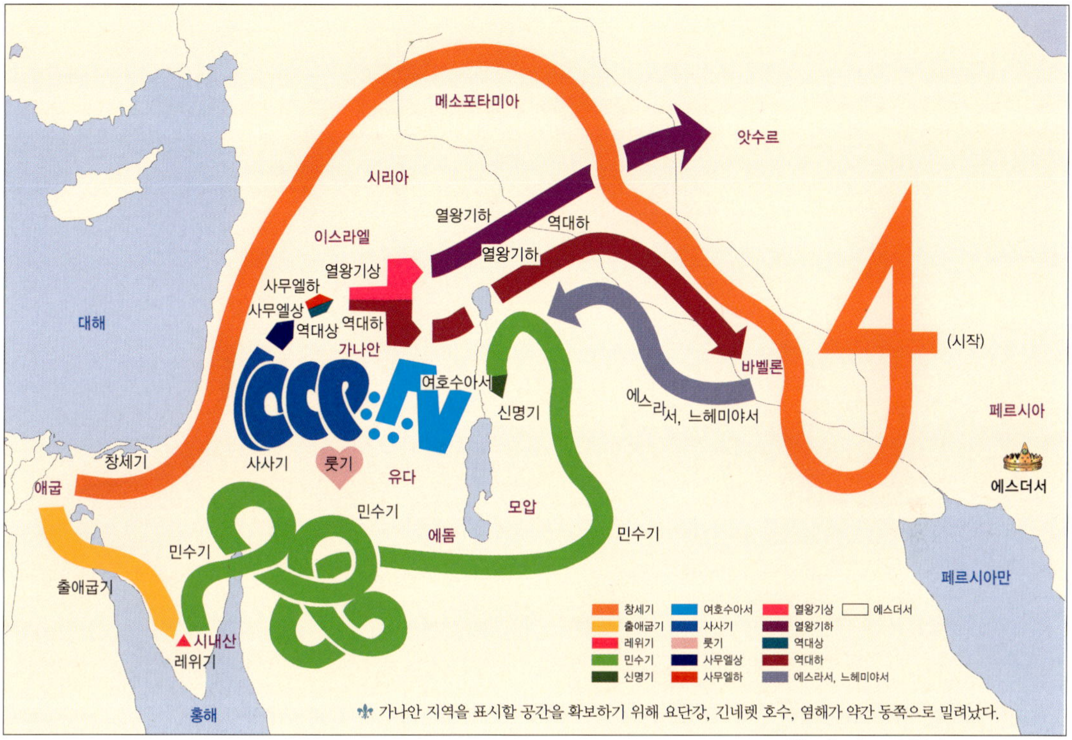

▲한눈에 보는 구약성경(창세기-에스더서)

15 구약 지도 한눈에 보는 구약성경

이제 옆에 굵은 선들이 가득한 큰 지도로 시선을 옮겨보자. 이 지도 '한눈에 보는 구약성경(창세기-에스더서)'은 구약 역사의 전체 흐름을 지리적으로 나타낸 것이다. 연필로 굵은 선들을 따라가되 구약의 역사서 17권의 이름을 성경에 나온 순서대로 크게 읽으며 따라가기 바란다. 이후 이 부분을 본문으로 한 설교를 들으면 새로운 감동을 느끼게 될 것이다. 왜냐하면 당신은 이미 전체적인 그림 안에서 퍼즐 조각을 보는 능력을 갖추었기 때문이다.

16 구약 지도 나머지 책들의 자리 매김

이번에는 '구약의 체험서와 예언서 22권의 지리적 배경(욥기-말라기서)'를 주목해보자. 이 지도는 구약의 나머지 22권의 책들의 지리적 배경이 된 지역을 표기한 것이다. 이 22권을 시대적으로 배열하는 작업은 이 책 3장에서 이미 완료했으므로 여기서는 그 지리적 배경이 된 지역을 찾는 데 집중해보겠다. 지도에 표기된 순서는 성경의 순서를 따른 것이다. 이 지도에도 선지자들이 사역한 장소가 표기되어 있지만, 좀 더 구체적인 설명을 위해 '구약의 선지자들이 활동한 지역'

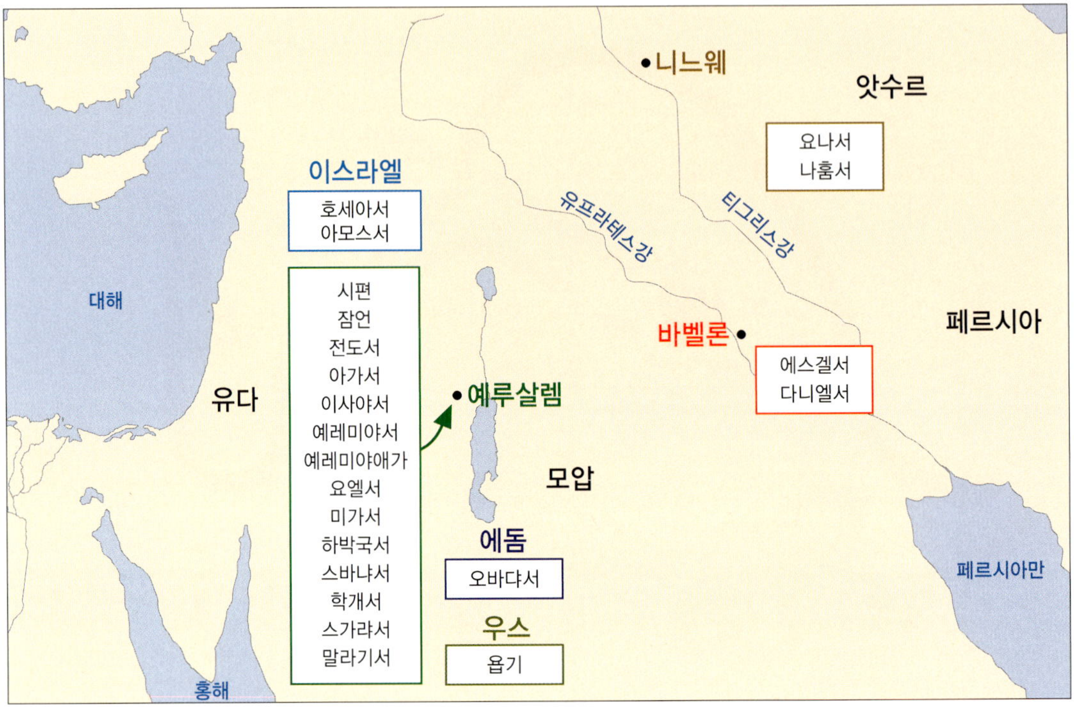

▲구약의 체험서와 예언서 22권의 지리적 배경(욥기–말라기서)

지도를 참고하기 바란다.

구약의 체험서 5권 가운데 욥기는 '우스 땅'을 배경으로 하고 있다(욥 1:1). '우스'의 정확한 위치는 알 수 없지만, 예레미야 선지자는 '우스'를 '에돔'과 관련지어 말했다(애 4:21). 다른 4권의 체험서(시편의 몇 편은 예외로 하고)는 남유다와 예루살렘을 주요 무대로 한다.

구약의 예언서 17권의 지리적 배경은 바벨론 포로 시기에 따라서 세 그룹으로 나누어진다. 우선 바벨론 포로 시대 이후의 선지자들은 구약의 마지막 예언서 3권을 기록했는데, 그들 모두가 남유다의 예루살렘에서 사역했다.

바벨론 포로 시대에 활동한 선지자 3명 가운데 2명은 포로로 끌려갔다(예레미야는 끌려가다가 중간에 석방되었다. 렘 40:1). 다니엘과 에스겔이 바벨론으로 이송된 후에 예레미야가 예루살렘의 파괴를 보며 예레미야애가를 기록했다.

바벨론 포로 시대 이전에 활동했던 11명의 선지자들은 북이스라엘, 남유다, 앗수르, 에돔 이렇게 네 국가에서 말씀을 선포했다. 오바댜 선지자는 에돔의 멸망을 선포하러 보냄을 받았다. 요나는 앗수르의 수도 니느웨에 하나님 말씀을 선포하기 위해 파송된 최초의 유대 선지자였다. 요나의 이름 마지막 세 글자(Jonah 중에서 'nah')는 앗수르에서 활동한 또 다른 선지자 나훔(Nahum)의 이름을 연상시킨다. 하나님께서는 북이스라

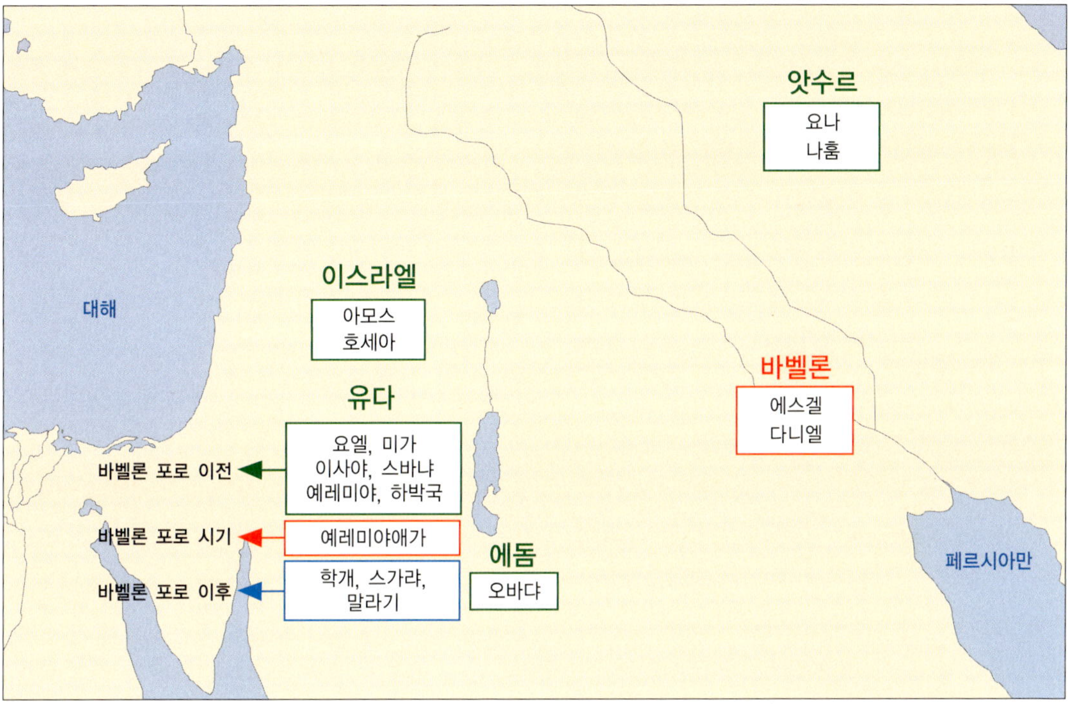

▲구약의 선지자들이 활동한 지역

엘 백성들의 죄를 보시고 "아아!"(Ah) 한탄하셨다. 이 한탄의 음성은 북이스라엘 왕국에서 사역했던 아모스(Amos) 선지자와 호세아(Hosea) 선지자의 이름을 기억나게 한다.

구약의 선지자 17명(실제로는 16명이지만 예레미야 선지자가 두 권을 기록했기 때문에 17명으로 간주한 것) 가운데 11명의 선지자가 사역한 장소를 알았으니(3명은 포로 시대 이후에 남유다에서, 3명은 포로 시대에 바벨론과 남유다에서, 5명은 포로 시대 이전에 앗수르와 에돔과 북이스라엘에서) 나머지 6명의 선지자들이 포로 시대 이전에 남유다의 예루살렘에서 사역했다고 생각해도 좋을 것이다. 물론 이것은 정확한 추론이다. 포로 시대 이전에 유다 왕국에서 사역한 선지자들을 사역 순서대로 나열하면 요엘, 미가, 이사야, 스바냐, 예레미야, 하박국 순이다.

다음 페이지에서 선지자들이 사역한 장소와 활동한 연대를 순서대로 정리한 도표를 참조하기 바란다.

17 구약 연대 구약의 연대기

다음 도표는 구약의 열두 시대 각각의 기간과 주요 사건들의 연대를 나타낸 것이다. 이 도표에서 '바벨론 포로'를 제외한 열두 개의 상자는 이 책 3장에서 정리한 구약의 열두 시대(구약의 줄거리를 이어나가는 11권의 책들과 포로 시대를 합하여 열두 시대로 설정하고, 구약의 나머지 28권을 그 시대에 따라 배열해본 것을 기억하라)와 동일한 것이다. '사무엘상'이라고 적힌 상자부터 왕국의 역사를 나타내고 있다는 것을 알 수 있겠는가? 통일왕국 시기를 나타내는 부분을 먼저 본 다음에 분열왕국 시대를 나타내는 부분을 살펴보라. 남유다가 북이스라엘보다 얼마나 더 오래 존속했는지도 주목하라.

상자 안에 있는 숫자들은 각 시대의 기간을 근사치로 나타낸 것이며, 세로로 표시된 막대 끝에 있는 숫자들은 특정한 사건들의 연대를 나타낸 것이다. 특별히 구약의 핵심적인 6대 사건의 연대를 색으로 강조했는데 각각의 시대가 차지하는 기간과 이 사건들의 연대를 적절히 조합하면 나머지 사건들의 연대를 쉽게 추론할 수 있다.

일례로 다윗이 즉위한 연도가 기원전 몇 년일까? 930(왕국이 분열된 연도)에 80(다윗의 치세 40년+솔로몬의 치세 40년)을 더하면 1010이 나온다. 그렇다면 사사들의 시대는 기원전 몇 년에 시작되었을까? 930에 120(사울, 다윗, 솔로몬이 각각 치세한 기간)을 더하고 거기에 350(사사들이 통치한 기간)을 또 더하면 1400이 나온다. 혹은 1847 빼기 400 빼기 40 빼기 7을 해도 같은 결과가 나온다. 마지막으로 구약성경이 기원전 몇 연도까지의 사건을 포괄할까? 444에서 20을 빼면 424라는 결과를 얻을 수 있다. 이처럼 구약의 연대를 파악하는 것은 생각보다 어렵지 않다.

우리가 읽는 성경은 실제로 존재했던 곳에서 실제로 살았던 사람들에 대한 기록이다. 이렇게 사람들에 대한 이야기가 성경에 포함되어 있기 때문에 우리는 성경을 더욱 흥미롭게 읽을 수 있을 뿐 아니라 신뢰할 수 있다.

구약 열두 시대의 기간과 주요 사건 연대

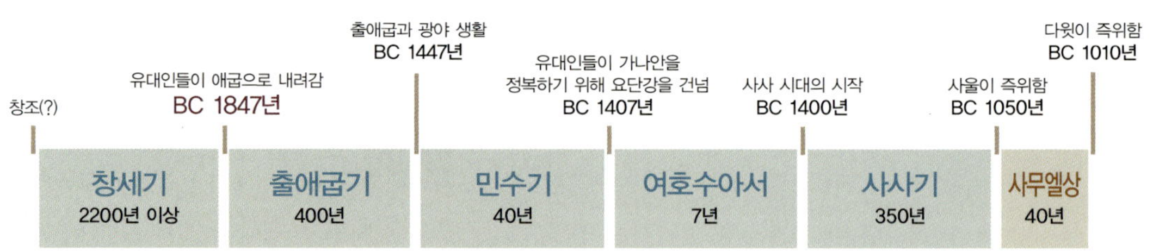

색으로 강조한 6대 사건의 연대를 주목하라.
이 사건들의 연대를 암기하면 구약의 열두 시대와 주요 사건들의 연대까지 추론할 수 있다. BC 1050년 이전의 연대 일부는 어림수이다.

구약의 선지자들이 활동한 시기와 장소

	바벨론 포로 이전 (BC 930-586년)	바벨론 포로 시기 (BC 586-516년)	바벨론 포로 이후 (BC 516-424년)
분열 왕국 시대 (BC 930 – 722)	오바댜(848-841년, 에돔) 요엘(835-796년, 유다) 요나(782-750년, 앗수르) 아모스(782-739년, 이스라엘) 호세아(755-715년, 이스라엘) 미가(740-690년, 유다) 이사야(740-680년, 유다)	다니엘(606-534년, 바벨론) 에스겔(593-571년, 바벨론) 예레미야애가(586년, 유다)	학개(520년, 유다) 스가랴(520-518년, 유다) 말라기(435-424년, 유다)
남왕국 존속 시대 (BC 722 – 586)	나훔(661-612년, 앗수르) 스바냐(630년, 유다) 예레미야(627-586년, 유다) 하박국(610-599년, 유다)		

⚜ 괄호 안의 연대는 선지자의 사역 기간 및 지역을 나타냄.

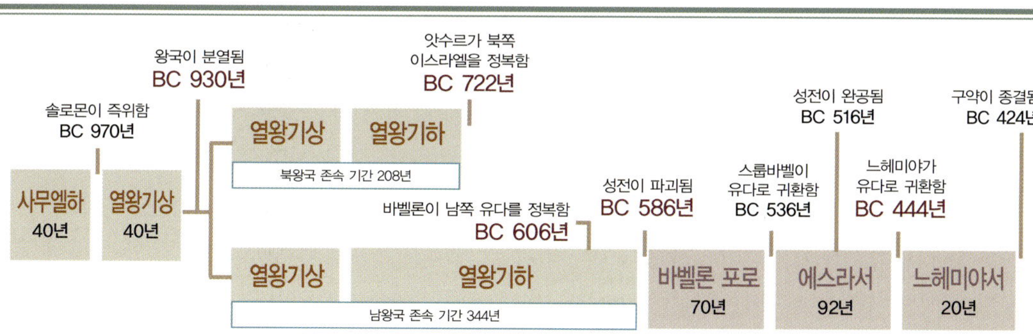

05

CHAPTER

구약 드라마 속 줄거리의 핵심을 잡는다

Each Old Testament Book in Three Words

이번 장에서는 망원렌즈로 구약성경을 확대 촬영하면서 39권 각각의 책에 제목을 붙여보려고 한다.

아마 당신은 책 이름의 첫 글자와 각 권의 제목 첫 글자가 일치하는 것(한국어판 독자들을 위해 성경 각 권의 이름과 제목을 영어로 달아놓았음 – 역자 주)을 우연의 일치로 여길지 모르지만, 암기를 돕기 위해 이런 두운법(頭韻法)을 도입한 것이니 유념해서 읽기 바란다. 참고로 지도 상의 숫자(이하 창세기, 출애굽기, 민수기 지도 참조)는 이야기의 진행 순서를 나타낸다.

1 핵심 주제 창세기 요셉까지의 세대

Genesis – Generations to Joseph

모든 것의 시작을 기록한 이 책은 최초의 유일한 사건들(창조, 타락, 홍수, 바벨탑 등)에 대해 언급

▲창세기

하지만 기본적으로 사람에게 초점을 맞추고 있다. 이 책은 아담, 하와, 셋, 노아, 아브라함, 이삭, 야곱, 요셉의 삶을 상세히 묘사하면서 아담에서 요셉에 이르는 세대를 유심히 관찰한다. 창세기는 아담의 창조에서 요셉의 죽음에 이르기까지, 에덴의 자유에서 애굽의 노예생활의 예비단계에 이르기까지의 일들을 전한다.

2 핵심 주제 출애굽기 애굽으로부터의 탈출

Exodus – Exit from Egypt

창세기 말미에서 애굽에 내려갔던 유대인들은 70명에 불과했지만, 400년의 노예생활 동안에 그 수가 무려 350만 명으로 불어났다(70명이 25년마다 두 배로 증가되었다면 350만이 넘을 것이다). 이후에 열 가지 재앙, 유월절, 홍해의 기적, 만나와 메추라기, 바위에서 나오는 물 등 일련의 사건들이 아주 빠르게 일어났다. 모세는 사막의 여행자들을 시내산으로 인도했고, 하나님께서는 그들에게 율법(613개의 율법, 이동 가능한 예배 처소를 짓는 법, 제사장 선발과 그 역할)을 주셨다.

▲출애굽기

3 핵심 주제 레위기 레위인과 희생제사

Leviticus – Levites and sacrifices

하나님께서는 레위 지파를 선발하여 제사장 직분을 감당하게 하셨다. 레위기는 죄를 속(贖)하기 위한 다섯 가지 주요 제사와 그것들의 효과에 대한 기록으로 시작하여, 이스라엘 백성들의 구속(救贖)을 기억하도록 하기 위한 일곱 가지 주요 절기에 대한 설명으로 끝난다. 그리고 그 중간에 연례적인 속죄일이 절정을 이루는 정결법이 삽입되어 있다. 이스라엘 백성들은 삶의 모든 영역에서 이 정결법을 지켜야 했다. 하나님께서는 자기 백성들이 삶의 모든 영역에서 그분의 거룩하심을 나타내도록 하기 위해 절기를 만들어 지키게 하셨고, 레위기를 기록하게 하셨다.

레위기		
하나님께 가는 길 (1–10장)	하나님과의 동행 (11–27장)	
제사 : 번제 소제 화목제 속죄제 속건제	정결법 (11–15장)	일곱 절기 (23,24장)
	속죄일 (16장)	
	정결법 (17–22장)	안식일 (25–27장)

4 핵심 주제 민수기 유대 민족의 수를 헤아림

Numbers – Numbering the Jews

이스라엘 백성들은 시내산에서 약 2년 동안 머물면서 계시를 받은 뒤, 약속의 땅으로 나아가기 위해 인구 조사를 실시하고 또 진(陣)을 편성했다. 그러나 그들은 하나님을 불신함으로 말미암아 보름이면 끝날 행진을 40년 동안의 죽음의 여정으로 바꾸어버렸다.

하나님을 불신했던 기성세대들이 광야에서 다 죽고 마침내 요단 동편에 진을 쳤을 때, 새로운 세대의 수가 불어나 당초에 애굽을 빠져나왔던 유대인들의 총수에 거의 육박했다. 그들은 가나안으로 들어가기 전에 모압 북쪽과 가나안 동편 지역을

구약성경 각 권의 주제

- **창세기** – 창세부터 요셉까지
- **출애굽기** – 애굽으로부터의 탈출
- **레위기** – 레위인과 희생제사
- **민수기** – 유대 민족의 수를 헤아림
- **신명기** – 율법을 되새김

- **욥기** – 하나님과 고난
- **시편** – 찬양과 탄원
- **잠언** – 생활 속의 분별
- **전도서** – 인생의 허무함
- **아가서** – 결혼생활의 사랑

- **이사야서** – 이스라엘의 고난과 영광
- **예레미야서** – 유다의 포로됨과 귀환
- **예레미야애가** – 예루살렘에 대한 비가(悲歌)
- **에스겔서** – 성전에 대한 기대
- **다니엘서** – 이방 세계의 운명

- **여호수아서** – 가나안 심판
- **사사기** – 반복해서 악을 행하는 이스라엘 민족
- **룻기** – 계속되는 메시아의 계보
- **사무엘상** –사무엘과 사울
- **사무엘하** – 다윗의 생애
- **열왕기상** – 왕국의 분열
- **열왕기하** – 포로가 된 이스라엘과 유다
- **역대상** – 사무엘하에 대한 주석
- **역대하** – 열왕기에 대한 주석

- **호세아서** – 성결한 심령
- **요엘서** – 하나님의 심판의 날
- **아모스서** – 율법에 대한 태도
- **오바댜서** – 에돔의 멸망
- **요나서** – 용서 받은 니느웨
- **미가서** – 사회의 도덕성
- **나훔서** – 니느웨에 임박한 멸망
- **하박국서** – 인간성과 하나님의 주권
- **스바냐서** – 시온의 남은 자들이 구원 받을 것임

- **에스라서** – 성전 재건
- **느헤미야서** – 성벽 재건
- **에스더서** – 유대인들이 위기를 모면함

- **학개서** – 하나님의 집
- **스가랴서** – 시온의 남은 자들이 구원 받을 것임
- **말라기서** – 구약성경의 마지막 메시지

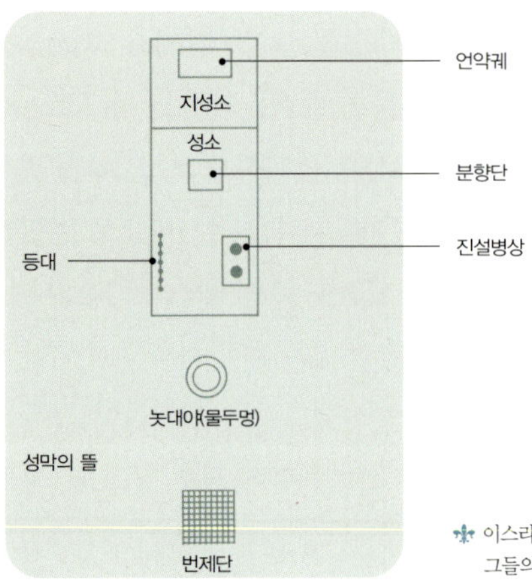

성막 평면도

이스라엘 백성이 약속의 땅으로 나아갈 때 성막 안에 임한 하나님의 임재는 그들의 삶의 중심이 되어야 했다. 이스라엘 백성은 제물의 피를 통한 속죄로 하나님 가까이 나아가 그분과 교제하며 살아야 했다. 즉, 그들은 대속의 은혜로 하나님과의 교제가 회복되었다.

정복했다. 이때까지도 모세가 그들의 지도자요, 성경의 중심인물로 활약했다.

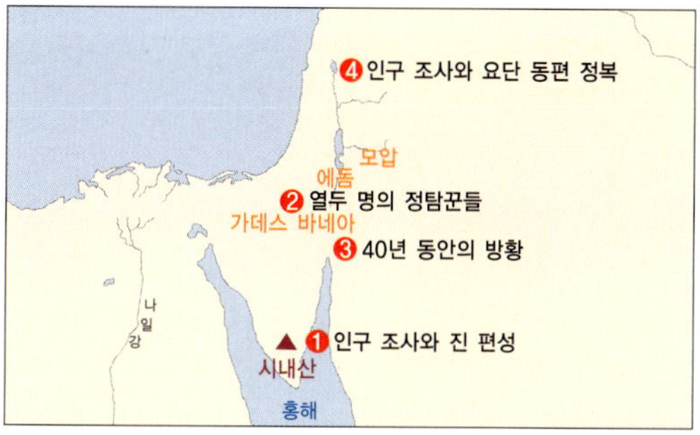

▲민수기

5 핵심 주제 신명기 율법을 되새김

Deuteronomy – Duplicate of Law

모세는 세 편의 설교를 통해 하나님께서 구속받은 백성들에게 요구하시는 것의 본질을 되짚어주었다. 하나님께서는 자기 백성들이 율법에

신명기		
역사를 돌아봄 (1–4장)	율법을 요약함 (5–26장)	언약 체결 (27–34장)
과거	현재	미래
역사적	도덕법(5–11장) 의식법(12–16장) 민사법(17–26장)	예언적

순종함으로써 하나님의 사랑으로 돌아와야 한다고 말씀하셨다. 이스라엘 백성들이 하나님과 엄숙하게 언약을 맺은 뒤에 모세의 사명은 끝났다. 모세는 모압 골짜기에 장사되어 영광의 나라로 들어갔다. 그런데 모세가 약속의 땅에 들어간 적이 있을까? 물론 그렇다. 그러나 그건 오랜 세월이 흐른 뒤에 엘리야와 함께 변화산에 나타났을 때였다(눅 9:28-31).

6 핵심 주제 여호수아서 가나안 심판

Joshua – Judgement on Canaan

모세의 보좌관이던 여호수아가 하나님 군대의 사령관으로 임명되어 백성들을 이끌고 약속의 땅 가나안을 정복했다. 하나님께서 600년 전 아브라함의 시대에 이미 멸절되어야 마땅했을 부패한 족속들을 심판하는 도구로 유대인들을

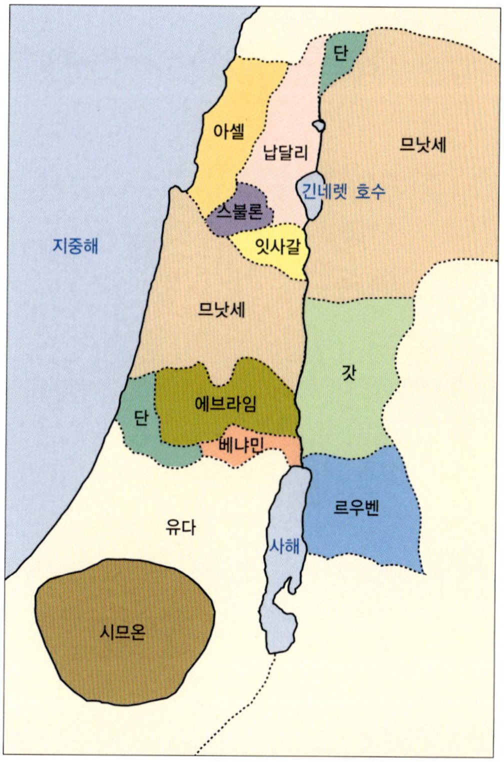

▲여호수아서

사용하신 것이다. 사실 그들은 경고도 많이 받았고 또 회개할 기회도 많았다. 여호수아서 후반부에서 여호수아는 하나님 앞에서 제비를 뽑아 이스라엘 열두 지파에게 가나안 땅을 분배했다.

7 핵심 주제 사사기 유대인들이 죄를 반복함
Judges – Jewish sin cycles

사사기로 들어가는 열쇠는 앞문과 뒷문에 모두 걸려 있다. 앞문에서는 하나님을 알지 못하고 하나님이 이스라엘을 위하여 행하신 일도 알지 못하는 세대들이 일어났다는 말을 듣게 되고(삿 2:10), 뒷문에서는 모든 사람들이 자기 소견에 좋은 대로 행했다는 말을 듣게 되기 때문이다(삿 21:25). 이스라엘 민족에게 사사기는 하나님께서

직접 통치하시는 신정(神政)에서 왕들이 통치하는 군주정(君主政)으로 이행하는 과도기의 무정부 상태와 같았다. 이스라엘 민족은 '죄 → 압제를 당함 → 간구 → 구원 → 망각 → 죄'로 이어지는 '죄의 순환'을 일곱 차례나 반복했다. 이 시대에 드보라, 기드온, 입다, 삼손 등이 '사사'로 불리며 이스라엘의 민족적 영웅으로 활동했다.

8 핵심 주제 룻기 구속의 사랑 이야기
Ruth – Romance of redemption

한 이방 여인의 정숙함과 한 유대 남자의 사랑이 비극을 희극으로 바꾸어놓았다. 이 고전적인 사랑 이야기는 사사 시대라는 칙칙한 암석에 박힌 빛나는 보석과도 같다. 룻과 보아스는 하나님 보시기에 옳은 것을 행한 승리자였다.

하나님께서는 시어머니를 향한 룻의 사랑을 보시고, 그녀를 우상숭배의 죄로부터 구해주셨다. 보아스는 룻을 깊이 사랑하여 그녀를 가난과 과부 신세와 '자식 없음'으로부터 구해주었다. 그들이 결혼하여 낳은 아들은 다윗의 조부가 되어(그러니까 룻은 다윗의 증조할머니이다) 그리스도에게까지 이어지는 구속(救贖)의 계보를 계승했다.

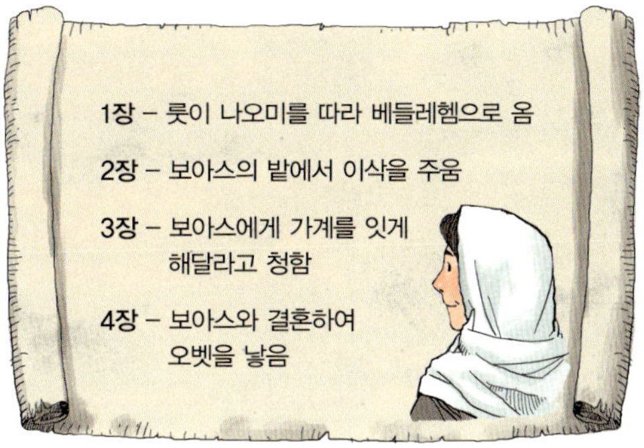

9 사무엘상 사무엘과 사울

핵심 주제

1Samuel – Samuel and Saul

이 책에서는 이름의 첫 자는 똑같지만 성품은 전혀 다른 두 사람이 나타난다. 사무엘은 이스라엘의 14명의 사사 가운데 마지막 사사로, 사울의 머리에 기름을 부어줌으로써 전제군주를 원하는 백성들의 요구를 들어주었다. 자신의 죄를 합리화하고 또 질투심을 이기지 못해 다윗을 추적했던 사울의 태도는 경건한 사무엘의 태도와 극단적인 대조를 이룬다.

사무엘상	
사무엘 (1–8장)	사울 (9–31장)
신정(神政)	왕정(王政)
사사(士師)	왕(王)
하나님께 복종	자기 자신을 의지
사람들이 거부함	하나님께서 거부하심

10 사무엘하 다윗의 생애

핵심 주제

2Samuel – Summary of David

사무엘하는 다윗의 40년 치세를 기록한다. 그는 이상적인 사회를 꿈꿨지만 이웃 여인과 부적절한 관계를 맺음으로써 고뇌에 사로잡혔다. 다윗은 회개했고 또 하나님께 용서함을 받았지만, 죄의 대가를 톡톡히 치러야 했다.

사무엘하		
이상적인 사회 (1–10장)	밧세바와의 죄 (11, 12장)	고뇌에 사로잡힘 (13–24장)
승리		비극
하나님의 축복		하나님의 징벌

11 열왕기상 왕국의 분열

핵심 주제

1Kings – Kingdom is divided

선왕(先王) 다윗으로부터 통일왕국(유대 민족 열두 지파가 연합하여 세운 왕국)을 물려받은 솔로몬은 지혜로 통치하여 부귀와 영화를 누렸지만, 지나친 노동력 동원과 무거운 세금 징수, 이방 여인 축첩(蓄妾)과 그들이 가져온 잡다한 우상을 숭배한 것 등으로 백성들의 원성을 샀다. 솔로몬이 죽은 뒤, 백성들은 그의 아들 르호보암에게 세금과 부역의 삭감을 요구했지만 거절당하고 말았다. 이에 북쪽의 열 지파는 통일왕국으로부터의 독립을 선언했다. 이는 이스라엘에 두 나라와 두 곳의 수도와 두 명의 왕이 존재하기 시작했다는 것을 의미한다. 통일왕국에서 분리되어 나온 북쪽 열 지파는 '이스라엘'이라 국명을 정했고, 잔존하는 남쪽 두 지파는 '유다'로 국명을 바꿨다.

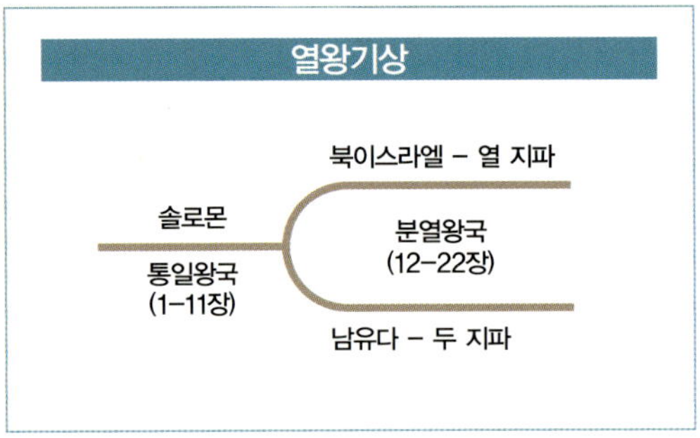

12 열왕기하 포로가 된 두 왕국

핵심 주제

2Kings – Kingdoms taken captive

북이스라엘 왕국은 19명의 사악한 왕들이 치세한 이후에 앗수르(아시리아)에게 멸망을 당했다. 앗수르는 유대 민족의 정체성을 희석시키기 위해 이스라엘 백성들을 타국으로 이주시키고 이방 사람들을 가나안으로 이주시키는 인종 혼합 정책을 폈다. 이때 유대인들이 이방 민족과 통혼(通婚)함으로써 '사마리아인'이라고 불리는 혼혈족이 생겨났다.

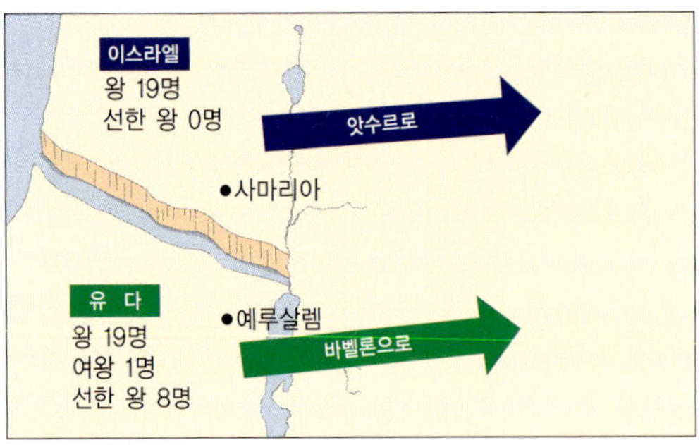

▲열왕기하

반면 남유다 왕국은 19명의 왕과 1명의 여왕(이들 가운데 8명만이 하나님께 '선하다'는 등급 판정을 받았는데)이 치세한 후에 바벨론에게 멸망당해, 백성들이 포로로 끌려갔다.

13 역대상 사무엘하에 대한 주석

핵심 주제

1Chronicles – Commentary on 2Samuel

역대상은 사무엘하와 동시대에 발생한 사건을 다루고, 역대하는 열왕기상하와 동시대에 발생한 사건을 다룬다. 그렇지만 역대기의 기본적인 역사관은 다르다. 열왕기가 남북 왕조의 역사를 비교적 객관적으로 서술하는 반면, 역대기는

사무엘하	역대상
다윗 왕의 생애	
치세를 강조함	성전을 강조함
계보에 대한 언급이 없음	9장에 걸쳐 나오는 계보
밧세바 사건이 터닝 포인트가 됨	밧세바에 대한 언급이 없음
1–10장 11,12장 13–24장	1–9장 10–29장

북이스라엘에 대한 설명은 생략하고 남유다에 초점을 맞추는 동시에 특정 주제를 부각시켜 사건 그 자체보다 사건의 중요성에 초점을 맞추기 때문이다. 이런 차이점이 나타나는 이유는 역대상하가 실제 사건이 발생한 지 한참 후, 그러니까 유다 백성들이 포로생활을 끝마치고 귀환하

여 예루살렘 성벽 재건과 성전 제사 회복에 힘을 쓰던 시기에 기록되었기 때문이다.

역대기의 기자(에스라로 추정)는 포로생활을 끝내고 돌아온 유대인들에게 하나님과의 관계를 회복하라고 촉구했고, 그들을 신앙적으로 결집시킬 필요를 절감했다. 그래서 사악한 왕들의 치세로 완전히 멸망해버린 북이스라엘에 대한 언급을 생략하는 한편, 하나님을 경외했던 남유다 왕들의 치세를 부각시킴으로써 유대인들에게 하나님의 통치에 대한 기대와 열망을 다시 불어넣고 또 신정 체제의 재건을 촉구했던 것이다.

역대상은 사무엘하의 주석이다. 역대상의 기자는 하나님의 성전을 건축하기 위한 다윗의 준비(다윗이 이렇게 준비한 덕택에 솔로몬의 삶은 훨씬 수월했는데)에 대해 주로 기록한다. 물론 이 책에는 그 시대의 핵심 인물들에 대한 이야기도 상당 부분 포함되어 있다.

14 역대하 열왕기상하에 대한 주석

핵심 주제

2Chronicles – Commentary on Kings

역대하는 열왕기상하의 주석이다. 역대하의 기자는 솔로몬 시대에서 포로 시대에 이르기까지 남유다의 역사를 요약하면서 '하나님 마음에 합한' 다윗을 기준으로 각각의 왕들에게 점수를 매겼다.

한편 유대인들은 70년 후에는 고향으로 돌아올 수 있다는 확신을 안고 바벨론 포로로 끌려가게 되는데, 여기서 역대하의 이야기는 절정에 달한다.

열왕기상하	역대하
솔로몬부터 바벨론 포로 시기까지	
역사적	논설적
남북 왕국을 모두 포괄함	남유다만 다룸
치세를 강조함	성전을 강조함
40명의 왕	21명의 왕
선지자적 관점	제사장적 관점

15 에스라서 성전 재건

핵심 주제

Ezra – Erection of Temple

예루살렘 도시와 성전이 바벨론과의 전투에서 폐허가 되었으므로 하나님께서는 스룹바벨을 예루살렘으로 보내(1차 포로귀환) 성전을 재건하게 하셨다. 80년 후에 학사 에스라는 본국으로 귀환하여(2차 포로귀환) 성전 재건 과정을 기록했고, 백성들을 이끌어 대부흥 운동을 일으켰다.

16 느헤미야서 성벽 재건

핵심 주제

Nehemiah – New City Walls

하나님께서는 포로로 끌려갔던 느헤미야를

예루살렘으로 보내(3차 포로귀환) 52일 동안의 열띤 작업으로 무너진 성벽을 재건하게 하셨다. 이후 에스라는 백성들 앞에서 하나님의 율법책을 낭독하고 성회(聖會)를 인도했다.

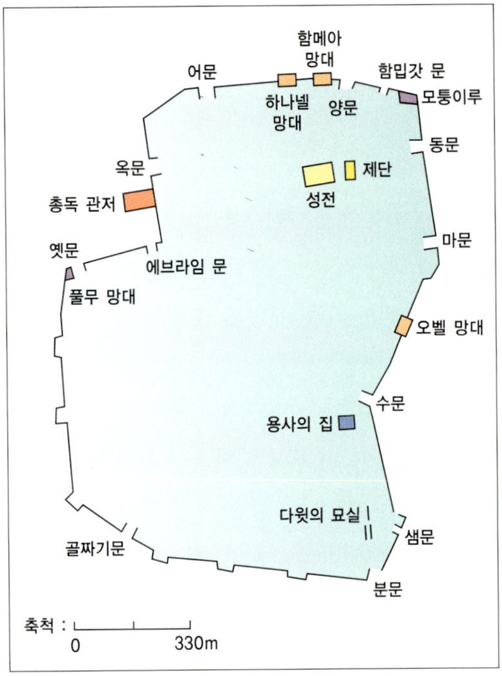

▲느헤미야 시대의 예루살렘 성벽

17 핵심 주제 에스더서 유대인들이 위기를 모면함

Esther – Escape of Jews

하나님께서 예루살렘에서 스룹바벨을 시켜 성전을 재건하게 하는 동안, 사탄은 페르시아의 수도 수산에서 유대인들을 제거하기 위한 음모를 하만의 배후에서 조종하고 있었다. 그러나 하나님께서는 그들의 의표(意表)를 찌르셨다. 에스더라는 유대 여인을 페르시아의 왕비 자리에 앉힘으로써 택하신 백성들을 구하신 것이다.

지금까지 계속 이어지던 구약의 역사 이야기가 이 책에서 중단된다. 이후에 나오는 모든 책들은 앞에 있는 책들을 보충 설명한다.

에스더서	
위험에 처한 유대인들 (1–5장)	구출된 유대인들 (6–10장)
위험에 빠진 모르드개	권세를 잡은 모르드개
위기 상황의 전개	위기 상황의 해소
에스더가 왕비가 됨	하만이 징벌을 받음

18 핵심 주제 욥기 하나님과 고난

Job – Jehovah and suffering

욥기의 주제어를 '고난'이라고 말하는 사람은 이 이야기의 핵심을 놓친 것이다. 이 책의 핵심은 하나님의 주권에 있기 때문이다. 하나님은 광풍 속에서 고난에 대해 가르치지 않으셨다. 오히려 하나님의 주권을 인정하라고 요구하셨다. 이 말씀이 주는 좋은 소식은 무엇일까? 우리가 우

욥기의 '말한 횟수' 통계		
욥의 서언(3장)	친구들 0	욥 26
첫 번째 대화(4–14장)	친구들 90	욥 183
두 번째 대화(15–21장)	친구들 85	욥 101
세 번째 대화(22–31장)	친구들 36	욥 203
엘리후의 독백(32–37장)	친구들 165	욥 0
마지막 대화(38–42장)	하나님 128	욥 9

* 숫자의 단위는 말한 절(節) 수임.

리 힘으로 어쩔 수 없는 고난의 환경에 처하더라도 전지전능하신 하나님께서 그 모든 것을 주권적으로 다스리신다는 사실이다.

19 핵심 주제 시편 찬양과 탄원

Psalms – Praises and petitions

시편은 하나님의 성품과 역사를 찬양하는 부분과 더 크게 역사해달라고 간청하는 부분으로 균등하게 나누어진다.

나는 특히 다윗의 시편을 묵상할 때 편안해진다. 다윗의 시편들은 크리스천들 안에서 균형을

시편				
1-41편	42-72편	73-89편	90-106편	107-150편
창세기 주제와 유사	출애굽기 주제와 유사	레위기 주제와 유사	민수기 주제와 유사	신명기 주제와 유사
대부분 다윗의 시	다윗과 고라의 시	대부분 아삽의 시	대부분 저자 불명	대부분 다윗의 시

이루고 있는, 하나님과 인간의 아름다운 조화를 나타낸다. 다윗은 어떤 구절에서는 자기를 핍박하는 자들로부터 신속한 조치를 취해달라고 간절하게 구하고 또 다른 구절에서는 하나님께서 그를 위해 하시는 일들과 장차 하실 일들에 대한 감사와 확신의 태도를 보인다.

당신의 기도는 "감사합니다"와 "도우소서", "사랑합니다"와 "주소서"가 적절하게 균형을 이루고 있는가?

20 핵심 주제 잠언 생활 속의 분별

Proverbs – Prudence in life

잠언의 915개 구절에는 분별력 있고 유익한 삶을 위한 실제적인 지침들이 나타난다. 그것은 금지와 권고의 명령으로 적절히 배분된다. '분별'은 '지혜'의 동의어로 창조주께서 설계하신 대로 인생을 살아가는 삶의 기술을 의미한다. 우리는 잠언이라는 '캡슐' 안에서 성공적인 삶을 위한 비법을 한꺼번에 발견할 수 있다.

잠언	
지혜와 어리석음 (1-9장)	생활에서의 분별 (10-31장)
시와 독백	잠언
젊은이들에게 지혜와 어리석음에 대해 가르침	분별을 배우기 위해 하나님의 지혜의 학교에 입학함

21 핵심 주제 전도서 인생의 무가치함

Ecclesiastes – Emptiness in life

때늦은 깨달음이 언제나 깊은 인상을 남기는 까닭은 '아픔'을 겪었기 때문일 것이다. 솔로몬의 전도서가 바로 그런 책이다. 전도서를 읽다 보면 성공적인 삶을 구성하는 요소들(현대인들도 기꺼이 동의할)을 나열한 목록을 읽는 것 같은 느낌이 든다. 솔로몬은 지혜, 쾌락, 부귀, 일, 친구, 인기, 종교, 결혼, 자녀, 지위 등을 최고의 선(善)으로 여겨 모두 시도해보았지만 결국 그 모든 게 허망하다고 선언했다. 이것들 가운데 어떤

것이 그 자체로 잘못되었기 때문이 아니다. 그것들이 하나같이 인생의 목적으로서 궁극적인 만족을 주지 못하기 때문이다. 이 같은 일시적인 것들에 인생의 초점을 맞추는 것은 마치 비눗방울을 잡으려는 행동과 같다. 이런 것들을 추구하면 '수확체감의 법칙'을 체험하게 된다. 노력을 할수록 오히려 만족이 줄어들기 때문이다. 솔로몬은 이렇게 결론을 맺었다.

"하나님을 경외하고 그 명령을 지킬지어다 이것이 사람의 본분이니라"(전 12:13).

22 아가서 결혼생활의 성

핵심 주제 Song of Solomon – Sex in marriage

30세 미만의 유대 남자들은 결혼생활의 성(性)에 관한 입문서 격인 이 책을 읽을 수가 없었다. 하나님은 결혼한 부부만을 위해 온전한 기쁨을 설계해놓으셨는데, 이것에 대해 왜곡된 부분을 이 책을 통해 교정하기 원하셨다.

23 이사야서 이스라엘의 고난과 영광

핵심 주제 Isaiah – Israel's suffering and glory

이사야서는 성경 66권의 축소판이다. 66장으로 이루어진 이사야서는 이스라엘이 고난을 당하겠지만 그 시기가 지나갈 것이라고 예언하는 내용 39장(구약의 권수)과 장차 메시아의 왕국에서 영광을 누릴 것이라고 예언하는 내용 27장(신약의 권수)으로 나누어진다. 이처럼 이사야서의 이 두 가지 '약속'은 분량이나 주제 면에서 구약과 신약에 상응한다. 이사야서의 후반부는 다시 9장씩 세 부분으로 나누어지는데, 각각의 단편들이 찬가로 끝나는 것이 특징이다. 그리고 후반부의 중심에 위치한 이사야서 53장은 그리스도의 십자가에 대해 기록한다. 우리는 이사야서 후반부가 약속하는 영광을 받을 것이다. 하나님의 자녀들이 현재 받고 있는 고난은 장차 나타날 영광과 족히 비교할 수 없다(롬 8:18).

이사야서	
죄의 선고 (1-39장)	성도들을 위로함 (40-66장)
심판	평화
포로생활을 바라봄	포로생활 너머를 바라봄
중동(中東)	메시아
유대인들이 흩어짐	유대인들이 다시 모임

24 예레미야서 유다의 포로 됨과 귀환

핵심 주제 Jeremiah – Judah's exile and return

예레미야는 유다 백성들의 70년 바벨론 포로생활을 확정된 사실로 명확히 선포한 탓에 인기투표에서 그만 꼴찌를 차지하고 말았다. 예레미야 선지자는 바벨론의 느부갓네살이 예루살렘을 침공하기 전에는 정복자들에게 협력해야 한다고 촉구했으며, 이후로는(30장 이후) 포로로 끌려간 동포에게 타국에서 정착하여 70년을 잘 견뎌야 한다고 위로했다.

그들은 반드시 돌아오겠지만 금세 돌아오지는 못할 운명이었다. 하나님은 자기 백성들에게 유익을 주기 위해 징계를 내리신다. 그것은 예나 지금이나 마찬가지이다.

예레미야서		
유다의 운명과 구출 (1-33장)	예레미야의 개인적 체험 (34,35장)	주변 국가들의 운명 (46-52장)
항복과 정착	하나님을 섬기는 가운데의 고난	하나님의 주권에 굴복
민족적	개인적	국제적

25 예레미야애가 예루살렘에 대한 비가

핵심 주제

Lamentations – Lament over Jerusalem

이 책은 바벨론의 예루살렘 침공과 약탈에 대한 예레미야의 목격담으로, 성경에서 가장 슬픈 이야기이다. 예레미야는 민족의 고난을 몹시 슬퍼했기 때문에 '눈물의 선지자'로 불렸다. 백성들은 평화롭게 항복하라는 예레미야 선지자의 설교를 무시하고 가장 비극적인 상황에 직면하게 되었다.

이스라엘의 정통 유대교도들은 옛날 성전이 있던 자리 서쪽에 남아 있는 통곡의 벽(AD 70년에 로마가 예루살렘 성전을 파괴하고 이 부분만 남겨두어 오늘날에 이르고 있는데)에 '이합체'(離合體, acrostic)로 된 예레미야애가의 내용을 기록해놓고 지금도 읽으며 암송하고 있다.

예레미야애가	
1장	예루살렘의 곤경
2장	하나님의 징벌
3장	예레미야의 간청
4장	침공에 대한 묘사
5장	예루살렘의 기도

26 에스겔서 성전에 대한 기대

핵심 주제

Ezekiel – Expectations for Temple

에스겔은 이사야와 예레미야와 마찬가지로 유다의 징계에 대해 먼저 설명한 뒤에 기쁨에 대해 설명했는데, 각각 24장씩 균등하게 배분하여 기록을 남겼다. 그러나 이 책의 클라이맥스이자 핵심은 예루살렘 '성전'이다. 사람들이 더럽힌 성전으로부터 하나님의 영이 떠나셨을 뿐 아니라 백성들도 고향을 등지고 타국으로 향해야 했다. 곡(Gog)과 마곡(Magog)은 하나님께 대적하여 하나님의 백성들을 멸망시키려는 악의 세력을 상징하는데(겔 38:1-39:16), 이들과의 대대적인 전쟁은 장차 메시아의 길을 예비할 것이며 그분의 구속받은 백성들이 고향으로 돌아와 대규모의 성전을 재건하기 위한 길을 예비할 것이다.

에스겔서	
예루살렘의 운명 (1-24장)	예루살렘의 장래 (25-48장)
포위 공격 이전	포위 공격 이후
파괴	회복
징조와 설교	포위와 구원

27 핵심 주제 다니엘서 이방 세계의 운명

Daniel – Days of Gentiles

에스겔이 성전에 대한 기대를 진작시켜 포로로 잡혀간 백성들을 격려하고 있을 동안, 다니엘은 바벨론 왕국의 권력자들에게 이방 세계를 향한 하나님의 계획을 계시했다.

이 책은 바벨론, 페르시아, 그리스, 로마 네 제국에 관한 명확하고도 구체적인 예언으로 인하여 성경 비판자들의 소굴에 끌려가 불신과 비판을 받았다. 비록 이방 세력들이 한시적으로 팔레스타인을 다스린다고 할지라도 궁극적으로는 하나님께서 이방 세력들을 다스리실 것이다. 하나님께서는 우리 인생을 향한 하나님의 계획을 권능으로 이루실 것이다.

다니엘서	
이방 세계의 역사를 예언함 (1–7장)	유대인의 역사를 예언함 (8–12장)
3인칭	1인칭
다니엘이 다른 사람들의 꿈을 해석해줌	천사가 다니엘의 꿈을 해석해줌
아람어	히브리어

28 핵심 주제 호세아서 거룩한 심령

Hosea – Heart of holiness

호세아서는 하나님의 사랑과 거룩하심을 강조한다는 점에서 신명기와 유사하다. 오직 하나님만이 완전하시며 절대적으로 사랑하실 수 있다. 하나님은 온전히 거룩하신 분이지만 인간의 최선의 노력을 무시하지 않으신다. 하나님은 절대적으로 사랑하시는 분이지만 완전하지 못한 것을 묵과하지 않으신다. 이에 하나님은 회개한 반역자들에게 사랑으로 '의로움'이라는 선물을 주셔서 이 문제를 해결하신다. 그러나 인간에게는 언제나 회개가 문제가 된다.

호세아서	
고멜을 향한 호세아의 사랑 (1–3장)	이스라엘을 향한 하나님의 사랑 (4–14장)
방탕한 아내	방탕한 백성
결혼생활의 부정(不貞)	영적인 부정(不貞)
개인적	민족적

호세아 선지자는 이스라엘이 하나님께 돌아와야 한다고 촉구했다. 왜냐하면 하나님께서는 이스라엘을 지속적으로 사랑하고 계셨기 때문이다. 심지어 그는 하나님과의 관계가 소원해진 이스라엘에게 하나님께서 바라시는 것이 '재결합'이라는 것을 극적으로 보여주기 위해 음란한 창녀 고멜과 결혼하기도 했다.

우리는 하나님의 지속적인 사랑을 깨달아 하나님을 신뢰하지 않았던 죄를 회개해야 하며, 창조주 하나님을 우리의 구원자로 모셔야 한다.

29 핵심 주제 요엘서 하나님의 심판의 날

Joel – Jehovah's Judgement Day

요엘의 시대에 파괴적인 메뚜기 재앙이 발생

했는데, 이것은 유다를 침략하는 이방 군대가 하나님을 저버린 유다에게 할 일들을 나타내는 적절한 상징이 되었다. 그러나 성경에 나오는 하나님의 모든 경고가 다 그렇듯이 여기에도 회개에 대한 보상으로 용서와 구출의 약속이 동반되고 있다. 하나님의 백성들이 고집스럽게 회개보다는 심판을 택했지만, 하나님께서는 미래의 '남은 자'들을 위해 희망을 제시하시며 그들에게 하나님의 영을 부어주겠다고 약속하셨다.

자신의 길을 고집하는 자들은 심판자로서의 하나님을 만나게 될 것이지만, 돌이켜 하나님의 길을 신뢰하는 자들은 구원자로서의 하나님을 만나게 될 것이다.

요엘서	
여호와의 날에 대한 회고 (1장)	여호와의 날에 대한 기대 (2,3장)
역사적	예언적
메뚜기의 습격	군대들의 침략
"회개하라!"	

30 아모스서 율법에 대한 태도

핵심 주제

Amos – Attitudes toward Law

사람은 손으로 악행을 저지르기 전에 이미 마음으로 죄를 범한다. 북왕국 이스라엘 백성들도 마찬가지였다. 아모스 선지자는 하나님과 율법에 대한 백성들의 태도가 결국 문제를 낳았다고 비판했다. 아모스는 출세를 노리는 야심가들을 암소에 비유했는데(암 4:1), 이들을 포함하여 모든 이들의 삶의 수준이 아모스 선지자의 엄한 눈에 미치지 못했다. 백성들의 마음이 굳어질수록 아모스의 설교도 더욱 강해졌다.

그러나 하나님께서는 방자한 백성들에게 소망을 제시해주셨다. 우리는 이 사실을 확신해야 한다. 우리의 태도가 전능하신 하나님의 능력으로 변화될 수 있기 때문이다. 그런데 하나님께서는 우리의 협력을 요구하신다.

아모스서		
죄 (1,2장)	설교 (3–6장)	징조 (7–9장)
심판을 선포함	심판을 받아 마땅함	심판을 설명함
아모스가 주변을 둘러봄	아모스가 안을 바라봄	아모스가 앞을 바라봄
8가지 경고	3편의 설교	5개의 환상
고발	재판	판결과 용서

31 오바댜서 에돔의 멸망

핵심 주제

Obadiah – Obliteration of Edom

오늘날의 요르단 남서쪽에 페트라(Petra)라는 도시가 있다. 붉은 암석 벼랑을 깎아 건설된 이 고대 도시는 한때 에돔의 수도로 번성했지만, 지금은 여우와 독수리들만이 사는 유적지로 남아 오바댜 선지자의 예언의 정확성을 묵묵히 증언하고 있다. 에돔이 무슨 엄청난 죄를 지었기에 그 땅과 백성들이 이렇게 망한 것일까? 왜냐하면 그들이 형제 민족인 유대인들이 공격을 받을 때 돕지 않고 오히려 유대 민족을 공격하는 나라들을 도와주었기 때문이다(에돔 민족이 에서의 후손이고, 이스라엘 민족이 야곱의 후손이라는 것을 기억하라).

고의 메시지를 듣고 회개하고 용서받을 게 싫어서 불순종했던 요나 선지자를 독려하여 옳은 일을 하게 만드셨다.

32 요나서 니느웨에 미치지 않은 심판

핵심 주제 Jonah – Judgement spared Nineveh

어떤 사람들은 요나서의 이야기를 사실로 받아들이기가 어렵다고 말한다. 요나가 큰 물고기 배 속에 들어갔다가 나왔다는 게 믿어지지 않는다는 것이다. 그러나 그것보다 더 큰 이적은 거의 100만 명에 달하는 니느웨 주민들이 회개하고 영적 부흥에 참여했다는 사실이다. 어떤 목사님이 기독교를 박해하는 나라에 가서 그 나라가 곧 멸망할 것이라고 선포했는데, 정치 지도자에서 서민에 이르기까지 그 나라 백성들이 모두 하나님께 돌아와 용서를 구했다고 생각하면 될 것이다.

하나님께는 불가능한 일이란 없다. 도무지 회개할 것 같아 보이지 않던 사람들이 회개할 수 있다. 심지어 하나님께서는 니느웨 사람들이 경

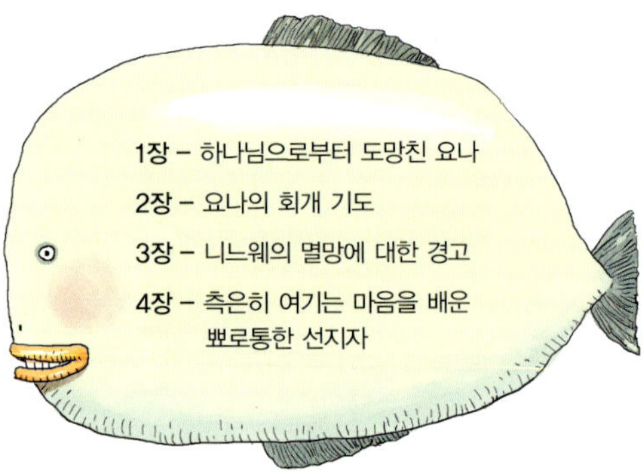

33 미가서 사회의 도덕성

핵심 주제 Micah – Morality in society

북이스라엘에 아모스 선지자가 있었다면 남유다에는 미가 선지자가 있었다. 하나님의 기준으로 유다 사회의 구석구석을 조사한 미가 선지자는 남유다 백성들의 도덕성에 결함이 있다는 사실을 발견했다. 미가 선지자는 메시아께서 직

미가서		
징벌 (1–3장)	약속 (4,5장)	용서 (6,7장)
무엇을, 왜, 어디서	누가	어떻게, 언제
인간의 왕국	메시아의 왕국	회개의 메시지
태만	완성	조건

접 통치하시는 새로운 사회만이 궁극적인 해결 방안이 될 것이라 지적했다. 한편 하나님께서 베들레헴의 한 아기(미 5:2)로 더불어 이 중단된 과정을 다시 시작하실 것인데, 그 아기는 세상의 구세주가 되실 뿐만 아니라 주권자가 되실 것이라고 예언했다. 장차 하나님께서 이 땅 위에 세우실 나라에 참여하려면 우리는 지금부터 하나님나라 백성이 되어야 할 것이다.

34 나훔서 니느웨에 임박한 심판

핵심 주제 Nahum – Nineveh's soon Judgement

부흥의 기운은 보통 오래 지속되지 않는다. 요나의 메시지를 듣고 회개했던 니느웨도 예외가 아니었다. 그로부터 100년가량이 흘렀을 때, 앗수르의 죄악의 잔은 다시 넘치기 시작했고 그들의 파멸도 임박했다. 나훔 선지자는 해자(垓字, 성 둘레를 판 못)와 벽과 망루로 둘러싸여 난공불락으로 보이는 니느웨가 어떻게 불과 물로 멸망할지 예언했다.

인간의 방비가 아무리 견고하다 하더라도 하나님께서 징벌하시는 날에는 아무 소용이 없다. 가장 확실하고 유일한 방비는 영원하신 하나님과 친밀한 관계를 갖는 것뿐이다.

▲니느웨성의 평면도

35 하박국서 인간성과 하나님의 주권

핵심 주제 Habakkuk – Humanity and sovereignty

유다 사회에 죄가 창궐한 것을 목격한 하박국 선지자는 하나님께서 아무 조치도 취하지 않으시는 까닭이 무엇인지 의아했다(오늘의 우리와 별로 다르지 않다). 그리고 하나님께서 바벨론을 세워 유다를 심판할 준비를 하고 있음을 보여주셨을 때, 그의 의문은 더욱 증폭되어 다음과 같이 부르짖었다.

"거룩하신 하나님께서 부정한 도구를 사용하여 하나님의 뜻을 이루신다니 말이 되지 않습니다!"

이에 하나님께서는 침략자들 또한 때가 이르면 그 죄로 인해 징벌을 받을 것이라고 답하셨다. 그리고 어떤 민족을 사용하신다고 해서 그 민족이 신성하게 되거나 심판을 면제받는 것은 아니라고 설명하셨다. 하나님은 자신이 원하는 사람은 누구든지 사용하실 수 있고 또 그렇게 하신다. 그런데 하나님의 도구로 쓰임을 받는 사람은 누구든지 자신의 행위에 책임을 져야 한다.

우리 하나님은 정직한 의문에 응답하신다. 그래서 하박국 선지자를 꾸짖지 않으셨다. 그러나 하나님을 우리가 정해놓은 틀 안에 넣고, 오직 그런 방법으로만 역사하실 것이라고 기대하는 것은 매우 위험한 발상이다. 하나님께서는 자신의 말씀이나 성품을 거스르지 않는 동시에 자기 방법대로 자유롭게 일하신다.

36 스바냐서 시온의 남은 자들이 구원 받을 것임

핵심 주제

Zephaniah – Zion's remnant saved

사회가 아무리 부패할지라도 좁은 길을 신실하게 걸어가는 이들이 있다. 유다 백성들이 바벨론에 끌려가기 직전에 스바냐 선지자는 구속 받은 남은 자들이 돌아올 것이라고 백성들을 격려했다. 하나님께서는 의인과 악인에게 비와 햇빛을 골고루 내리신다. 하지만 하나님의 눈은 언제나 진실한 하나님의 백성을 향하신다.

유다 백성들은 곧 심판을 받을 것이지만, 그들 가운데 남은 자들이 언젠가 돌아올 것이다. 유다 백성들은 스바냐 선지자가 선포한 말씀(습 3:17)

> "너의 하나님 여호와가 너의 가운데 계시니
> 그는 구원을 베푸실 전능자시라
> 그가 너로 인하여 기쁨을 이기지 못하여 하시며
> 너를 잠잠히 사랑하시며
> 너로 인하여 즐거이 부르며 기뻐하시리라."
>
> 스바냐서 3장 17절

을 70년 동안 새기고 또 새기면서 힘을 얻었을 것이다. 스바냐 선지자가 유다의 멸망을 예고하던 그 순간에도 하나님께서는 자기 백성들을 잊지 않으셨으며 능력을 잃지 않으셨다. 때가 되면 그들을 구할 계획을 갖고 계셨다. 당신의 자녀들을 향한 사랑에 열중하셨다. 그리고 여전히 그들을 기뻐하셨다.

37 학개서 하나님의 집

핵심 주제

Haggai – House of God

바벨론의 포로생활을 마치고 고국으로 돌아온 스룹바벨은 예루살렘 성전을 재건하며 학개와 스가랴의 격려를 받았다. 학개 선지자는 성전이 무너진 채로 있는데 잘 꾸민 집에서 사는 것이 옳은지 꾸짖으며 하나님의 전(殿)을 세우는 것을 우선순위에 놓아야 한다고 촉구했다. 학개는

학개의 4가지 메시지

1장	권면
2장 1–9절	격려
2장 10–19절	해석
2장 20–23절	기대

고향에 돌아온 유다 백성들이 근면하게 일했지만, 이에 상응하는 만큼의 소득을 얻지 못한 까닭이 바로 성전을 짓지 않았기 때문이라고 명확히 짚어주었다. 하나님의 일은 멀리하고 자기 욕심만을 채우려는 사람은 결국 하나님의 복을 빼

앗겨 '자기 파멸'을 초래하고 만다. 학개의 설교는 마태복음 6장 33절로 요약할 수 있다. 하나님을 최우선 순위에 두는 것이 어느 시대에나 합당하다. 그렇게 하기만 하면 하나님께서 우리의 모든 필요를 기꺼이 공급해주실 것이다.

38 핵심 주제 스가랴서 시온의 남은 자들이 구원 받을 것임

Zechariah – Zion's remnant saved

스가랴 선지자는 시간의 복도 저쪽 끝에 있는 메시아의 '두 번의 도래'에 주목하면서 특별히 두 번째 오심을 강조했다. 유다 백성들이 육체로 일하며 시온산에 성전을 재건하고 있는 동안, 하나님께서는 자기 백성들의 마음에서 일어나는 영적인 일에도 관심을 갖고 계셨다. 이 재건된 성전은 솔로몬이 세웠던 성전보다는 작을지 몰라도 그 영광은 그것보다 더할 것이다. 왜냐하면 구세주께서 이 성전에 임하실 것이기 때문이다(사실 헤롯 성전은 스룹바벨이 재건한 성전을 꾸미고 확장한 것에 지나지 않는다).

당신의 삶이 당신의 꿈이나 추억에 비해 너무 작아 보여 실망한 적은 없는가? 특히 사탄이 당신의 실패를 상기시키거나 하나님께 쓰임 받지 못할 것이라고 거짓으로 위협할 때 낙심한 적은 없는가? 그렇다면 스가랴서의 말씀을 통해 힘을 얻기 바란다. 당신이 상상할 수 있는 것보다 더 크고 비밀한 일을 하나님께서 당신 안에서, 당신을 통하여 이루실 것이다(렘 33:3). 그리고 하나님은 그렇게 하고 싶어 하신다. 사실 하나님께서는 하나님을 실망시켰던 사람들을 통해(요나와 니느웨를 기억해보라) 가장 큰 일들을 이루셨다. 우리의 마음을 하나님의 뜻과 영광에 맞추면 크나큰 소망을 얻을 수 있다.

스가랴서		
10가지 환상 (1-6장)	2가지 대조적인 메시지 (7,8장)	2가지 예언적 경고 (9-14장)
성전 재건	금식	거절과 메시아의 통치
격려	해석	깨우쳐줌

39 핵심 주제 말라기서 메시아 이전의 사자

Malachi – Messenger before Messiah

말라기 선지자는 구약 시대 예언의 마지막 막을 내렸다. 그러나 그는 세상을 떠나기 전에 다음 장면을 위해 무대를 다시 배열했다. 주인공이 아직 등장하지 않았기 때문이다. 그 장면을 엘리야의 심령과 능력으로 주인공에 앞서 오게 될 사자(말 4:5, 눅 1:17), 곧 세례 요한이 건네받았다.

또한 말라기 선지자는 아브라함 이후 2천 년 동안 계시와 구속과 부흥을 다시 목격했던 하나님 선민들의 영적 상태에 대해 묘사했다. 사람들은 냉소적이고 독선적인 질문들을 던지며 하나님을 회피했다.

메시아께서 다시 오실 때에도 사람들은 여전히 그럴 것이다. 하나님의 세상 창조로 시작하는 구약이 세상에 대한 하나님의 저주로 끝난다는 것은 정말 슬픈 사실이다. 구약성경의 맨 마지막 구절을 보라. 이것이 축복으로 끝나는 신약의 마지막 구절과 얼마나 대조를 이루는지 주목하라.

"그가 아비의 마음을 자녀에게로 돌이키게 하고 자녀들의 마음을 그들의 아비에게로 돌이키게 하리라 돌이키지 아니하면 두렵건대 내가 와서 저주로 그 땅을 칠까 하노라 하시니라"(말 4:6).

"주 예수의 은혜가 모든 자들에게 있을지어다"(계 22:21).

말라기서	
1장 1-3절	하나님의 사랑을 선포함
1장 6절 - 2장 17절	이스라엘의 죄를 고발함
3,4장	이스라엘의 심판을 선포함

아브라함에서 말라기에 이르는 이스라엘 백성들의 역사는 "진리가 허구보다 더 낯설다"라는 속담을 다시금 확인시켜준다. 우리의 개인사는 어떤가? 당신의 삶 속에서 하나님은 여전히 불변하시는 분인가? 하나님은 신실하신 하나님으로서 지금도 자신을 계시하신다. 그런데도 우리는 종종 변덕을 부리지 않는가? 하나님은 여전히 이적을 행하신다. 그런데도 우리는 이적을 체험하고 얼마 지나지 않아 또다시 투덜거리지 않는가? 하나님은 성경을 통해 여전히 자신을 계시하신다. 그런데도 우리는 말씀을 듣거나 읽기를 거부하지 않는가?

우리는 하나님의 길을 쉽게 배울 수도 있고 어렵게 배울 수도 있다. 이것을 어렵게 배워야 했던 사람들을 통해 쉽게 배울 수도 있다. 이스라엘 백성들처럼 반항과 거역의 길을 걸으며 어렵게 배울 것인지, 아니면 그들을 통해 유익을 얻으며 쉽게 배울 것인지를 선택하는 것은 우리 몫이다. 한 가지는 분명하다. 그것은 쉽게 배우든 어렵게 배우든 반드시 배워야 한다는 사실이다.

구약성경 각 권별 핵심사항

책명	주요 장소(등장순)	주요 인물(등장순)	기간
창세기 1-11장	땅, 에덴, 아라랏, 바벨	아담, 하와, 아벨, 셋, 노아, 함, 셈, 야벳	최소 2천 년 이상
창세기 12-50장	갈대아 우르, 메소포타미아의 하란, 가나안, 애굽	아브라함, 사라, 이삭, 야곱, 요셉, 유다	약 350년
출애굽기	애굽, 홍해, 시내산	바로, 모세, 아론	약 400년
레위기	시내산	모세, 레위인	약 2년(민수기 40년에 포함됨)
민수기	시내산, 가데스, 광야, 모압, 요단강 동편	모세, 여호수아, 갈렙	약 40년
신명기	모압 북쪽, 비스가산	모세	약 1개월(민수기 40년에 포함됨)
여호수아서	가나안	여호수아, 갈렙	약 7년
사사기	가나안, 모압, 블레셋	드보라, 바락, 기드온, 입다, 삼손	약 350년
룻기	모압, 유다의 베들레헴	엘리멜렉, 나오미, 룻, 보아스, 오벳	미상(사사기 350년에 포함됨)
사무엘상	가나안(라마, 미스바, 기브아 포함), 블레셋	엘리, 사무엘, 사울, 다윗	사사기 350년 중에서 사무엘이 활동한 기간 + 사울의 치세 40년
사무엘하	가나안(헤브론과 예루살렘 포함)	다윗, 요압, 아브넬, 밧세바, 암논, 압살롬	다윗의 치세 40년
열왕기상	가나안(유다의 예루살렘, 이스라엘의 사마리아, 단, 벧엘 포함)	솔로몬, 르호보암, 여로보암, 아합, 엘리야, 아사, 여호사밧	약 118년(솔로몬의 치세 40년 + 기타 왕들의 치세 78년)
열왕기하	가나안(유다의 예루살렘, 이스라엘의 사마리아), 앗수르, 바벨론	엘리사, 요아스, 아마샤, 웃시야, 요담, 히스기야, 요시야	266년(여기에 열왕기상의 78년을 더하면 분열왕국 기간이 344년으로 나옴)
역대상	사무엘하와 동일	사무엘하의 인물에 레위인들과 아삽 추가	사무엘하와 동일
역대하	열왕기상하와 동일	열왕기상하와 동일	열왕기상하와 동일
에스라서	바벨론, 유다의 예루살렘	스룹바벨, 에스라	적어도 92년
느헤미야서	페르시아의 수산, 유다의 예루살렘	느헤미야, 에스라, 산발랏, 도비야	약 20년
에스더서	페르시아의 수산	아하수에로, 와스디, 모르드개, 에스더, 하만	약 1년(BC 478년경)
욥기	에돔 근처 우스 땅	욥, 엘리바스, 빌닷, 소발, 엘리후	욥이 회복된 후 120년
시편	가나안(예루살렘, 시온산, 성전 포함)	다윗, 아삽, 모세	4천 년 이상 (창세에서 포로생활 이후 재건기까지)
잠언	유다의 예루살렘	솔로몬	약 40년
전도서	유다의 예루살렘	전도자(솔로몬)	약 40년
아가서	수넴	술람미 여인, 솔로몬	미상(솔로몬 시절)
이사야서	유다의 예루살렘	이사야, 웃시야, 히스기야	약 58년(BC 739-681년)
예레미야서	유다의 예루살렘	예레미야, 요시야, 시드기야	약 52년(BC 627-575년)
예레미야애가	유다의 예루살렘	예레미야	약 1년(BC 586년)
에스겔서	유다(예루살렘), 바벨론	에스겔	약 21년(BC 592-571년)
다니엘서	바벨론	다니엘, 느부갓네살, 사드락, 메삭, 아벳느고, 가브리엘	약 70년(BC 606-536년)
호세아서	이스라엘(사마리아)	호세아	약 60년(BC 760-700년)
요엘서	유다	요엘	약 7년(BC 841-834년)
아모스서	이스라엘(사마리아)	아모스	약 7년(BC 760-753년)
오바댜서	에돔	오바댜	약 10년(BC 850-840년)
요나서	욥바, 다시스, 니느웨	요나, 선원들, 니느웨 백성들	약 35년(BC 785-750년)
미가서	유다(예루살렘), 베들레헴	미가	약 35년(BC 735-700년)
나훔서	앗수르의 니느웨	나훔	약 30년(BC 660-630년)
하박국서	유다(예루살렘)	하박국, 갈대아 사람들	약 3년(BC 609-606년)
스바냐서	유다(예루살렘)	스바냐	약 20년(BC 640-620년)
학개서	유다(예루살렘)	학개, 스룹바벨	약 4개월(BC 520년)
스가랴서	유다(예루살렘)	스가랴, 스룹바벨, 여호수아(대제사장)	약 4년(BC 520-516년)
말라기서	유다(예루살렘)	말라기, 엘리야	약 13년(BC 433-420년)

06
CHAPTER

하나님의 드라마가 사람을 바꾼다

구약성경의 생활 원리 1

Old Testament Life-Principles 1

하나님께서는 우리의 호기심을 만족시키기 위해서가 아니라 우리의 삶을 변화시키기 위해서 우리에게 말씀을 주셨다. 성경은 믿음을 세워준다. 그리고 이 믿음은 구체적인 행동을 수반한다. 신조(信條)는 행실로 나타나야 하고, 교리는 일상의 의무가 되어야 한다.

지금까지 구약성경을 여러 관점에서 보았으니 이제는 처음 여섯 시대의 생활 원리를 간략히 살펴보겠다(구약성경의 주요 줄거리를 이어나가는 11권의 역사서와 포로 시기를, 열두 시대로 정했던 것을 기억하라. 나머지 여섯 시대에 대해서는 다음 장에서 살필 것이다). 성경의 역사와 아울러 성경이 요구하는 생활 원리를 살펴볼 때, 성경이 더 생생하게 다가오는 것을 느낄 수 있다. 이제 좀 더 세부적인 내용으로 들어가 하나님께서 인생을 최고로 만들어주기 위해 설계하신 방법들을 요약해보도록 하겠다.

1 생활 원리 창세기 하나님은 인간과 함께 새로운 일들을 시작하신다

창세기는 하나님을 제외한 모든 것의 기원에 관해 기록하고 있다. 그리고 거기엔 매우 중요한 두 가지 시작이 들어 있는데, 하나는 인류의 시작이고 다른 하나는 히브리 민족의 시작이다. 하나님께서는 창세기에서 대부분 인간과 함께 새로운 일들을 시작하셨다. 하나님은 항상 인간들

당신의 두 가지 행로는 서로 만납니까?

에게 초점을 맞추고 계신다! 하나님께서는 창세기에서 인간들이 알아내려고 갖은 애를 쓰는 천지창조와 같은 큰 사건들은 간략하게 다루시는 반면, 남자와 여자에 대해서 많은 부분을 할애하여 말씀하셨다. 그만큼 인간에게 관심을 갖고 계시기 때문이다.

당신은 하나님의 일을 할 때 일을 계획하는 데 주된 관심을 쏟는가, 아니면 사람들에게 관심을 갖는가? 또 방법론에 역점을 두는가, 아니면 사람들에게 관심을 기울이는가? 만일 하나님께서 당신의 나라나 교회나 가정에서 새로운 일을 하신다면 필경 사람들을 통해 이루실 것이다. 우리는 어떤 일을 할 때 방법론을 찾는 경향이 있지만, 하나님께서는 하나님의 뜻을 나타낼 자를 찾으신다.

창세기 1장에서 11장까지는 창세기의 첫 번째 중요한 시작인 인류의 시작을 다룬다. 우리는 이 부분을 **아담, 아벨, 노아, 바벨**의 네 단어로 요약할 수 있다. 창조, 타락, 홍수, 흩어짐의 사건 모두가 사람들을 중심으로 발생했다.

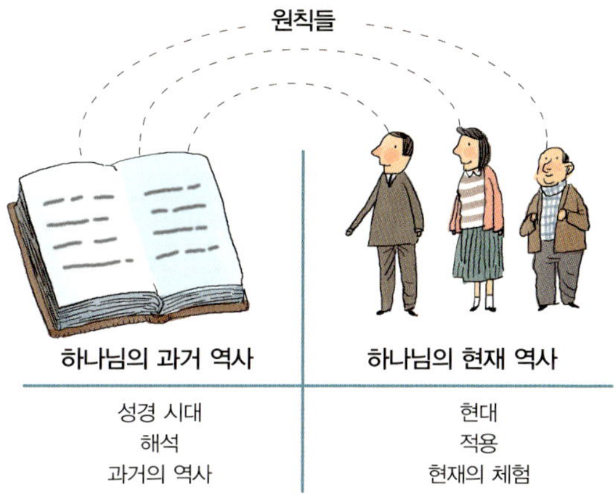

아담 첫 번째 인간(창 1-3장)

하나님께서는 천지창조의 처음 닷새를 설명하는 창세기 1장과 2장에서 하루 평균 다섯 절

구약성경의 생활 원리

시대	주제	생활 원리
창세기	두 가지 시작	하나님은 인간과 함께 새로운 일들을 시작하심
출애굽기	두 가지 구출	육신의 출생과 마찬가지로 영적인 출생도 있어야 함
민수기	두 세대	하나님께서는 불신앙을 징벌하심
여호수아서	두 가지 분할	하나님의 일은 하나님의 방법대로 해야 함
사사기	일곱 번의 주기	과거를 무시하는 자들은 죄를 반복할 수밖에 없음
사무엘상	두 명의 통치자	시작이 좋은 것을 믿는 것은 위험함

▲창세기

미만으로 말씀하셨다. 그러나 남자와 여자를 창조하신 여섯째 날에 대해서는 다른 날보다 여섯 배나 많은 분량으로 말씀하셨다. 성경의 발단에 해당하는 이 부분에서 하나님은 원하시는 일들을 스스로 이루시는 능력을 보여주셨다. 그런데 놀라운 것은 이 부분 이후로는 인간들을 통해 하나님의 일을 이루기로 결심하셨다는 것이다.

창세기 – 두 가지 시작	
인류의 시작 (1–11장)	히브리 민족의 시작 (12–50장)
2천 년 이상의 기간 11장 우주적	약 400년 39장 민족적
아담, 아벨, 노아, 바벨	아브라함, 이삭, 야곱, 요셉

아담은 금단의 열매를 먹은 것으로 유명하다. 그런데 그 열매는 사과였을까? 누가 알 수 있을까 싶지만, 누구라도 귤을 한 입 먹기 위해 세상을 죄에 푹 담그지는 않을 것이다. 그렇다면 누가 가장 먼저 죄를 지었을까? 하와인가? 아니다. 그건 바로 뱀이다(사 14:12-15).

하나님께서는 아담과 하와와 교제를 나누기 위해 그들을 찾으셨던 것처럼(창 3:9) 이후에도 줄곧 인간들을 찾으셨다(요 4:23). 당신은 당신의 창조주 하나님과 친밀한 관계를 누리고 있는가? 그리고 그분께 순복하고 있는가?

아벨 인간의 첫 번째 제사(창 4,5장)

아담과 하와의 처음 두 아들은 거룩하신 하나님께 나아가는 유일한 두 가지 방식, 곧 하나님의 방식과 우리의 방식을 예시한다. 하나님께서는 죄를 지은 인간이 오직 자기를 대신하는 피의 희생제사를 통해서만 하나님께 다가갈 수 있다는 점을 분명히 밝히셨다. 하나님께서는 아벨과 그의 동물제사는 받으셨지만, 가인과 그의 곡물제사는 거부하셨다.

이후에 땅에서 태어난 모든 사람들은 가인을 따르거나 아벨을 따랐다. 자신의 선행이나 공로를 의지하여 하나님께 인정을 받으려는 사람은 가인과 같다. 하나님께서는 그런 '두 번째 대안'을 거부하신다는 사실을 잊지 말기 바란다.

우리를 대신하는 다른 누군가의 피의 희생을 의지할 때, 우리는 하나님의 은혜를 받을 수 있다. 왜냐하면 그것이 하나님께서 정하신 구속(救贖)의 방식이기 때문이다. 창세기 3장 21절은 하나님께서 아담과 그 아내를 위하여 가죽옷을 지어 입히셨다고 말한다. 이는 하나님께서 그들에게 희생제물을 공급하셨다는 의미이다. 하나님께서는 하나님의 거룩한 외아들 예수 그리스도의 죽음을 통하여 세상의 죄를 단번에 영원히 속죄하고도 남을 완벽한 희생제물을 공급하셨다(히 9:11,12).

당신은 영원한 구원을 위해 무엇을 의지하고 있는가? 누구를 의지하고 있는가?

노아 하나님의 첫 번째 선박 제조자(창 6-10장)

하나님께서는 모든 것을 쓸어간 홍수 심판으로부터 남은 자를 구원하고자 노아를 사용하셨다. 하나님의 말씀이 이치에 맞지 않는 것처럼 보였지만, 노아는 하나님이 계시하신 그대로 행하였다. 육지 한가운데서 방주를 만들었던 노아의 선박 건조 프로젝트가 죄 많은 이웃 사람들에게 얼마나 우스꽝스럽게 보였을까? 그리고 그 당시 누가 홍수를 보거나 홍수에 대해 들어보았겠는가? 아마 그전까지는 비가 내리지 않았을지 모른다.

하나님은 노아의 세대가 '노아의 바보짓'이라고 여긴 일을 통해 인류에게 새로운 시작의 기회를 주셨다. 그리고 노아는 유일한 구원의 문으로 들어오라고 사람들을 불렀고, 노아의 방주에는 이들을 수용할 만한 충분한 공간이 있었다. 23미터의 폭과 135미터의 길이에 3층으로 이루어진 노아의 방주는 그 바닥 면적이 오늘의 미식축구 경기장보다 더 넓었다.

오늘 우리가 이 땅에서 살고 있는 것이 노아가 하나님을 믿고 또 순종한 덕택이라는 것을 알고 있는가? 하나님께서 지금 당신의 삶 속에서, 당신의 삶을 통하여 어떤 일을 하기를 원하시는 것은 아닌지 돌아보기 바란다. 당신은 하나님의 계획이 이치에 맞지 않는 것처럼 보일 때라도 믿음으로 하나님과 협력하는가?

방주의 길이 135m, 너비 23m, 높이 13m

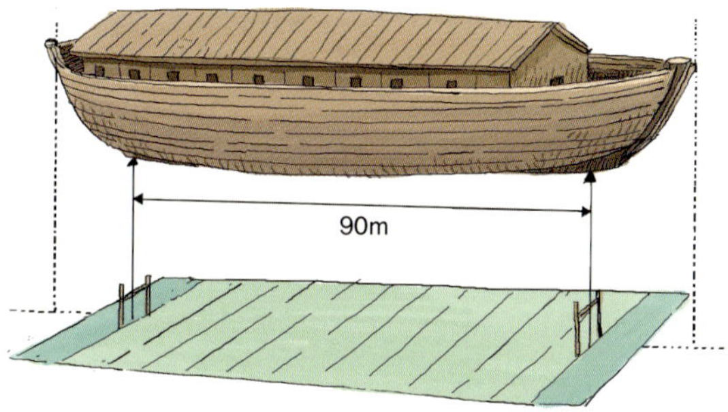

미식축구 경기장과 비교한 노아의 방주

바벨 인간이 첫 번째로 세운 탑(창 11장)

또다시 인간들은 하나님의 계획을 따르는 대신 자신들의 계획을 세웠다. 하나님께서 명하신 대로 땅에 흩어지지 않고 바벨에 떼로 모여 하늘에까지 닿는 탑을 쌓은 것이다. 이것은 집단적으로 하나님께 반항하는 행위였다. 이에 하나님께서는 그들의 언어를 혼잡하게 하심으로써 그들의 반항적인 기도(企圖)를 꺾어버리셨다. 결국 사람들은 저절로 온 땅에 흩어지게 되었다.

이처럼 흥미로운 창세기 11장까지의 성경 본문을 다시 한 번 읽어보며 새로 시작된 것들을

공책에 기록해보기 바란다. 하나님께서 얼마나 많은 것들을 인간과 함께 시작하셨는지 주목하라. 또한 사탄이 대단한 흉내쟁이라는 것을 눈여겨보라. 사탄도 인간과 함께 새로운 것들을 시작하기 때문이다! 오늘 당신의 삶에서는 과연 누가 새로운 것들을 시작하고 있는가? 하나님이신가, 사탄인가? 선택은 당신의 몫이다.

창세기 12장에서 50장까지는 창세기의 두 번째 중요한 시작인 히브리 민족의 시작을 다룬다. 이 부분 역시 **아브라함, 이삭, 야곱, 요셉**의 네 단어로 요약할 수 있다. 하나님은 인간과 함께 계속 새로운 일들을 시작하셨다.

"하나님의 벗"(약 2:23)이라는 최고의 칭호를 얻었던 아브라함은 고도로 발달된 이교 문명(갈대아 우르) 가운데서 부름을 받아 '히브리'라는 새로운 민족의 시조가 되었다(창 14:13). 아브라함의 아들 이스마엘은 아랍인들의 조상이 되었고, 이삭은 유대인들의 조상이 되었기 때문에 오늘날 유대인들과 아랍인들은 각기 아브라함을 우러러본다.

아브라함은 하나님 말씀을 그대로 믿었고, 하나님께서는 그의 믿음을 의(義)로 여기셨다. 아브라함은 '하나님의 의로 여기심'을 선물로 받았다(창 15:6). 우리도 동일한 선택을 할 수 있다. 우리가 스스로 의를 세우기 위해 노력할 수도 있고, 하나님의 선물을 받아들일 수도 있다는 말이다. 이에 대하여 바울은 "우리를 구원하시되 우리의 행한 바 의로운 행위로 말미암지 아니하고 오직 그의 긍휼하심을 좇아 중생의 씻음과 성령의 새롭게 하심으로 하셨나니"(딛 3:5)라고 분명히 가르쳤다.

하나님께서는 아브라함을 통하여 큰 민족을 이루고 그의 이름을 창대하게 하고 땅의 모든 사람들이 그로 인하여 복을 얻을 것이라고 약속하셨다(창 12:1-3). 하나님께서는 아브라함의 아들 이삭(창 17:19)과 손자 야곱(창 35:10-12)과 증손자 요셉(창 49:22-26)에게도 이 엄청난 약속을 해주셨다. 하나님께서는 유대 민족의 조상이 된 이 네 족장의 삶을 기술하기 위해 창세기에서 총 39장(12-50장)이라는 지면을 할애하셨다.

하나님은 혼자서 하나님의 일을 하기도 하시지만(사도행전 9장에 나오는 다메섹 도상에서의 사울의 회심 사건처럼), 대개는 사람들을 통하여 자신의 일을 하신다. 일례로 하나님께서는 나의 삶에서 주로 다른 사람들을 통하여 역사하셨다. 나는 열두 살 때 하나님을 찾지도 않았고 또 하나님께 관심도 갖지 않았지만, 하나님께서는 내 친구들을 통해 나를 찾아오셨다. 어빙이라는 친구는 정말 귀찮을 정도로 교회에 가자고 졸랐다. 마침내 그 친구를 따라 교회에 갔을 때 하나님께서는 성난 듯이 고함을 지르는 여성 설교자 한 분을 들

창세기 족장들의 가계도

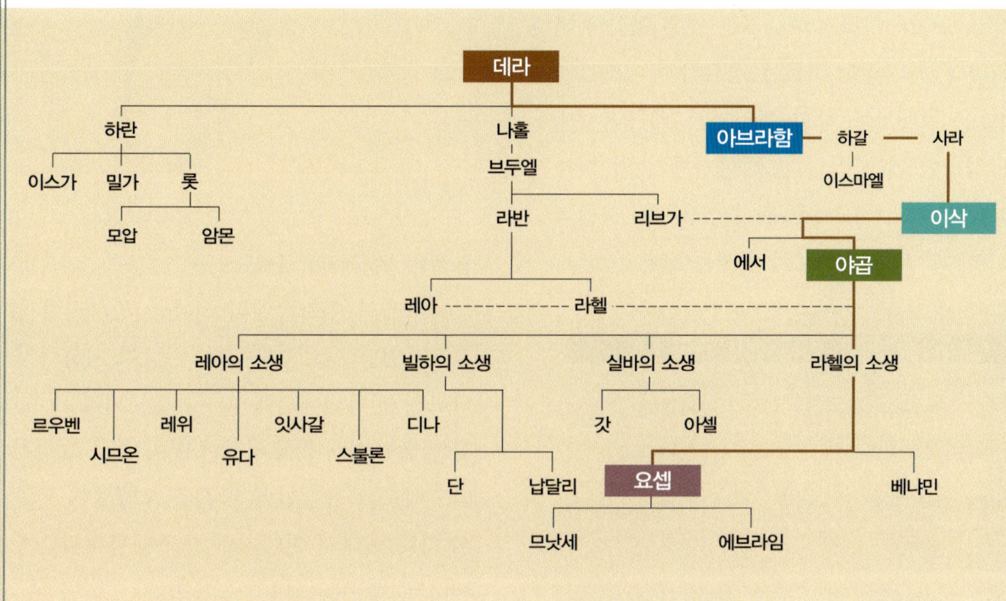

어, 내가 하나님께서 그리스도 안에서 거저 주시는 구원의 선물을 받아야 한다는 것을 깨우쳐주셨다. 나중에 나는 은퇴한 장로교 사역자 한 분의 도움으로 복음 사역에 뜻을 두게 되었다. 중학교 3학년 시절, 교회에서 실시한 웅변대회에서 쓰라린 실패를 맛보았을 때, 그 분은 나를 격려하기 위해 헌신적인 노력을 아끼지 않으셨다. 내 아내도 그녀의 간호학교 친구들이 주선한 모임에서 만났다. 이처럼 하나님께서 사람들을 통해 일하신다는 사실이 나는 기쁘다. 당신은 그렇지 않은가? 하나님께서 당신 인생의 화폭에 그려 넣으신 사람들을 돌이켜보며 감사하기 바란다. 그들에게도 고마움을 표할 수 있다면 더없이 좋을 것이다.

2 생활 원리 출애굽기 육신의 출생과 마찬가지로 영적인 출생도 있어야 한다

출애굽기는 히브리 민족의 두 가지 구출, 곧 애굽으로부터의 육신적 구출과 애굽과 시내산에서의 영적인 구출에 대해 말하고 있다. 출애굽기는 350만에 달하는 유대 민족이 바로(Pharaoh)의 속박으로부터 탈출하는 장면을 기록한 것으로 유명하지만, 하나님께서 하나님의 백성들과 영적인 관계를 발전시켜나가는 부분에 더 많은 분량을 할당하고 있다.

출애굽 사건이 하나님께서 인간을 위해 베푸신 가장 강력한 이적의 하나라는 것은 의심의 여지가 없다. 하나님이 바로를 강요하여 이스라엘 백성들을 보내도록 하신 것인가? "네"라는 대답은 정확한 답이 아니다. 하나님께서 열 가지 환경(주로 '재앙'이라고 한다)을 주셨을 때, 자발적으로 결정한 사람이 바로이기 때문이다.

출애굽기 – 두 가지 구출	
육신적인 구출 (1–19장)	영적인 구출 (20–40장)
애굽에서 시내산으로	시내산에서
10가지 재앙	십계명
4개월	2년
모세와 바로	모세와 하나님

그러나 나는 하나님께서 자신의 백성들을 죄와 사망의 속박으로부터 영적으로 구출하신 것이 더 큰 이적이라고 생각한다. 하나님께서는 유월절과 무교절을 통해 이스라엘 백성들로 하여금 구원받을 만한 자격을 갖추지 못한 그들이 구원을 선물로 받았다는 것을 지속적으로 상기하도록 하셨다. 하나님께서는 그들을 시내산으로 데려오신 뒤, 하나님과의 새로운 관계를 어떻게 맺어야 하는지에 대해 출애굽기 19장에서 민수기 10장에 이르기까지 총 59장에 걸쳐 가르치셨다. 그들은 "하나님의 소유", "제사장 나라", "거룩한 백성"이 되어야 했다(출 19:5,6). 이스라엘 민족으로서 그들의 육적 출생은 그들의 영적

▲출애굽기

출생의 서곡(序曲)이었다.

예수께서 이스라엘의 상류층 인사이며 종교 지도자였던 니고데모에게 "사람이 거듭나지 아니하면 하나님나라를 볼 수 없느니라"(요 3:3)라고 말씀하면서 가르치셨던 것이 바로 그것이다. 니고데모는 예수님의 말씀을 오해하여, 성인이 된 사람이 다시 어머니의 자궁에 들어갔다가 태어나는 게 가능하냐고 되물었다. 그러나 예수님은 두 가지 다른 출생, 곧 자연적으로 발생하는 육적 출생과 오직 초자연적으로만 발생하는 영적 출생에 대해 말씀하셨던 것이다.

광야에서의 이스라엘		
애굽에서 시내산까지 출 12:37–19:2	시내산에서 출 19:3–민 10:10	시내산에서 요단까지 민 10:11–수 2장
2개월	11개월 19일	38년 이상
7장	57장	62장
하나님의 계시	이스라엘의 책임	여정에 필요한 사항
출 19–40장	레 1–27장	민 1:1–10:10

당신은 육적으로 살아 있는 것처럼 영적으로도 살아 있다고 확신하는가? 우리가 부모님을 통해 세상에 태어난 것처럼 우리는 예수 그리스

도를 우리 인생의 구세주로 믿음으로 말미암아 영적으로 거듭나 하나님의 가족이 될 수 있다. 예수님의 말씀 그대로 사람이 위로부터 완전히 새롭게 거듭나지 않으면 하나님나라를 볼 수 없다. 애굽에 있던 유대인들이 어린 양의 피를 문설주에 발라야만 죽음을 면할 수 있었던 것처럼 죄로 가득한 우리의 삶에 그리스도의 보혈을 바를 때에만 우리는 구원을 얻을 수 있다.

어린 양의 피를 문설주에 바름

3 민수기 하나님께서는 불신앙을 징벌하신다

생활 원리

민수기는 광야의 두 세대에 대해 기술한다. 이전 세대는 불신앙의 완고한 마음을 품어 광야에서 유랑하다 죽었으며(히 3:7-12), 그 다음 세대는 40년 동안 하나님의 공급을 받으며 살다가 약속의 땅에 안전하게 당도했다(민 14:31).

그들의 운명을 결정짓는 사건이 가데스 바네아에서 일어났다. 그들이 가나안 땅을 정탐했던 열두 명의 정탐꾼들의 보고를 듣고 부정적인 반응을 보였기 때문이다. 겁에 질린 정탐꾼들의 보

민수기 – 두 세대	
시험 (1–14장)	훈련 (15–36장)
시내산에서 가데스까지	요단강까지의 광야 유랑
2개월	40년
기회	부고(訃告) 기사

고를 들은 이스라엘의 구세대들(당시 20세 이상)은 선택을 해야만 했다.

'계속 진군하여 가나안 땅을 달라고 믿음으로 구할 것인가?'

결국 그들은 하나님 믿기를 거부하여 구세대와 신세대 모두 40년 동안 광야에서 방황하게 되었다. 가데스 바네아에서의 선택에 대해 책임을 져야 했던 구세대들은 40년 동안 하루 평균 82번의 장례식을 치러야 했다. 그러는 동안 하나님께서는 죄의 삯이 사망이라는 것(롬 6:23)을 신세대들에게 효율적으로 가르치셨다.

왜 40년이었을까? 정탐꾼들이 가나안 땅을 40일 동안 탐지하였는데, 하나님께서 하루를 일 년으로 환산하여 광야를 유랑하게 하셨기 때문이다(민 14:32-35).

하나님은 모든 시대에 자기 백성들을 향해 한 가지 목표를 가지고 계시는데, 그것은 하나님을 향한 믿음을 더욱 키워나가도록 하는 것이다. 구약의 압권은 단연 "아브람이 여호와를 믿으니 여호와께서 이를 그의 의(義)로 여기시고"(창 15:6)라는 구절이다. 신약에서 이와 유사한 절정을 이루는 부분은 베드로가 "주는 그리스도시요 살아 계신

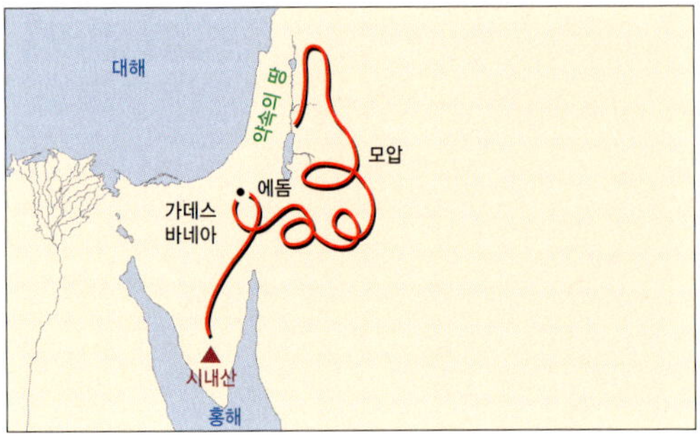

▲민수기

하나님의 아들이시니이다"(마 16:16)라고 고백한 대목일 것이다. 예수께서는 이런 믿음을 보인 베드로를 매우 칭찬하셨다. 하나님은 그리스도의 대속(代贖)의 죽음에 대한 믿음을 조건으로 보시고 우리를 의롭게 여기신다. 이것이 하나님의 선물이다.

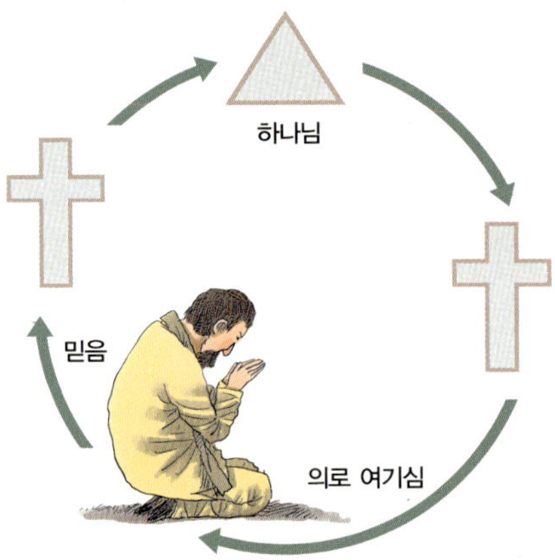

민수기는 사랑이 충만하신 우리 아버지께서 믿지 않는 자녀들을 징벌하신다는 것을 가르친다. 이것이 민수기의 가장 큰 원칙이다. 그러나 핵심은 징벌 그 자체가 아니라 징벌을 통한 훈련이다. 하나님께서는 우리가 믿음으로 그리스도를 영접했듯이 믿음으로 그리스도 안에서 새로운 삶의 길을 걷기를 바라신다. 일단 하나님의 '가족훈련학교'에 입학하기로 결심하기만 하면 그분이 우리를 책임지신다. 우리 모두 믿음의 학위를 취득하고(이생에서 하지 못한다면 내세에서는 분명히) 이 학교를 졸업할 것이라고 믿어 의심하지 않는다. 하나님의 징계가 하나님의 싫어하심을 뜻하는 것은 결코 아니다. 오히려 그 반대를 뜻한다(히 12:1-12).

이스라엘의 어린 세대들은 부모들과 함께 40년 동안 광야에서 방황해야 했지만 약속의 땅으로 안전하게 들어가리라는 약속을 받았다. 이처럼 부모들의 불신앙이 자녀들의 운명에 근본적인 영향을 끼칠 수 있는 것이다. 그러나 이스라엘의 어린 세대 중에서는 단 한 명의 희생자도 나오지 않을 것이라고 약속하심으로써 하나님은 동시에 두 세대에게 사랑과 자비를 베풀어주셨다.

그들은 40년 동안 조금도 상하지 않았다. 모세는 광야 여정의 종착점에 이르렀을 때, 생존자들에게 "주께서 사십 년 동안 너희를 인도하여 광야를 통행케 하셨거니와 너희 몸의 옷이 낡지 아니하였고 너희 발의 신이 해어지지 아니하였으며 … 주는 너희 하나님 여호와이신 줄을 알게 하려 하심이니라"(신 29:5,6)라고 말했다. 그들 중에 아무도 죽지 않았다.

그런데 타는 듯 뜨거운 광야에서 40년 동안 신을 신발과 입을 옷을 구할 데가 있었을까? 모세는 그들의 옷이 낡지 않았고 신발도 해지지 않았다고 했다. 우리는 정말 놀라우신 하나님을 믿고 있는 게 틀림없다! 하나님은 자신의 자녀들에게 가장 좋은 것을 주시기 위해 마음을 쓰시는 사랑의 아버지이다. 자녀들의 유익을 위해 징계하실 때라도 결국에는 지극한 사랑을 확신시켜주신다. 하나님의 징계는 언제나 하나님의 지속적인 사랑과 공급하심과 임재 안에서 이루어진다.

당신이라면 가데스 바네아에서 어떤 결정을 내렸겠는가? 당신이 출애굽과 홍해의 이적과 하늘로부터 내려온 만나와 메추라기, 바위에서 나온 물, 2년에 걸친 시내산의 계시를 경험해왔다는 점을 기억하기 바란다. 당신은 여호수아와 갈렙처럼 선택하겠는가? 아니면 불신앙으로 광야를 유랑하다가 목숨을 잃어야 했던 이스라엘의 구세대처럼 선택하겠는가?

여호수아와 갈렙은 하늘 아버지를 믿고 순종했기 때문에 다른 열 명의 정탐꾼들과는 달리 하나님이 주시는 가장 좋은 것들을 볼 수 있었다. 여호수아와 갈렙은 이스라엘의 구세대 중에서 약속의 땅에 들어간 유일한 사람들이었다. 그들은 믿음으로 약속의 땅을 취했다. 하나님께서 당신에게 바라시는 것은 오직 하나님을 향한 당신의 믿음이다.

4 생활 원리 여호수아서 하나님의 일은 하나님의 방법대로 해야 한다

여호수아서는 가나안 땅의 두 가지 분할, 즉 군사적 목적을 위한 분할과 정착 목적을 위한 분할에 대해 기록한다. 여호수아서의 전반부에서 히브리 민족은 요단강을 건너 가나안 땅에 들어간다. 그들은 여리고와 가나안의 중앙 지역을 정복한 뒤에 가나안 땅을 군사적으로 분할했다. 그렇게 함으로써 그들은 남부와 북부 지역을 용이하게 정복할 수 있었다. 여호수아서의 후반부에서 히브리 민족은 각 지파가 거주할 지역을 정하기 위해 제비를 뽑아 가나안 땅을 나누었다.

여호수아서 – 두 가지 분할	
정복하기 위한 가나안의 분할 (1–12장)	정착하기 위한 가나안의 분할 (13–24장)
정복	제비뽑기
7년	?

하나님께서는 이 과정에서 하나님의 원칙을 분명하게 가르치셨다. 하나님의 일은 반드시 하나님의 방법대로 해야 한다는 것이다. 그들은 인간의 눈에 합리적으로 보이는 것이 아니라 하나님께서 초자연적으로 계시하시는 것들을 해야만 했다. 그들은 모든 경우에 동일하게 적용되는 하나님의 뜻을 발견할 수가 없었다. 대신 새로운 상황을 만날 때마다 그 경우에 맞는 하나님의 뜻을 구해야만 했다.

이스라엘 민족이 여리고 성을 정복할 때 썼던 전략은 주일학교 학생이라도 잘 알고 있다. 그들이 성 주위를 몇 바퀴 돌았을 때 성이 무너졌는가? 정답은 열세 바퀴이다(수 6:3,4). 그러나 그들이 그런 진기한 전략으로 정복한 성은 여리고뿐이었다.

이스라엘 민족은 그 다음 아이 성에서 참패를 맛보았다. 그들이 두 가지 면에서 하나님의 계획을 어겼기 때문이다. 첫째는 아간이 하나님께 속한 여리고의 전리품 일부를 은닉하여 가진 것이었고(수 7:1), 둘째는 아이 성이 여리고에 비해 무척 약해 보였기 때문에 하나님께 공략 방법을 묻

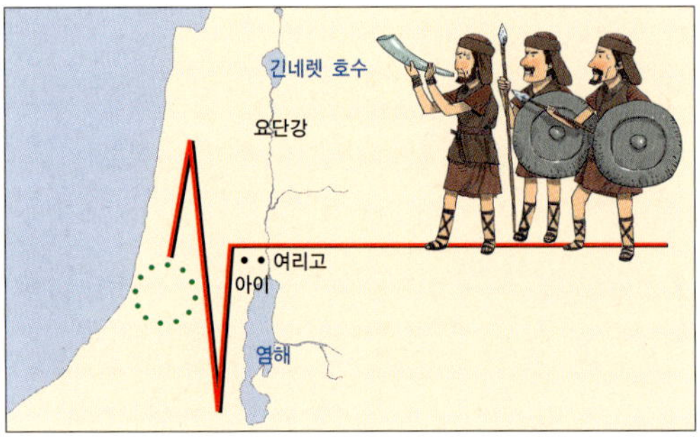

▲여호수아서 1

지도 않고 공격한 것이었다. 그들은 최선으로 보이는 방법을 택하여 아이 성을 공격했다가 참패를 당했고, 그렇게 쓰라린 패배를 맛본 뒤에야 비로소 아이 성을 어떤 식으로 정복하기를 원하시는지 하나님께 여쭈었다. 이에 하나님께서는 아간의 죄를 처리할 것을 명하셨다. 아간과 그의 모든 소유가 멸절된 다음, 하나님은 매복 전술을 통해 아이 성을 칠 것을 일러주셨다.

이스라엘 민족은 이런 일을 겪고도 또다시 하나님의 뜻을 구하지 않았고 기브온 족속에게 기만을 당해 그들과 화친조약을 맺었다(수 9장). 결국 이 조약으로 인하여 사악한 가나안 족속들을 그들의 땅에서 완전히 몰아내라는 하나님의 명령을 수행하지 못하는 결과를 초래하고 말았다.

40년 광야생활을 마쳤을 때, 그들의 인구는 시내산에 도착했을 때의 인구와 거의 비슷했다(민 1:46, 26:51). 만약에 열두 지파 350만 명으로 이루어진 그들이 위원회나 대표 회의 같은 현대적인 방법으로 가나안 땅을 나누려고 했다면, 그때의 그 실랑이와 언쟁이 얼마나 심했을까? 하나님께서는 백성들의 불만을 제거하기 위해 제비뽑기로 땅을 분배하라는 뜻을 분명히 밝히셨다.

하나님의 일을 효율적으로 조화롭게 하려면 하나님의 방법대로 해야 한다! 혹시 당신은 당신 인생을 향한 하나님의 뜻을 발견했으니 더 이상 그분의 뜻을 구할 필요가 없다고 생각한 적은 없는가?

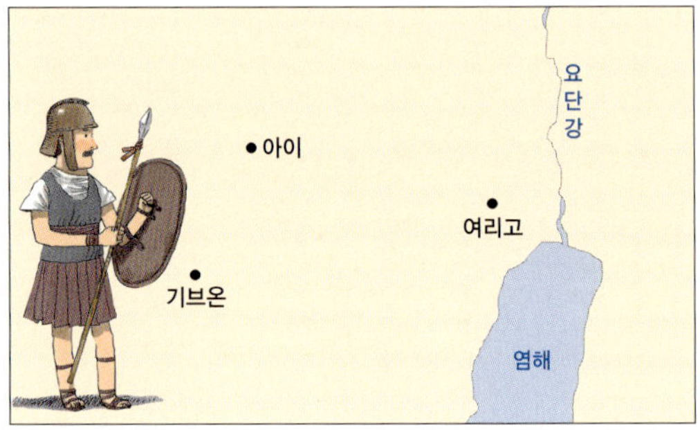

▲여호수아서 2

나는 목사의 소명이 일평생 지역교회를 섬기는 것을 의미한다고 생각하여 그런 함정에 빠진 적이 있다. 당신은 지금 하나님께서 하라고 말씀하신 일을 하고 있는가? 하나님께서 원하시는 방법대로 그 일을 하고 있는가? 하나님께서 오늘은 어떤 방향을 지시하고 계신지 깨닫기 위해 당신은 민감한 자세로 말씀을 탐색하고 있는가?

5 생활 원리 사사기 과거를 무시하는 자들은 죄를 반복할 수밖에 없다

사사기는 이스라엘 민족이 다섯 단계로 구성된 죄의 순환 과정을 일곱 차례나 반복했다고 기록한다. 우리가 역사에서 배우는 유일한 것은 우리가 역사를 통해서 아무것도 배우지 않고 있다는 사실이다. 과거를 무시하는 자들은 과거의 잘못을 되풀이할 수밖에 없다. 바로 이런 이유 때문에 하나님께서는 사람들의 성공은 물론이고, 실패에 대해서도 성경에 자세히 기록하셨다.

하나님은 우리가 역사를 통해 배우기를 원하신다. 역사(history)는 사실 '하나님의 이야기'(His story)이다. 성경이 보여주는 모범을 충실히 따르고 또 성경의 권면을 진심으로 받아들이면(고전 10:1-14), 하나님의 길을 걸어갈 때에 쓰라린 체험이나 실패를 경험하지 않아도 될 것이다.

이스라엘은 다섯 단계를 밟으며 죄를 거듭거듭 지었다. 그 첫째 단계는 '죄'의 단계로서 사사가 세워지기 이전에 시작되었다. "이스라엘 자손이 여호와 목전에 악을 행하여 자기들의 하나님 여호와를 잊어버리고 바알들과 아세라들을 섬긴지라"(삿 3:7).

둘째 단계는 '압제'의 단계이다. "여호와께서 이스라엘에게 진노하사 그들을 메소보다미아 왕 구산 리사다임의 손에 파셨으므로 이스라엘 자손이 구산 리사다임을 팔 년을 섬겼더니"(삿 3:8).

셋째 단계는 '간구'의 단계이다. "이스라엘 자손이 여호와께 부르짖으매"(삿 3:9).

넷째 단계는 '구원'의 단계이다. "여호와께서 그들을 위하여 한 구원자를 세워 구원하게 하시니 … 옷니엘이라 여호와의 신이 그에게 임하셨으므로 … 옷니엘의 손이 구산 리사다임을 이기니라"(삿 3:9,10).

다섯째 단계는 '망각'의 단계이다. "그들이 여호와의 길로 행하며 기쁘게 섬겼더라!" 이것은 내가 한 말이다. 성경에 이렇게 적혀 있다면 얼마나 좋을까?

그러나 그 다음 구절은 수상한 태평함과 정적이 그 땅에 40년 동안 내려앉았다고 전한다(삿 3:11). 그리고 그 다음 구절은 "이스라엘 자손이 또 여호와의 목전에 악을 행하니라"(삿 3:12)라고 말한다. 이는 일곱 차례의 순환 가운데 두 번째 과정이 시작되었다는 것을 의미한다.

구약의 이스라엘 민족만이 특이하게 죄의 순환을 반복한 것이 아니다. 매우 불행한 일이지만 현대 크리스천들의 일상생활에서도 이런 악순환이 너무 빈번하게 일어나고 있다.

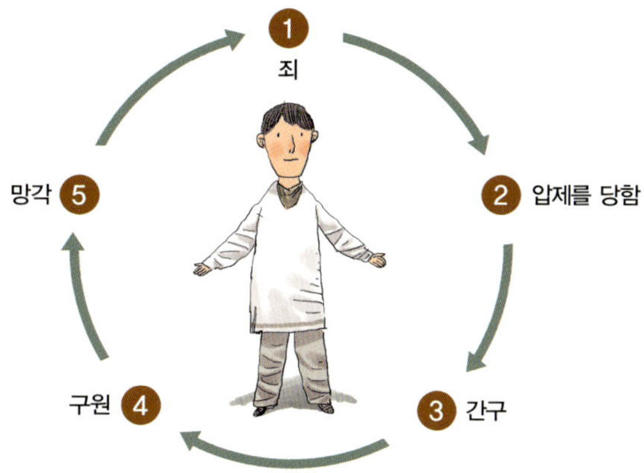

'뒤로 미루는' 죄를 예로 들어보겠다. 이런 경우에는 시험이나 제한 시간이 압제의 형태로 나타난다. 우리는 하나님께 도와달라고 간절히 청한다. 다음부터는 잘 하겠다는 약속도 빼먹지 않는다. 하나님께서는 우리의 간청을 들으시고 궁지에서 건져주신다(물론 이것이 하나님의 의무는 아니며, 때로는 우리가 실패의 뒷문을 통과해 성공에 이를 수도 있다). 이때 당신은 하나님께서 간청을 들어주셨을 때, 얼얼하게 아픈 시련 속에서 하나님께 했던 약속을 기억하며 그것을 지키는가? 아니면 수상하기 짝이 없는 태평함과 정적이 당신 삶에 내려앉도록 하여 지금까지 걸어온 과정을 곧 다시 반복하고 마는가?

당신은 성경에 등장하는 인물들의 체험을 통해 규칙적으로 말씀을 배우고 있는가? 다른 크리스천들의 간증을 통해 유익을 얻고 있는가? 하나님을 의지하여 죄의 고리가 끊어지도록 노력함으로써 믿음 안에서 성장하고 있는가?

6 생활 원리 사무엘상 시작이 좋은 것을 믿는 것은 위험하다

이스라엘의 강력한 지도자 모세와 여호수아가 세상을 떠난 뒤, 하나님께서는 백성들에게 15명의 사사(가나안 땅에 들어가서부터 왕이 세워지기 전까지 이스라엘 백성들을 지도했던 정치 군사적 지도자)들을 잇달아 주셨다. 사사기에 나오는 사사가 13명이고(불의한 방법으로 지도자의 자리에 올랐던 아비멜렉 포함), 사무엘상에 나오는 사사가 2명(엘리와 사무엘)이다. 그러나 사실 사무엘상에는 실질적으로 사무엘과 사울 두 명의 통치자만이 등장한다. 이 두 사람은 성품이 매우 달랐지만 한 가지 공통점을 갖고 있었다. 시작은 창대했지만 끝은 미약했다는 것이다.

사무엘상 – 두 명의 통치자	
사무엘 (1–12장)	사울 (13–21장)
신정(神政)	왕정(王政)
사사(士師)	왕(王)
아들들 ↘	질투 ↘

사무엘은 경건한 가정에서 태어났고 그의 부모는 그를 하나님께 바쳤다(삼상 1장). 그는 성막에서 살면서 당시 대제사장이었던 엘리의 문하에서 수련을 받았다(2장). 사무엘은 극적인 방법으로 아주 분명하게 하나님의 소명을 받았다(3장). 사무엘이 이스라엘을 다스리는 동안, 하나님께서는 블레셋 족속들을 무찔러주셨다. 사무엘은 최초의 순회 설교자요, 최초의 순회 사령관이었다(삼상 7:16,17). 그러나 사무엘의 통치는 불행으로 막을 내리게 되었다. 백성들이 그를 거부하고 대신에 임금을 세워달라고 소리 높여 요구했기 때문이다. 사무엘의 아들들은 불량배였는데, 백성들은 그들이 차기 지도자가 될까봐 겁을 먹고 사무엘을 거부했던 것이다.

"그 아들들이 그 아비의 행위를 따르지 아니하고 이를 따라서 뇌물을 취하고 판결을 굽게 하니라"(삼상 8:3).

결국 사무엘은 사울을 왕으로 옹립하고 지도자의 자리에서 조용히 물러났다. 그의 고별 설교를 읽으며, 노년에 백성들을 향해 근심하는 그의 마음이 어땠을지 상상해보라(삼상 12장). 백성들을 다스리느라 너무 바빠 가정을 제대로 돌보지 못했던 것일까? 방탕한 아들들 때문에 파멸당한 엘리 제사장을 보면서 아무것도 배우지 못했던 것일까? 감히 사무엘을 판단할 수는 없지만, 그의 좋은 시작이 좋은 끝을 보장해주는 것이 아니었다는 점은 확실하다.

한편 사울은 "준수한 소년"으로 묘사되어 있다. 이스라엘 백성들 가운데 그보다 더 준수한 사람이 없었고, 키는 모든 백성보다 한 뼘이나 더 컸다. 그의 부친 기스는 힘센 용사였고 또 부유했다(삼상 9:1-3). 사울은 사무엘에게 기름 부음과 가르침을 받은 후, 이스라엘의 비상시국에 왕으로서 지도자의 자리를 넘겨받았다(11장). 이스라엘의 새로운 왕은 집권 초기에 암몬 족속과 블레셋 족속을 연이어 격파하면서 백성들의 굳은 신임을 얻었다.

▲사무엘상

사울은 사무엘을 통한 하나님의 명백한 계시를 자신의 논리로 대체했는데, 사실 이때부터 그는 몰락하기 시작했다(13장). 사무엘이 죄를 지적했을 때, 사울은 회개하기는커녕 핑계를 둘러댔다. 그때부터 상황은 설상가상의 사태로 치달았고, 결국 하나님은 그의 왕권을 박탈하여 다윗에게 넘겨주셨다(16장). 그 후 사울은 미칠 듯이 다윗을 질투했으며 그를 죽이려고 추적하면서 남은 생애를 보냈다(18-30장). 사울은 전투의 패배에 낙심하여 왕으로서의 직무를 유기한 채 자살로 그 생을 마감했다(31장).

시작이 좋았다고 그것에만 의존하려는 것은 위험한 일이다. 전통이 훌륭한 기반을 제공해줄 수도 있다. 과거의 승리와 성취가 우리 인생을 건축하는 튼튼한 벽돌이 될 수도 있다. 그러나 우리의 머리에 놓인 월계관을 의지해서는 안 된다. 우리의 원수 사탄이 우는 사자같이 두루 다니며 삼킬 자를 찾고 있기 때문이다(벧전 5:8). 대신 주님과 동행하는 길에서 새로운 힘과 승리를 얻기 위해 날마다 지속적으로 주님의 얼굴을 구해야 한다. 하나님의 권능의 손 아래에서 스스로 겸손해야 한다. 때가 되면 하나님께서 우리를 높이실 것이다(벧전 5:6).

07
CHAPTER

구약의 드라마로 최고의 인생을 배운다

Old Testament Life-Principles 2

어떤 사람들은 기독교가 방종한 생활을 조장하는 것처럼 보이기 때문에 믿기 싫다고 말한다. 하나님께서 모든 죄를 용서하신다면 원하는 대로 죄를 짓고 회개하면 그만인데, 그런 종교는 믿고 싶지 않다는 것이다. 혹시 당신 주변에도 이런 생각을 갖고 있는 사람이 있는가? 그렇다면 다윗 왕의 생애를 통해 중요한 생활 원리를 잘 배워서 반드시 알려주기 바란다.

1 생활 원리 사무엘하 죄는 용서받아도 징계는 피할 수 없다

사무엘하는 처음부터 끝까지 한 사람의 왕에 대해 이야기한다. 그는 하나님의 마음에 합한 사람 다윗 왕이다(행 13:22). 그러나 다윗은 이웃 여인 밧세바와 부적절한 관계를 맺었고, 바로 그 시점을 기준으로 상황이 변하기 시작했다.

사무엘하 1장에서 10장까지는 모든 일이 순조롭게 돌아갔다. 이스라엘은 고대 근동의 새로운 패자로 급속히 부상하면서 그 영역 또한 어느 때보다 확장되어 애굽에서 유프라테스에 미쳤다. 또한 다윗이 세운 새로운 수도이자 이스라엘의 예배 중심지인 예루살렘으로 막대한 부와 조공물이 유입되었다.

그러나 사무엘하 13장부터는 모든 상황이 앞부분과 극단적인 대조를 이루며 진행된다. 이스라엘은 정복한 땅을 외적들에게 도로 빼앗겼다. 다윗의 아들 압살롬은 부친의 권위에 대항하여 반란을 일으켰고 도성 밖까지 추격했다. 또한 온 이스라엘이 보는 앞에서 제 아비의 후궁들과 동침했다. 이와 같이 다윗은 근친상간과 가족 간의 유혈 참극을 목격해야 했다.

어느 날 밧세바와 가졌던 쾌락적인 죄의 결과로, 다윗의 인생은 기쁨의 삶에서 통한의 삶으로

▲사무엘하

바뀌었다. 다윗은 자신의 더러운 발자국을 덮으려 애썼지만 그럴수록 고통만 더욱 깊어졌다. 그러다가 나단 선지자를 대면하여 자신의 중대한 죄악을 지적받았을 때, 가슴을 치며 회개함으로써 여전히 하나님의 마음에 맞는 사람임을 입증했다(시 32,51편).

그러나 하나님께서는 죄는 용서받아도 징계는 피할 수 없다는 것을 극적으로 보여주셨다(삼하 12장). 나단 선지자는 하나님께서 다윗을 용서하셨다고 말했지만 간통으로 낳은 아이는 반드시 죽을 것이며, 칼이 다윗의 집에서 영영히 떠나지 않을 것이며, 다른 사람이 다윗의 아내들을 빼앗아 백주에 욕보일 것이라고 선고했다. 사무엘하 13장에서 24장까지는 이 모든 예언들이 하나하나 성취되는 과정을 기록하고 있다.

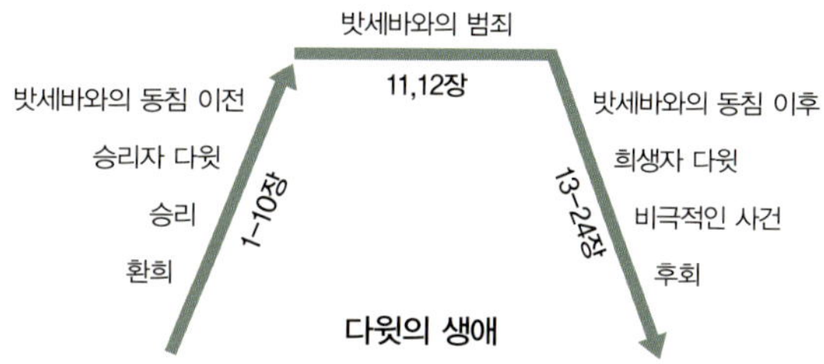

사탄은 하나님께 대한 순간의 죄악이 가져오는 장기적인 결과를 숨기는 기만의 명수이다. 하나님께서는 자기 백성들이 "하나님의 은혜가 값없이 오는 것이므로 죄 또한 값 없이 용서받을

구약성경의 생활 원리

시대	주제	생활 원리
사무엘하	두 가지 생활 방식	죄는 용서받아도 징계는 피할 수 없음
열왕기상	두 왕국	현명한 충고는 마음에 새기는 것이 안전함
열왕기하	두 포로 생활	하나님의 것은 하나님이 취하심
바벨론 포로	두 선지자	하나님을 섬기는 데에는 고난이 수반됨
에스라서	두 번의 귀환	육적 활동과 영적 활동이 균형을 이루어야 함
느헤미야서	두 번의 건축	육적 활동과 영적 활동이 균형을 이루어야 함

수 있다"라고 말하는 식의 삶을 사는 것을 결코 용납하지 않으신다. 이는 갈보리 십자가에 대한 명백한 왜곡과 모욕이기 때문이다! 하나님은 우리에게 은혜를 베풀기 위해 외아들의 목숨을 내놓으셨다. 거룩하신 하나님께서 십자가 이외의 다른 방식으로 인간들의 죄를 용서하실 수 있었다면, 완전한 아들을 십자가에 못 박히게 하는 것 말고 다른 방법이 있었다면, 그렇게 하셨을 것이다. 그러나 우리를 위해 외아들을 희생하는 것만이 우리를 향한 당신의 사랑을 만족시킬 수 있는 하나님의 유일한 방법이었다. 그리고 하나님은 다윗에게 그랬던 것처럼 자기 백성들이 죄를 범하고도 징계를 받지 않고 멀쩡히 살아가게 내버려두지 않으신다. 왜냐하면 우리가 죄를 지음으로써 하나님의 원수에게 하나님을 모독할 빌미를 제공하기 때문이다(삼하 12:14).

하나님께서는 우리가 선을 행하든지 악을 행하든지 하나를 선택하도록 하시지만 또한 그에 따른 결과에 책임을 지도록 하신다. 만약 내가 은행을 턴 후에 진심으로 회개한다면 하나님께서는 기꺼이 용서해주실 것이다. 그렇지만 나는 감옥에 가거나 강탈한 돈을 변상함으로써 사회에 진 빚을 갚아야 할 것이다. 일평생 담배를 피워온 사람이 갑자기 열심히 기도한다고 해서 폐암의 위험으로부터 벗어날 수 있는 것도 아니다. 잘못된 습관이 질병을 몰고 오는 것처럼 죄는 용서받아도 징계는 피할 수 없다.

그렇다면 하나님께서는 우리의 죄를 못마땅한 마음으로 억지로 용서하실까? 결코 그렇지 않다. 하나님의 징계와 하나님의 싫어하심을 혼동해서는 안 된다. 피조물을 지극한 사랑으로 보살피시는 창조주 하나님께서는 사랑하는 모든 자녀들을 징계하신다(잠 3:11,12). 우리 하나님은 그리스도 안에서 영적으로 하나님의 양자가 된 모든 믿는 자들의 선한 아버지이시다. 하나님께서는 분명한 가르침을 주시고 우리가 그것을 이해하는지 시험하신다. 하나님께서는 징계하실 때 언제나 사랑을 다시 확신시켜주신다.

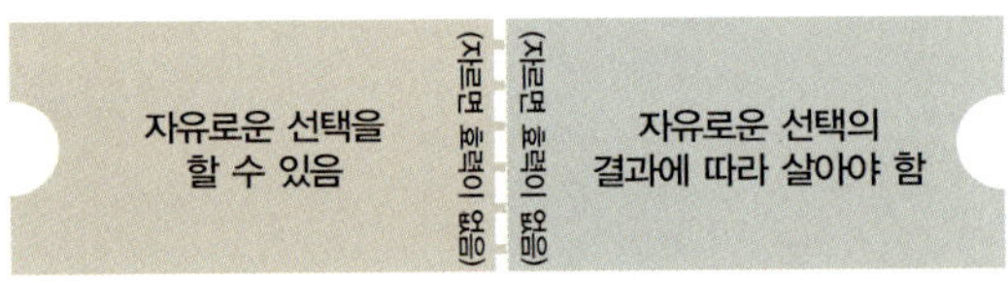

하나님께서 다윗과 밧세바를 어떻게 격려하셨는지 보라. 그들이 낳은 아기는 죽었지만, 다윗은 세상을 떠난 그 아기가 천국에 갔음을 확신했다(삼하 12:23).

다윗과 밧세바가 다음에 낳은 아이는 솔로몬이었다. 하나님께서는 그 아이를 이스라엘의 차기 왕으로 삼기로 선택하셨다. 그는 이스라엘의 어떤 왕보다도 더 지혜롭고 부유한 왕이 되었다. 또한 하나님께서는 그 아이를 사랑하셨다. 하나님은 그 아이에게 '하나님께서 사랑하시는 자'라는 뜻으로 "여디디야"라는 별명을 지어주셨다(삼하 12:24,25).

역대상은 다윗의 생애에 대한 하나님의 해설이라고도 할 수 있는데, 여기에는 다윗이 생전에 범했던 한 가지 죄에 대한 이야기가 언급되지 않는다. 그 한 가지 죄가 무엇인지 짐작할 수 있겠는가? 그렇다. 다윗이 밧세바와 저질렀던 부정한 사건은 이 신성한 기록에서 완전히 빠졌다. 인간들이 죄를 자백할 때, 하나님께서 용서하시고 기억도 하지 않으시기 때문이다.

죄를 용서받은 뒤에 묵묵히 징계를 감내한 두 자녀(다윗과 밧세바)에게 하나님께서 그보다 더 확실하게 하나님의 사랑을 확인시켜줄 수 있었을까? 여기에 정말 이율배반적인 요소(상치되는 것처럼 보이지만 동일한 비중을 지니고 있는 두 가지 진리)가 있다. 한편으로는 하나님께서 그리스도를 통해 동(東)이 서(西)에서 먼 것같이 우리의 죄과를 우리에게서 멀리 옮기시지만(시 103:12), 다른 한편으로는 세상에 분명한 가르침을 주기 위해 죄는 용서해도 징계는 감당하게 하시는 것이다(삼하 12:13,14).

2 열왕기상 현명한 충고는 마음에 새기는 것이 안전하다

생활 원리

솔로몬이 죽은 뒤 그의 아들 르호보암이 왕위를 계승했다. 르호보암이 즉위하자 왕국의 북쪽에 살던 열 지파의 대표들은 세금 삭감을 강력히 요구했다(왕상 12:1-5). 선왕(先王) 솔로몬이 이상적인 사회 건설을 위한 사회사업, 관료체제 정비, 성전과 궁전 건축, 군비 확장 등으로 세입 규모를 급격히 증대시켰기 때문이다.

르호보암은 선왕 시대에 행정부를 관장하던 지혜로운 노인들에게 조언을 구했다. 그들은 세금을 내려주면 백성들이 왕을 위해 무엇이든 할 것이라고 조언했다.

"왕이 만일 오늘날 이 백성의 종이 되어 저희를 섬기고 좋은 말로 대답하여 이르시면 저희가 영영히 왕의 종이 되리이다"(왕상 12:7).

그런데 르호보암은 자기와 함께 성장한 소년들에게도 의견을 물었다. 그들은 노인들에 비해 안목이 짧아 다음과 같이 말했다.

"백성들에게 엄하게 말하세요. 세금도 대폭 인상하고요. 누가 대장인지 처음부터 확실히 보여줘야 해요. 하나를 주면 열을 달라고 할 테니 백성들이 우습게 보지 않도록 조심하세요!"

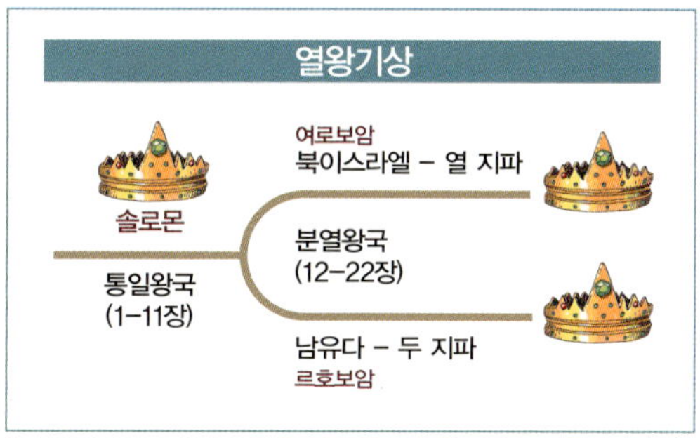

그래서 결국 어떻게 되었을까? 르호보암은 노인들의 현명한 충고를 저버렸고, 마침내 왕국은 둘로 쪼개지고 말았다. 북쪽 열 지파는 르호보암에게 세금을 바치기를 거부하여 르호보암이 보낸 강제노동 감독관을 살해했고, 여로보암을 북이스라엘의 왕으로 추대했다. 그때부터 200년 동안 북이스라엘과 남유다는 동맹자라기보다 원수에 가깝게 지냈다.

솔로몬은 교훈과 경험이라는 두 가지 방법을 통해 자기 아들에게 현명한 조언자(counselor)의 가치를 가르치려고 노력했다. 구약의 '잠언'은 솔로몬이 그 아들에게 쓴 것으로(잠 2:1), 아마 그 아들이 르호보암이었을 것이다. 성구사전을 이용하여 왕위를 연상시키는 잠언의 인용구절들을 검토해보면 그 사실을 확인할 수 있다. 아무튼 잠언의 목적은 그 책을 읽고 주의를 기울이는 모든 사람들에게 지혜를 심어주는 데 있다. 솔로몬은 "조언자가 많으면 안전하다"라는 원칙을 세 번이나 강조했는데(잠 11:14, 15:22, 24:6), 각 구절의 문맥은 그가 '현명한' 조언자에 대해 말하고 있다는 것을 분명히 나타낸다.

당신은 읽고 들은 진리를 항상 마음에 새기는가? 그렇지 않기는 예나 지금이나 마찬가지일 것이다. 그러나 하나님은 학생들의 학습을 위해 온 마음을 쏟는 좋은 교사이다. 그래서 자신의 학생들이 하늘로부터 온 편지를 통해 배우지 못하면 인생이라는 실험실에서 배우도록 이끄신다.

하나님께서는 성경의 진리를 통해서 학생들을 가르칠 뿐 아니라 학생들이 선택한 행동의 결과를 통해서도 가르치신다. 아브라함이 현명하지 못한 조언을 마음에 새겨 하갈을 통해 아들을 낳았기 때문에 오늘날 아랍과 이스라엘의 분쟁이 유발된 것이다. 아랍 민족이 이스마엘의 자손이고 유대 민족이 이삭의 자손이라는 것쯤은 이제 분명히 알고 있으리라 생각한다.

르호보암은 현명하지 못한 충고에 주의를 기울여 왕국을 둘로 쪼개놓았고 그 여파는 지금까지 계속되고 있다. 앗수르에 의해 흩어진 북쪽 이스라엘 열 지파의 자손들이 현재 세계 곳곳에 뿔뿔이 흩어져 살고 있기 때문이다.

하나님은 지혜의 원천이시다. 하나님께서는 경외하는 마음으로 구하는 자들에게 지혜의 선물을 공짜로 나누어주신다(잠 1:7, 약 1:5). 그리고 때로는 현명한 조언자들을 통하여 하나님의 뜻이 전달되기도 한다. 그러나 창조주 하나님의 메시지에는 결코 모순이 없다.

하나님은 하나님의 아들과 성경을 통해 확정적으로 권위 있게 말씀하셨다. 하나님의 지혜는 기록된 말씀과 결코 상치되지 않는다. 따라서 우리는 어떤 결정을 내릴 때 기록된 말씀을 통해 하나님의 지혜를 얻을 수 있다. 이와 관련하여 르호보암의 할아버지 다윗은 다음과 같이 말했다(19세기 영국의 설교자 스펄전과 몇몇 성경학자들은 다음 시편을 다윗이 기록한 것으로 간주했다).

"주의 증거는 나의 즐거움이요 나의 모사(조언자)니이다 … 주의 계명이 항상 나와 함께하므로 그것이 나로 원수보다 지혜롭게 하나이다 내가 주의 증거를 묵상하므로 나의 명철함이 나의 모든 스승보다 승하며 주의 법도를 지키므로 나의 명철함이 노인보다 승하니이다"(시 119:24, 98-100).

지식을 얻기 원하는가? 그렇다면 대학에 가거나 책을 읽어라. 지혜를 얻기 원하는가? 그렇다면 하나님과 하나님의 말씀을 찾으라. 인생길에서 직면하게 될 여러 가지 결정을 위한 특별한 통찰력을 얻기 원한다면 나이 많은 지혜로운 조언자(모사)에게 물으라. 단, 경건하고 영적으로 성숙하다고 인정되는 사람이어야 한다.

유대인 성경학자이며 우리 시대의 성경교사인 왈키(Bruce K. Waltke) 교수는 하나님께서 어떻게 환경과 조언자들을 사용하셔서 그를 평생의 소명으로 안내하셨는지 간증했다.

청년 시절, 그는 군목에 지원했고 선서식에 나오라는 명령을 기다리고 있었다. 그런데 전보가 도착할 날이 가까워질수록 그의 마음은 괴로웠고, 내면에서 부정적인 느낌이 증대되었다. 자기가 오로지 안정된 삶을 위해 그 길을 가려 한다는 자책감을 벗어버릴 수가 없었기 때문이다. 그러나 돌이키기엔 이미 늦은 상태였다. 계속 가자니 하늘을 거역하는 것이 되고 그만두자니 정부에 불충하는 것이 되어 어찌할 수가 없었다.

그러던 어느 날, 마침내 편지가 왔다. 금요일에 명령 전보가 도착할 것이라는 내용이었다. 그러나 금요일이 되어도 그 전보는 도착하지 않았

다. 오히려 그의 군목 지원 서류가 분실되었음을 알리는 통지서가 날아왔다. 그리고 그 통지서에는 아직도 군목에 관심이 있다면 다시 지원하라는 내용이 적혀 있었다.

이 사건이 있고 난 뒤에 지혜로운 크리스천 교사들과 지도자들이 그의 길은 목회가 아니라고 조언해주었다. 그들은 그가 연구하고 가르치는 데 탁월한 자질이 있다고 강력하게 전했다. 그래서 그는 처음부터 추구해온 목회의 꿈을 접고 학자의 길로 들어섰다. 그리고 이후에 그는 그 조언자들의 지혜가 결코 그릇된 것이 아니었음을 확실히 입증하며 지금까지 그 길을 가고 있다.

당신은 지금 어떤 결정 상황에 직면해 있는가? 하나님 말씀을 탐구하며 지혜의 원천을 구하고 있는가? 지혜로운 연장자들의 의견을 귀담아 듣고 있는가? 올바른 결정을 내리는 데 도움이 되는 환경을 조성해달라고 하나님께 구하고 있는가? 르호보암의 치명적인 실수로부터 배우라. 현명한 충고는 마음에 새기는 것이 안전하다.

3 생활 원리 열왕기하 하나님의 것은 하나님이 취하신다

인간은 자신의 느낌이나 생각에 속기 쉽다! 아무에게도 들키지 않을 것이라는 생각으로 쉽게 죄를 짓고 교도소에 간 범죄자들이 얼마나 많은가? 하나님이 불의한 세상을 심판하시는 데 그다지 열의가 없는 것처럼 보인다는 판단 아래 하나님을 하늘에 있는 순하고 너그러운 할아버지 정도로 여기는 사람들이 얼마나 많은가? 베드로와 바울은 장차 우리가 하늘의 법정에서 해명할 말들이 하늘의 완벽한 정의와 일치해야 할 것이라고 딱 잘라 말했다(벧후 3장 ; 고후 5:10,11).

인간이 하나님의 것을 강탈하여 무사히 도망칠 수 있을까? 말라기 선지자는 결단코 그럴 수 없다고 답한다(말 3:1-15). 인간의 사악함은 내세에서는 물론 이생에서도 보응을 받을까? 학개 선지자는 당연히 그렇다고 답한다(학 1:1-11). 인간이 하나님께 돌려야 할 것들을 자발적으로 드리지 않을 때, 하나님께서 거두어가실까? 열왕기하는 그렇다고 가르친다. 그러나 하나님께서는 강요가 아닌 매우 강력한 권고를 통해서 우리로 하여금 순종하도록 하신다. 하나님이 요나에게 니느웨에 가서 말씀을 전하라고 강요하셨는가? 그렇지 않다. 요나에게는 선택의 자유가 있었다. 그러나 요나가 올바른 결정을 내리기를 꺼려할 때, 하나님은 그가 올바른 대답을 얻도록 사흘 밤낮을 가두어두셨다.

열왕기하에서 이스라엘과 유다 두 왕국 백성들은 포로가 된다. 여로보암이 반역하여 통일왕국에서 탈퇴한 이후, 총 18명의 왕들이 북쪽 열 지파를 다스렸다. 여로보암은 북이스라엘 백성들이 예배를 드리기 위해 남유다의 예루살렘을 방문할 경우, 국론이 분열될 것을 우려하여 예루살렘 순례를 금지시켰다. 그리고 단과 벧엘에 우상숭배를 위한 제단을 세우는 동시에 금송아지를 주조함으로써 하나님을 배신했다. 이에 레위인들은 항의하며 북이스라엘을 떠났다.

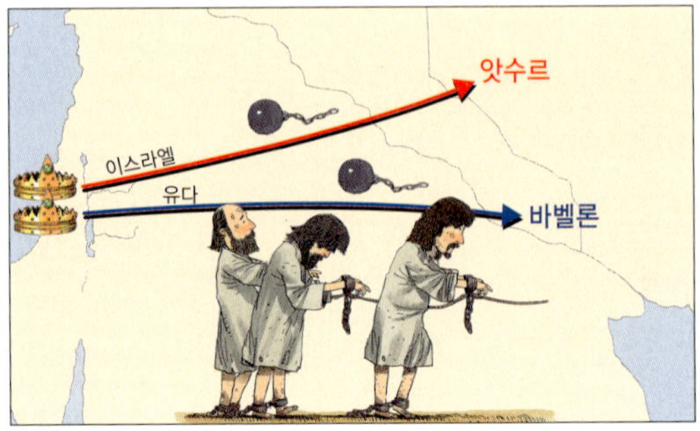

▲열왕기하

열왕기상	열왕기하
시작	끝
이스라엘의 솔로몬	바벨론의 느부갓네살
예루살렘의 영광	예루살렘의 파괴
솔로몬의 영광	피투성이가 된 시드기야의 종말
성전 건축	성전이 불에 탐
자유로운 하나의 왕국	포로가 된 두 왕국

르호보암의 잘못이 여로보암의 잘못을 정당화했는가? 여로보암은 '하나님에 대한 배신'을 무사히 잘 헤쳐 나왔는가? 두 질문의 대답은 모두 "아니다!"이다. 열왕기상 14장을 읽으면서 하나님께서 여로보암에게서 무엇을 어떻게 직접 징발하셨는지 확인해보기 바란다. 북이스라

엘 백성들이 마땅히 하나님께 돌려야 할 것들을 탈취했을 때, 하나님께서 그것들을 어떻게 거두어가셨는지 열왕기 두 권과 역대기 두 권을 읽으면서 확인해보기 바란다. 때로 하나님께서는 '황충'(말 3:11), 곧 사탄이 징수를 담당하도록 하게도 하신다.

열왕기하	
두 왕국 (1–17장)	한 왕국 (18–25장)
이스라엘이 앗수르의 포로가 됨	유다가 바벨론의 포로가 됨
열 지파가 흩어짐	두 지파가 잡혀감
7명의 선지자가 기록한 예언서: 요나서(니느웨), 아모스서(이스라엘), 호세아서(이스라엘), 오바댜서(에돔), 요엘서, 미가서, 이사야서(유다)	4명의 선지자가 기록한 예언서: 나훔서(니느웨), 스바냐서, 예레미야서, 하박국서, 예레미야애가(유다)

북이스라엘 왕국이 208년의 역사를 통해 무엇을 수확했는지 보라. 북이스라엘 백성들은 하나로 똘똘 뭉쳐 '하나님을 떠나는' 오직 한 방향으로만 나아갔다. 그들을 다스렸던 19명의 왕들에게는 한 가지 공통점이 있었는데, 그것은 그들이 하나님 보시기에 모두 악했다는 것이다. 부자간의 왕위 계승은 아홉 차례나 깨졌고, 왕위가 공석(空席)으로 있었던 것이 두 차례 총 20년에 달했다. 19명의 왕 가운데 7명만이 자연사(自然死)했고, 한 명은 하나님께서 쳐서 죽었고, 두 명은 전투에서 전사했고, 한 명은 자살했고, 한 명은 2층에서 떨어져 죽었고, 여섯 명은 살해당했고, 한 명은 포로로 잡혀가 죽었다. 19명의 왕 가운데 12명만이 12년가량을 다스렸고, 한 명은 6개월, 한 명은 1개월, 어떤 왕은 단 일주일간 통치하기도 했다. 19명 가운데 10명이 큰 전쟁에 연루되었다. 과연 그들이 하나님께 드려야 할 시간과 보화와 재능을 하나님으로부터 성공적으로 획득한 것일까? 그들에 대한 기록이 그들을 명백히 평가하고 있다는 점을 놓치지 말라.

하나님을 배신한 북이스라엘은 앗수르의 침공으로 결국 패망하고 말았다(왕하 17장). 니느웨에 본거지를 둔 앗수르는 고대 근동에서 가장 잔인한 약탈 민족 중 하나였다. 그들은 포로들의 손과 발과 코를 잘라냈고 해골을 쌓아 큰 둔덕을 만들기도 했다. 이스라엘 백성들은 동포가 말뚝에 묶이거나 산 채로 살갗이 벗겨져 죽어가는 것을 보며 앗수르를 두려워하게 되었고, 그들의 명령에 무조건 복종해야 한다는 것을 느꼈다. 북이스라엘 백성들은 실로 값비싼 죄의 대가를 치러야 했다.

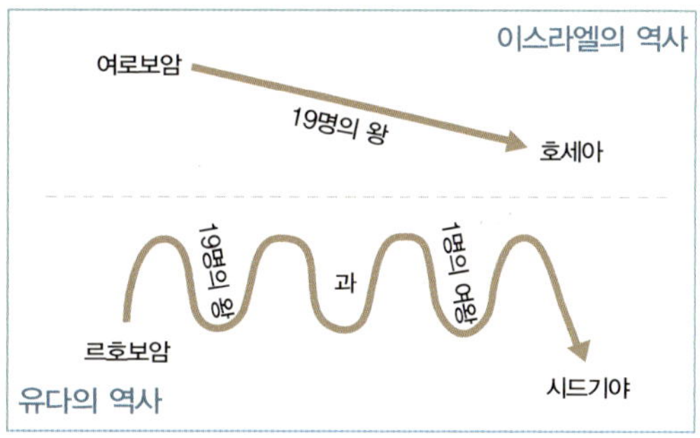

왕국분열 이후 남유다는 다윗의 가계에서 나온 20명의 왕들이 통치하면서 비교적 안정된 세월을 보냈지만, 그들 가운데 8명만이 하나님께 선하다는 평가를 받았다. 열왕기와 역대기를 읽으면서 각각의 왕들의 치세 동안에 하나님의 징벌과 보상이 어떤 비율로 배분되어 있는지 살펴보기 바란다. 결국 바벨론의 공격으로 예루살렘 성은 함락되고 백성들은 포로로 잡혀갔다.

하나님께서는 두 왕국에 '충분히' 경고하셨다. 분열왕국 기간 동안 두 왕국의 백성들에게 하나님의 메시지를 전한 선지자들이 무려 30명에 달했기 때문이다. 이 선지자들 가운데 예언서를 기록하지 않은 이들의 명단을 제시했으니 참조하라(이 표에 나오는 '오바댜'와 '스가랴'는 성경을 기록한 두 선지자와 동명이인이다). 선지자들은 회개하면 용서하신다는 하나님의 메시지를 계속 외치는 한편, 회개하지 않았을 때 맞게 될 정반대의 결과에 대해서도 상세히 설명했다.

예언서를 기록하지 않은 18명의 선지자들

이스라엘에서 사역한 선지자들	유다에서 사역한 선지자들
아히야	스마야
예후	잇도
엘리야	오벳
미가야	아사리아
엘리사	하나니
오벳	예후
잇도	엘리에셀
오바댜	스가랴
	훌다
	우리야

그런데 왜 하나님께서는 유다 백성들이 바벨론에서 포로로 지내야 할 햇수로 '70'을 택하신 것일까? 단지 예레미야의 예언(렘 25:11,12 ; 29:10)을 이루시기 위한 것이었을까? 아니면 남유다 백성들이 어떤 죄를 범했기 때문에 그 죄가 70년의 형벌을 불러온 것일까?

그 대답은 우리에게 그다지 친숙하지 않은 성경의 한 부분에서 찾을 수 있다. 역대하 36장 20절과 21절의 요점은 이렇다. 이 땅이 황무해져서 70년 동안 누리지 못한 안식을 다 찾아 누리게 되었다는 말이다. 이것이 무엇을 의미하는가? 하나님의 백성들이 약속의 땅에서 820년이 넘도록 도둑질한 '안식'의 가치를 하나님께서 모두 따져서 그들의 형벌 기간을 70년으로 정하셨다는 뜻이다!

그들은 땅과 사람들을 7일마다 하루씩(안식일), 7년마다 한 해씩(안식년), 50년마다 한 해씩(희년) 쉬게 해야 했지만(레 23-26장), 대대손손 그것을 지키지 않았다. 아마 그들은 하나님의 명을 어겨도 별 탈 없이 지낼 수 있으리라고 생각한 모양이다.

이런 속임의 순환 사슬을 처음 시작했던 사람이 분명히 있을 것이다. 나는 그 사람이 과연 무슨 생각으로 그런 짓을 했을지 무척 궁금하다. 그 사람은 자신이 돌연 벼락에 맞아 죽을지도 모른다는 생각을 했을까? 모세 시대에는 안식일을 범한 사람이 돌에 맞아 죽었다는 것(민 15:32-36)을 기억했을까?

초등학교 시절, 나는 완전범죄를 꿈꾼 적이 있다. 우리는 오고 가는 데만 하루 종일 걸리는 곳으로 소풍을 떠났고, 그렇기 때문에 내가 친구들과 어울려 자전거를 타고 출입이 금지된 웅덩이에서 수영을 하고 왔다는 사실을 아무도 알 리 없었다. 혹시라도 들키면 어쩌나 불안하여 재미있게 놀지는 못했지만 집에 돌아와 보니 부모님이 아직 돌아오시지 않아 안도의 숨을 내쉴 수 있었다. 그러나 한 가지 문제가 있었다. 내 엉덩이에 빨갛게 회초리 자국이 생긴 후에야 비로소 알게 된 사실이지만, 큰형은 줄곧 나를 감시하고 있었다.

유대 민족은 하나님께서 명하신 '안식'을 전

국적으로 범하기 시작했다. 하늘이 침묵하는 것처럼 느껴졌을 때, 그들의 걱정과 불안감은 사라졌다. 그러나 그들은 오늘날 기독교 신앙을 조롱하는 이들과 마찬가지로 하나님의 오래 참으심과 묵인(默認)을 혼동하는 오류를 범하고 말았다(벧후 3:9).

하나님이 그들을 참아주신 까닭은 단 한 사람이라도 멸망하지 않고 회개하기를 바라셨기 때문이다. 선하신 하나님께서 선지자들과 환경을 통해 그들을 오랫동안 책망하신 것은 그들을 회개의 자리로 이끌기 위해서였다(롬 2:4).

하나님께서는 유대 민족의 빚을 정확히 계수해 오셨다. 그러다가 하나님께 바쳐야 할 '안식'을 착복한 그들의 빚이 축적되어 70년의 세월로 갚아야 할 상태에 이르렀을 때 직접 거두신 것이다.

당신은 매우 중대한 잘못을 저지르고도 큰 벌을 받지 않고 무사히 넘어갔다는 생각에 자족해하며 아무 일도 없었던 것처럼 뻔뻔스러운 얼굴로 다닌 적은 없는가? 그 일에 대해 정말 아무도 모른다고 생각한 적은 없는가? 그렇다면 하나님께서 모든 것을 보시고 또 모든 것을 기록하신다는 사실을 열왕기하의 교훈을 통하여 깨닫기 바란다.

하나님의 '묵인'이라고 느껴지는 잠깐의 기간 동안, 하나님은 당신에게 회개할 기회를 주고자 인내하신다는 사실을 잊지 말라. 그러나 하나님의 오래 참으심에도 한계가 있다. 장차 하나님께서는 자신에게 돌려야 할 것들을 직접 거두실 것이다.

4 생활 원리 바벨론 포로 하나님을 섬기는 데에는 고난이 수반된다

사탄은 우리의 모든 고난이 우리의 죄로부터 비롯된 것이라고 믿게 만들어 하나님께 대한 잘못된 생각을 품게 한다. 물론 근본적인 의미에서 인간의 모든 고난은 에덴에서의 원죄에서 유래한다. 그리고 장차 새 하늘과 새 땅에서 죄가 영원히 추방되고 나면 고난도 없어질 것이다. 그러나 우리의 모든 고난이 우리 각자의 죄에서 기인한다는 것은 사실이 아니다. 예수께서 이 문제를 오해하고 있던 제자들의 오류를 어떻게 바로잡아주셨는지 주목해보라(요 9:1-3).

욥의 세 친구를 기억하는가? 그들은 욥을 위로하러 왔지만, 가증스러운 죄를 회개해야 한다고 충고함으로써 오히려 고통만 가중시켰다. 하나님께서는 욥의 그 딱한 친구들의 잘못도 바로잡아주셨다(욥 42장). 하나님을 신실하게 섬기는 사람들도 본인의 죄와 직접적인 관련이 없는 고통을 종종 당할 수 있다.

하나님께서는 바벨론 포로 기간 동안 자기 백성들을 신실하게 격려하셨다. 그리고 이 징계의 기간 동안 당신의 사랑을 다시금 확인시키셨다.

성경에서 가장 힘을 북돋워주는 말씀을 묵상하고 싶다면, 문맥의 흐름을 생각하며 스바냐서 3장 17절을 암송해보기 바란다. 느부갓네살이 예루살렘을 정복하기 전, 예루살렘에서 마지막으로 사역한 선지자 중 한 사람이 스바냐 선지자라는 것을 기억하라. 이런 관점에서 스바냐 선지자의 예언을 묵상해보라. 그리고 하나님께서 그 자녀들을 얼마나 지극히 사랑하시는지(심지어 징계하시는 중에라도) 확인해보기 바란다.

70년의 바벨론 포로 기간에는 3명의 선지자들이 활동했다. 그중에 예레미야는 유다 땅에 남아 예루살렘의 파괴를 목격했고, 소수의 남은 백성들을 위해 사역하다가 그들과 함께 애굽으로 도망쳤다. 하나님께서는 바벨론에 포로로 잡혀간 자기 백성들 가운데 그리고 바벨론 궁정 가운데 하나님의 증인을 보내셨다. 바벨론 왕실을 대상으로 사역했던 사람이 누구인지 기억나는가? 바벨론 왕이 주는 부정한 음식으로 자기 몸을 더럽히지 않겠다고 마음에 뜻을 정했던 사람을 기억하는가? 맞다. 백성들과 함께 포로로 잡혀갔던 다니엘 선지자이다!

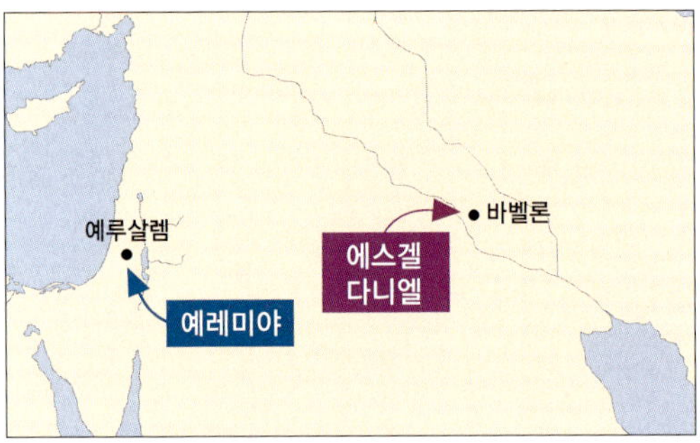

▲바벨론 포로기의 3명의 선지자들

그러면 다니엘보다 몇 년 뒤에 포로로 잡혀가 유대인 일반 서민들과 함께 바벨론의 그발강 가에 앉았던 또 다른 선지자, 바퀴들 안에 있는 바퀴들의 환상을 보고 부름을 받았던 선지자, 나중에 계곡의 마른 뼈들이 생기를 얻는 환상을 보았던 선지자가 누구인지 기억나는가? 그렇다. 에스겔 선지자이다!

한 사람은 바벨론 왕족을 위해 사역했고 다른 사람은 유대인 포로들을 위해 사역했지만, 하나님을 신실하게 섬기다가 엄청난 고난을 당했다는 점에서 두 선지자는 비슷하다. 다니엘은 사자굴에서 기적적으로 구출된 것으로 가장 유명하지만 바벨론이 예루살렘을 포위하여 정복하는 것을 겪어야 했고, 무려 1,500킬로미터나 떨어진 곳에 포로로 끌려갔다. 또한 일단의 지혜로운 사람들과 함께 얼마간 사형 판결 아래 놓였고, 감당하기 어려운 환상을 본 뒤에는 몇 주 동안을 슬픔으로 보내야 했다.

에스겔 선지자는 달갑지 않은 메시지를 전한다는 이유로 같은 민족에게 모진 핍박을 받았다. 그는 430일 동안 한쪽으로만 누워 있었으며(겔 4:1-15), 머리털과 수염을 모두 깎아야 했고, 아내가 죽었을 때도 슬퍼할 수 없었다.

이 두 명의 신실한 종들은 선을 행함으로 고난받는 것을 사명의 일부로 여겼다. 베드로는 고난에 관한 장(章)에서 주 예수께서 본을 보이셨으므로 그분의 자취를 따르는 것이 마땅하다고 말했다(벧전 2:21). 그리고 바울은 이를 더욱 명확하게 표현하여 그리스도와 함께 영광을 받기 위하여 고난도 함께 받아야 할 것이라고 단언했다(롬 8:17).

우리는 욥의 경우와 날 때부터 소경된 사람의 경우를 통해 '어떤' 고난의 이유는 하나님의 영광을 위한 것임을 알 수 있다. 피조물을 향한 하나님의 선하신 뜻 가운데 피조물의 고난을 통해서만 이루어질 수 있는 것이 있다. 우리의 생각으로 그 모든 것을 다 파악할 수 없다고 해서 영원한 주권자이신 하나님의 성품이나 동기를 의심해서는 안 된다.

물론 우리가 '선행으로 인한 고난'을 구한다고 하나님께서 주시는 것은 결코 아니다. 그러나 우리가 신실하게 하나님을 섬길 때, 하나님께서 그 섬김의 일부로 고난(우리가 어떻게 할 수 없는)을 허락하신다면 기꺼이 받을 만한 가치가 있지 않겠는가? 예수님의 대답을 읽어보라(마 5:11,12). 또한 바울의 대답을 읽어보라(롬 8:18 ; 고후 12:1-10). 그리고 장차 영광 가운데 에스겔과 다니엘을 만나게 되면 그들에게 물어보라. 나는 그들이 무엇이라 대답할지 잘 알고 있다.

5 생활 원리 에스라 · 느헤미야서 육적 활동과 영적 활동이 균형을 이루어야 한다

하나님께서는 하나님의 땅에 마땅히 돌아가야 했던 70년의 안식을 허락하신 후, 포로로 잡혀갔던 유대 민족을 3차에 걸쳐 귀환시키셨다. 그 가운데 두 차례의 귀환이 에스라서에 기록되어 있다.

에스라서	
육신적인 일 (1-6장)	영적인 일 (7-10장)
스룹바벨	에스라
BC 536-516년	BC 516년
학개, 스가랴	×
성전	부흥

하나님은 유대 민족 일부를 이끌고 1차로 귀환한 스룹바벨을 세워 바벨론의 느부갓네살이 산산이 파괴했던 성전을 보수하게 하셨다. 그로부터 78년 후에 에스라는 2차로 귀환하여 영적으로 목말라 있던 백성들을 소생시켰다.

이 책의 제목은 에스라의 이름을 땄지만, 1장부터 6장까지는 스룹바벨이 주인공이고 에스라는 7장이 되어서야 등장한다. 에스라가 돌아오고 나서 14년 뒤, 느헤미야가 세 번째로 백성들을 이끌고 귀환하여 예루살렘 성벽을 재건했다. 느헤미야의 시대에도 에스라는 백성들을 영적으로 각성시키는 의무를 수행했다.

느헤미야서	
육신적인 일 (1-6장)	영적인 일 (7-13장)
느헤미야	에스라
BC 444년(52일)	BC 444-430년
×	말라기
성벽	부흥

그런데 여기서 흥미로운 점은 에스라서의 성전 재건에 관한 기록과 느헤미야서의 성벽 재건에 관한 기록이 둘 다 비슷하게, 먼저는 육적 활동을 강조하고 나중에 영적 활동을 강조한다는 사실이다. 에스라서는 두 차례의 귀환에 대해 기록하는 반면, 느헤미야서는 두 가지의 건축에 대해 기록한다. 에스라서 1장부터 6장까지는 성전 재건에 관해 기록하고, 느헤미야서 1장부터 6장까지는 성벽 재건축에 관해 기록한다. 에스라서 7장부터 10장까지는 백성들의 부흥을 기록하고, 느헤미야서 7장부터 13장까지는 백성들의 영적 재건축에 대해 기록한다.

나는 이 두 권의 쌍둥이 책에서 '균형 잡힌 그리스도인의 생활 원리'를 발견했다. 그것은 바로 육적 활동과 영적 활동의 균형이다. 건강한 삶을 위해 육체적인 활동이 필요한 것처럼 하나님을 향한 사랑을 더욱 가꾸고 믿음 안에서 성장하기 위해 영적인 활동이 필요한 것이다. 지난 한 주간을 돌이켜보라. 당신은 분명 생존에 필요하거나 혹은 그렇지 않은 육체적인 활동을 최소한 몇 가지 이상 했을 것이다.

그렇다면 당신은 지난 한 주 168시간 중에서 영적인 삶을 발전시키는 데 몇 시간이나 할애했는가? 하나님의 말씀을 통해 하나님과 동행한 시간을 묻는 것이다. 신체적으로 가장 쌩쌩한 시간에 하나님의 말씀을 묵상했는가? 지난 한 주 동안 아버지의 말씀을 얼마나 공부했고 얼마나 적용했고 암송했는가? 기도가 당신 삶의 일부가 되었는가? 그렇다면 단순히 무엇을 달라고 간청하는 수준을 넘어서 전능하신 하나님을 찬양하고 경배하는 데까지 이르렀는가? 목마른 이웃들에게 냉수를 몇 잔이나 건넸는가? 소득을 얻자마자(월급을 받자마자) 하나님의 것을 구별하여 드렸는가?

'그리스도인의 섬김'이라는 차원에서 당신은 예배당 건물을 유지하는 데 관심을 갖는가, 아니면 그 안에서 만나는 사람들을 돌보는 일에 관심을 쏟는가? 프로그램과 행사에 더 많은 비중을 두는가, 아니면 기도와 사람들에게 더 많은 비중을 두는가? 에스라와 느헤미야는 어느 것 하나가 다른 것보다 더 중요한 게 아니라 두 가지가 절묘한 균형을 이루어야 한다고 가르친다. 우리는 균형 잡힌 신앙을 갖지 못하고 한쪽으로 치우칠 위험 가운데 노출되어 있다.

우리가 영적 성장에 삶의 최우선 순위를 두지 않으면, 자동적으로 육적인 면이 영적인 면보다 우위를 차지할 것이다. 그리고 우리의 일상은 그때그때의 긴급 사항들로 무자비하게 파괴될 것이며 분망함 속에서 폐허가 되고 말 것이다.

한때 나는 목회생활에 눌려 영적으로 규칙적인 생활을 하지 못했다. 그러던 어느 날, 빌 가서드(Bill Gothard, 미국의 복음주의 강연가이자 저술가)의 세미나에 참석해 육적 활동과 영적 활동의 균형을 유지하는 해결책을 발견했다. 그는 하루에 적어도 5분 이상 성경을 읽겠다고 서원하라고 제안했다. 처음에는 그까짓 5분이 무슨 도움이 될지 미심쩍었지만, 실천해보니 타성을 극복하기가 정말 힘들다는 것을 깨달았다.

사탄은 우리를 분주하게 만들어 성경으로부터 멀리 떼어놓기 위해 자신의 최고 기술을 구사한다. 우리보다 말씀의 능력을 더 잘 알고 있기 때문이다(약 2:19). 믿는 사람들이 기도하지 않고 일주일을 보내면 영적으로 무척 쇠약해진다.

아무튼 일단 서원을 하자 그것이 나를 강력하게 몰아붙여서 그로부터 12년 동안 나는 하루도 빼놓지 않고 경건의 시간을 가졌다. 물론 어떤 날에는 하나님께 약속한 대로 딱 5분만 말씀을 묵상하기도 했지만 어긴 날은 하루도 없다. 서원은 결코 가볍게 할 것이 아니다. 서원을 하기 전에 먼저 전도서 5장을 묵상하기 바란다.

그런데 하나님은 우리가 하나님께 그런 서원을 했다는 것을 날마다 일깨워주신다. 가끔 피곤에 지쳐 서원한 것을 잊고 잠에 빠지려고 할 때면, 내 머릿속에서 "서원했잖아! 서원했잖아! 서원했잖아!" 하는 소리가 마치 북을 치는 것처럼 둥둥 울리기 때문이다. 철면피 고집쟁이 자녀가 아니라면 그렇게 강력하게 일깨워주시는 아버지의 음성을 외면한 채 잠들지는 못할 것이다. 서원은 타성을 압도하는 힘이 있다. 심지어 아침에 벌떡 일어나게 하는 힘이 있다.

지금까지 우리는 구약의 열두 시대를 통해 12가지 생활 원리를 살펴봤다(에스라서와 느헤미야서를 통해 배울 수 있는 생활 원리가 공통이다). 당신이 이 생활 원리를 현실에 적용해야 할 지침이 아니라 학구적인 명제로만 받아들이거나 혹은 이 모든 원칙들을 이행해야 한다는 부담에 지레 위축될까봐 염려된다. 그러나 모든 것을 한 번에 다 할 수 없다는 것이, 오늘 하나도 할 수 없다는 것을 의미하는 것은 아니다. 나는 한 번에 모든 것을 다 할 수 없다고 해서, 오늘 할 수 있는 것까지 하지 않는 미련한 짓은 하지 않을 것이다.

이 책 6장과 7장 도입부에 제시했던 '구약성경의 생활 원리' 도표를 다시 한 번 살펴보고 한 가지 원칙을 택하라. 그리고 생활에 적용하는 데 도움이 될 만한 구체적인 행동 지침 몇 가지를 놓고 기도한 다음 그 원칙을 적어보기 바란다.

메시아가 올 것이다!
BIBLE PANORAMA

PART 3

신구약 중간기 파노라마

하나님은 구약 시대뿐 아니라 구약과 신약의 중간기에도 예수님의 오심을 예비하셨다. 하나님께서는 이 세상이 하나님의 아들 예수 그리스도의 '입장' 을 맞이하도록 준비시키기 위해 4천 년 이상의 역사를 투자하셨다. 특히 '침묵기' 라 불리는 말라기서에서 마태복음까지의 400년이라는 기간은 하나님의 활동으로 가득 차 있다.

침묵에도 뜻이 있다 | 신구약과 그 중간기

08

CHAPTER

침묵에도 뜻이 있다

신구약과 그 중간기

Two Testaments and Between

성경을 개괄하는 또 하나의 방법은 신약과 구약을 비교하는 것이다. 사도 바울은 "모든 성경은 하나님의 감동으로 된 것으로 교훈과 책망과 바르게 함과 의로 교육하기에 유익하니"(딤후 3:16)라고 분명히 말했다. 그러나 신약과 구약이 강조하는 점은 서로 다르다. 신약의 많은 구절들을 통해 이런 차이점을 명확하게 알 수 있다.

1 신구약 비교 하나님과 함께 인간 가운데

"태초에 말씀이 계시니라 이 말씀이 하나님과 함께 계셨으니 이 말씀은 곧 하나님이시니라 그가 태초에 하나님과 함께 계셨고 … 말씀이 육신이 되어 우리 가운데 거하시매 우리가 그 영광을 보니 아버지의 독생자의 영광이요 은혜와 진리가 충만하더라"(요 1:1,2,14).

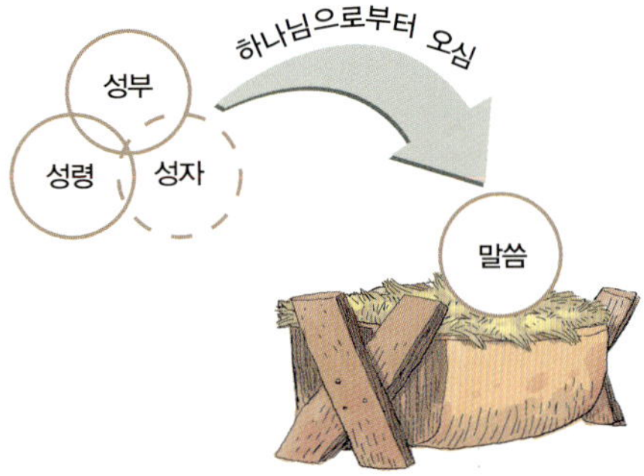

예수님은 구약에서 어디에 계셨을까? 예수께서는 모든 시대에 다양한 형상으로 나타나셨지만, 성육신(成肉身)하여 세상에 오시기 전에는 통상 하늘에 계신 아버지와 함께 계셨다. 예수님은 영원 전부터 언제나 하나님과 하나이셨다. 그러나 가장 놀라운 이적이 신약에서 일어났다. 살아계신 '말씀'인 하나님께서 육신이 되어 사람들 가운데 거하신 것이다. 구약이 성부(聖父) 하나님의 성품과 사역을 강조하는 반면, 신약이 성자(聖子) 하나님의 성품과 사역을 강조하는 것이다.

2 율법과 은혜
신구약 비교

"우리가 다 그의 충만한 데서 받으니 은혜 위에 은혜러라 율법은 모세로 말미암아 주신 것이요 은혜와 진리는 예수 그리스도로 말미암아 온 것이라"(요 1:16,17).

하나님께서는 구약에서 모세와 천사들을 통해 전달된(갈 3:19) 하나님의 율법을 강조하셨지만, 신약에서는 하나님의 아들 예수 그리스도 안에서 완전하고도 온전하게 나타난 하나님의 진리와 은혜를 강조하셨다. 그러나 이것이 율법 시대에는 하나님의 은혜가 없었다는 것을 의미하는 것은 아니다. 하나님께서는 구약 시대에 율법을 범한 자(개인이나 집단이나 민족이나)에게 미리 경고하지 않고(회개를 조건으로 하는 용서를 제안하지 않고서) 심판하신 적이 단 한 차례도 없는데, 이것이 이를 입증한다. 또한 앞서 제시한 요한복음의 구절이 은혜의 시대에는 율법이 없다는 것을 의미하는 것도 아니다. 왜냐하면 신약에 1,051개의 명령이 있기 때문이다.

3 만나와 생명의 떡
신구약 비교

예수께서는 "너희 조상들은 광야에서 만나를

구약과 신약의 관계

구약	딤후 3:16,17	신약
말씀이 하나님과 함께 계심	요 1:1,2,14	말씀이 육신이 됨
모세에 의한 율법	요 1:16,17	그리스도에 의한 은혜와 진리
만나와 죽음	요 6:49-51	생명의 떡
돌판 위에 쓴 하나님의 말씀	고후 3:1-3	마음판에 새긴 하나님의 말씀
일시적이며 사라질 영광	고후 3:7,8,18	더욱 커지는 영원한 영광
하나님의 종으로서의 믿는 자들	갈 4:4-6	하나님의 자녀로서의 믿는 자들
하나님께서 선지자들을 통해 말씀하심	히 1:1-4	하나님께서 그 아들을 통해 말씀하심
수많은 일시적 대제사장들	히 7:23-28	한 분뿐인 영원하신 대제사장
수없이 반복된 희생제사	히 9:25-28	단 한 번의 영원한 희생제사
홍수로 멸망함	벧후 3:5-13	불로 멸망함

먹었어도 죽었거니와 … 나는 하늘로서 내려온 산 떡이니 사람이 이 떡을 먹으면 영생하리라 나의 줄 떡은 곧 세상의 생명을 위한 내 살이로라"(요 6:49,51)라고 말씀하셨다. 하나님은 구약의 백성들에게 하늘로부터 만나를 내려주셨다. 그러나 그들은 하늘에서 내려온 떡을 먹고도 죽음을 피할 수 없었다. 하지만 예수님은 하늘로부터 내려온 살아 있는 떡이다. 그러므로 이 떡을 먹는 이들은 그분으로 말미암아 영원토록 살 것이다. 만나는 광야에서 매주 6일 동안 일어났던 이적이지만 땅에서 먹을 양식에 지나지 않았다. 그러나 오늘날 우리는 우리의 영적 생명을 유지시켜 주시는 하나님의 영원한 양식을 먹는 특권을 누리고 있다.

4 신구약 비교 돌 비석과 마음의 비석

바울 사도는 "너희가 우리의 편지라 우리 마음에 썼고 뭇사람이 알고 읽는 바라 너희는 우리로 말미암아 나타난 그리스도의 편지니 이는 먹으로 쓴 것이 아니요 오직 살아 계신 하나님의 영으로 한 것이며 또 돌비에 쓴 것이 아니요 오직 육의 심비에 한 것이라"(고후 3:2,3)라고 기록했다. 하나님은 구약에서 말씀을 돌판에 새기셨지만, 지금은 우리의 마음판에 새겨주신다. 그리스도를 믿는 성도들은 하나님의 영(靈)이 세상에 보낸 살아 있는 편지이다. 세상 사람들은 이 편지를 읽고(우리의 행실을 보고) 하나님의 뜻을 깨닫는다.

5 신구약 비교 일시적 영광과 영원한 영광

바울은 "정죄의 직분도 영광이 있은즉 의(義)의 직분은 영광이 더욱 넘치리라 … 우리는 모세가 이스라엘 자손들로 장차 없어질 것의 결국을 주목치 못하게 하려고 수건을 그 얼굴에 쓴 것같이 아니하노라 … 우리가 다 수건을 벗은 얼굴로 거울을 보는 것같이 주의 영광을 보매 저와 같은 형상으로 화하여 영광으로 영광에 이르니 곧 주의 영으로 말미암음이니라"(고후 3:9,13,18)라고 말했다.

모세는 옛 직분의 영광을 담당했는데, 그것은 일시적인 것으로서 금세 사라질 것이었다. 그러

나 그리스도 안에 있는 우리는 크고 영원한 영광의 일부가 된다. 우리가 하나님 말씀의 거울을 열심히 들여다볼 때, 성령께서 우리를 한 단계 더 높은 영광에 이르게 하시며 마침내 하나님 앞에서 온전히 영광을 받는 데 이르게 하신다. 옛 언약은 완벽한 의의 기준으로 죽음과 정죄를 강조했다. 그러나 그리스도 안에 있는 새 언약은 그리스도의 보혈의 공로를 의지하여 하나님의 자녀들에게 생명과 '의롭다 하심'을 안겨준다.

6 신구약 비교 종이냐 자녀이냐

"때가 차매 하나님이 그 아들을 보내사 여자에게서 나게 하시고 율법 아래 나게 하신 것은 율법 아래 있는 자들을 속량하시고 우리로 아들의 명분을 얻게 하려 하심이라 너희가 아들인고로 하나님이 그 아들의 영을 우리 마음 가운데 보내사 아바 아버지라 부르게 하셨느니라 그러므로 네가 이 후로는 종이 아니요 아들이니 아들이면 하나님으로 말미암아 유업을 이을 자니라" (갈 4:4-7).

구약 시대 하나님의 백성들은 하나님의 종이었지만, 우리는 그리스도 안에서 양자가 됨으로 말미암아 하나님의 자녀가 되었다.

7 신구약 비교 여러 말씀들과 한 말씀

"옛적에 선지자들로 여러 부분과 여러 모양으로 우리 조상들에게 말씀하신 하나님이 이 모든 날 마지막에 아들로 우리에게 말씀하셨으니 이 아들을 만유의 후사로 세우시고 또 저로 말미암아 모든 세계를 지으셨느니라 이는 하나님의 영광의 광채시요 그 본체의 형상이시라 그의 능력의 말씀으로 만물을 붙드시며 죄를 정결케 하는 일을 하시고 높은 곳에 계신 위엄의 우편에 앉으셨느니라"(히 1:1-3).

구약 시대에 하나님께서는 꿈이나 환상, 음성을 들려주심, 우림과 둠밈(출 28:30, 대제사장이 판결 흉패 안에 넣어 보관하고 있다가 하나님의 뜻을 물을 때 쓰던 거룩한 도구), 직접 나타나심 등의 다양한 수단을 통해 여러 선지자들과 지도자들에게 말씀하셨다.

구약 시대에는 16명의 선지자들이 사역하며 17권의 성경을 기록했다(예레미야 선지자가 두 권을 썼다). 이들 외에도 선지자 직분을 담당했던 이들이 최소한 20명이 넘었다. 그들 가운데 엘리야 선지자는 하나님의 메시지를 기록했지만, 아쉽게도 그 내용은 우리에게 전해지지 않고 있다.

그러나 지금 이 시대에 하나님께서는 만유의 후사요, 세상 죄를 속하기 위해 희생하신 예수 그리스도 안에서 완벽하고도 확정적으로 우리에게 말씀하신다. 예수님은 단지 우리에게 말씀을 가져다주기 위해 이 땅에 오셨던 것이 아니다. 예수님 자신이 바로 하나님의 말씀이시다. 예수님은 우리에게 하나님을 완벽하게 나타내 보이셨다. 예수님 바로 그분이 곧 하나님이시기 때문이다.

8 제사장들과 대제사장

신구약 비교

"예수는 영원히 계시므로 그 제사 직분도 갈리지 아니하나니 그러므로 자기를 힘입어 하나님께 나아가는 자들을 온전히 구원하실 수 있으니 이는 그가 항상 살아서 저희를 위하여 간구하심이니라 이러한 대제사장은 우리에게 합당하니 거룩하고 악이 없고 더러움이 없고 죄인에게서 떠나 계시고 하늘보다 높이 되신 자라 저가 저 대제사장들이 먼저 자기 죄를 위하고 다음에 백성의 죄를 위하여 날마다 제사 드리는 것과 같이 할 필요가 없으니 이는 저가 단번에 자기를 드려 이루셨음이니라"(히 7:24-27).

율법 시대에는 많은 이들이 대제사장의 직분을 담당했지만 결국 다 죽고 말았다. 그러나 오늘날 우리에게는 결단코 변하지 않으면서 제사장의 직분을 수행하는 영원하신 대제사장이 한 분 계신다. 그분은 죄가 없으므로 자신을 위해 속죄할 필요가 없었고, 세상 모든 죄를 위한 유일한 희생제물이 되실 수 있었다.

9 덮는 것과 씻는 것

신구약 비교

"그리스도께서는 참 것의 그림자인 손으로 만든 성소에 들어가지 아니하시고 오직 참 하늘에 들어가사 이제 우리를 위하여 하나님 앞에 나타나시고 대제사장이 해마다 다른 것의 피로써 성소에 들어가는 것같이 자주 자기를 드리려고 아니하실지니 … 이와 같이 그리스도도 많은 사람의 죄를 담당하시려고 단번에 드리신바 되셨고 구원에 이르게 하기 위하여 죄와 상관없이 자기를 바라는 자들에게 두 번째 나타나시리라 … 이는 황소와 염소의 피가 능히 죄를 없이 하지 못함이라"(히 9:24,25,28 ; 10:4).

옛 언약 아래서 이루어진 동물의 희생제사로는 죄를 씻지 못했다. 단지 그리스도께서 오실 때까지 임시로 덮어둘 뿐이었다. '속죄'라는 말의 히브리어에는 "덮다"라는 의미가 포함되어 있다. 놋쇠 제단에 바쳐진 황소와 염소의 피는 장차 오셔서 세상 모든 죄를 담당하실 어린양의 그림자에 불과했다. 또한 구약의 동물제사는 우리의 채무증서와도 같았다(골 2:14). 그러나 하나님은 그것들을 모두 모아 그리스도의 십자가에 함께 못 박아 없애버리셨다. 그리스도께서는 자신을 제물로 바치심으로써 세상의 모든 죄를 단번에 영원히 씻기셨다.

10 홍수인가 불인가

신구약 비교

"이로 말미암아 그때 세상은 물의 넘침으로 멸망하였으되 이제 하늘과 땅은 그 동일한 말씀으로 불사르기 위하여 간수하신바 되어 경건치 아니한 사람들의 심판과 멸망의 날까지 보존하여 두신 것이니라"(벧후 3:6,7).

하나님께서는 노아 시대에 세상을 홍수로 멸망시키셨지만 무지개를 보여주심으로써 다시는 그런 홍수를 보내지 않겠다고 약속하셨다(창 9:15). 그러나 베드로는 회개하지 않은 죄인들과 말씀을 비웃는 자들이 하나님의 진노를 피하지 못할 것이라고 단언하면서, 다음번에는 하나님께서 불로 세상을 심판하실 것이라고 경고했다.

11 그 밖에 대비되는 것들

신구약 비교

구약과 신약에는 대비되는 것들이 매우 많다. 구약이 성부 하나님으로부터 출발하는 반면, 신약은 성자 하나님으로부터 출발한다. 구약이 저주로 끝나는 반면, 신약은 축복으로 끝난다. 구약

구약	신약
성부에게서 시작됨	성자에게서 시작됨
저주로 끝남	축복으로 끝남
시내산	갈보리 언덕
이스라엘에 초점	세계에 초점
첫 사람 아담	마지막 아담 그리스도
3천 명이 죽임 당함	3천 명이 구원 받음
이스라엘	교회

에서 주목해야 할 산은 시내산이지만, 신약에서 주목해야 할 산은 갈보리 언덕이다. 구약은 전 세계로부터 시작되어 이스라엘 한 민족에게 초점을 맞추는 것으로 끝나지만, 신약은 이스라엘 한 민족으로부터 시작되어 전 세계로 퍼지는 것으로 끝이 난다.

신구약 모두 죄 없이 태어난 인간(아담과 그리스도)으로 시작된다. 그런데 구약의 아담이 죄를 짓고 죽은 반면, 마지막 아담인 신약의 그리스도는 죄를 대속(代贖)하기 위해 죽으셨다. 구약에서는 모세가 율법을 받으러 시내산에 올라가 있는 동안 우상을 만든 백성들 3천 명이 죽임을 당했지만(출 32:28), 신약에서는 성령께서 오순절에 강림하여 교회가 탄생될 때 3천 명이 영생을 얻도록 하셨다(행 2:41). 또한 구약이 역사와 예언을 강조하는 반면, 신약은 성도의 체험을 강조한다.

12 그 사이에 무슨 일이?

중간기

많은 크리스천들에게 구약이 '무지'(無知)의 대륙이라면 신구약 중간기는 아마도 '미지'(未知)의 대륙일 것이다. 그러나 소위 '침묵기'라 불리는 말라기서에서 마태복음까지의 400년이라

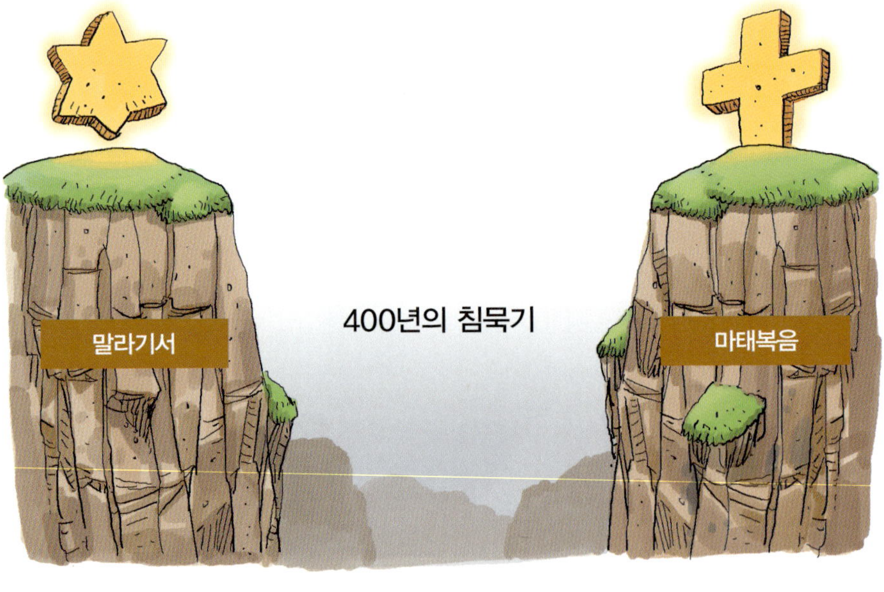

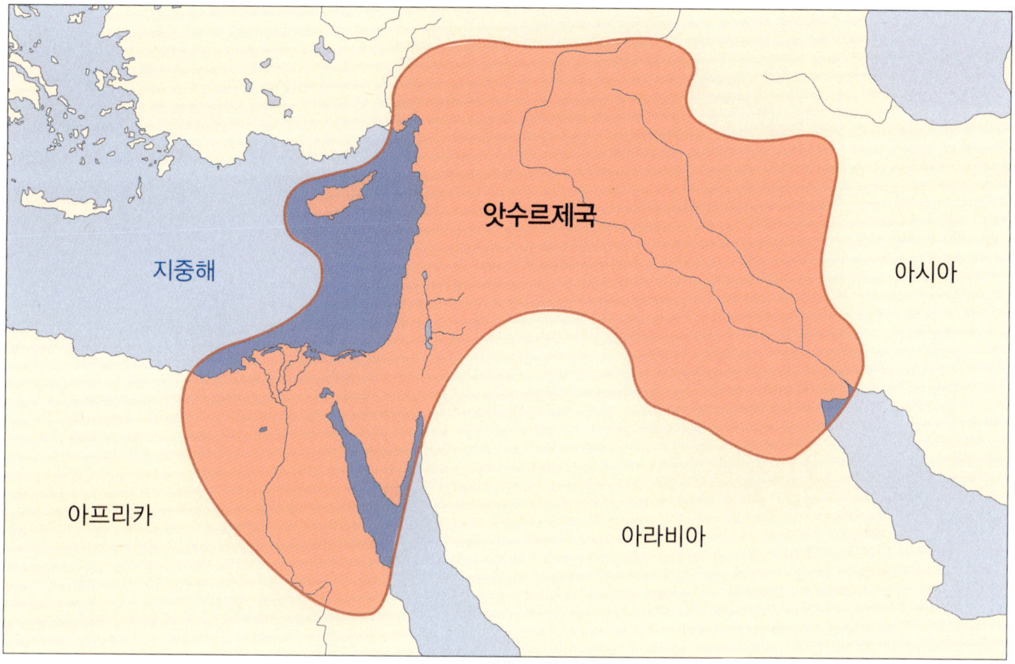

▲앗수르제국의 판도 앗수르 → 바벨론 → 페르시아 → 그리스 → 로마

는 기간은 영적인 일들로 가득하다.

이 기간을 '침묵기'라 부르는 까닭은 권위 있는 선지자가 등장하지 않았기 때문이다. 하나님께서 말라기 선지자 이후에 세우신 대언자는 세례 요한이었다. 그런데 정말 하늘이 이 기간 동안 미동도 하지 않았던 것일까? 아니다. 하나님께서는 세상이 구세주를 영접할 수 있도록 준비시키시며 인간의 역사 속에서 활발하게 일하고 계셨다.

우리는 고대 근동의 패권, 유대 분파, 중간기의 문헌들을 살펴봄으로써 침묵기 동안 하나님께서 어떻게 예비하셨는지를 파악할 수 있다.

13 중간기 중간기 고대 근동의 패권

BC 900년경, 앗수르(아시리아)제국이 고대 근동의 패권을 장악했다. 앗수르는 BC 722년에 북이스라엘 왕국을 정복하여 백성들을 곳곳에 흩어 버리는 한편, 인종 혼합 정책을 써서 팔레스타인에 남아 있던 유대인들과 이방인들을 통혼시켜 '사마리아인'이라는 혼혈족을 만들었다. 그래서 예수님 당시 순수 혈통을 지녔던 유대인들이 사마리아 사람들을 몹시도 경멸했던 것이다.

근동의 패자로서 앗수르의 세력은 BC 612년까지만 지속되었다. 신흥 제국 바벨론이 BC 612년에서 BC 536년까지 새로운 패자로 세상을 지

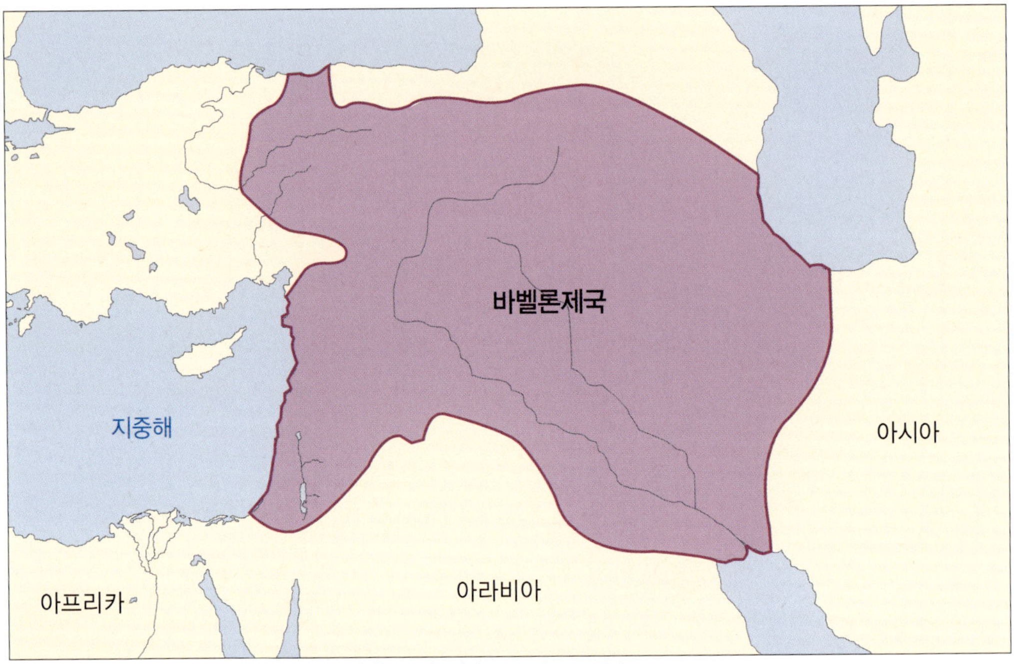

▲바벨론제국의 판도 앗수르 → **바벨론(금의 나라)** → 페르시아 → 그리스 → 로마

▲페르시아제국의 판도 앗수르 → 바벨론 → **페르시아(은의 나라)** → 그리스 → 로마

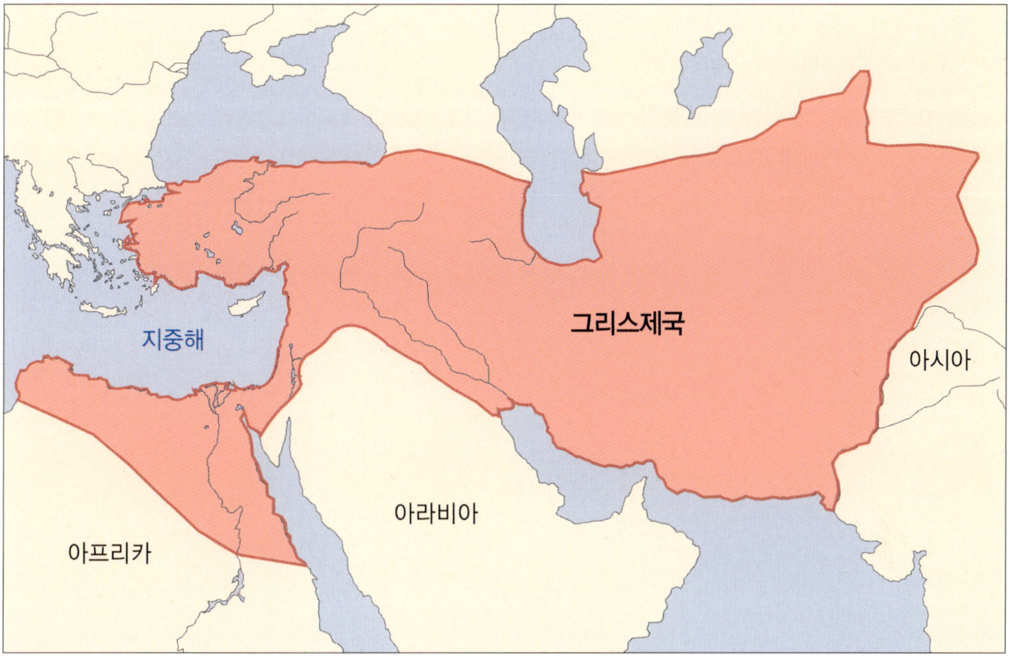

▲그리스제국의 판도 앗수르 → 바벨론 → 페르시아 → 그리스(놋의 나라) → 로마

배했기 때문이다. 바벨론의 느부갓네살 왕은 BC 606년에 남유다 왕국을 정복했고, BC 586년에 예루살렘 성전과 성벽을 완전히 파괴했다.

그 후 바벨론에 포로로 끌려간 다니엘이 느부갓네살 왕이 꾼 꿈을 해석했는데, 왕이 본 거대한 신상의 금 머리는 바벨론제국의 느부갓네살 왕 자신이며, 가슴과 팔은 은이며(페르시아제국), 배와 넓적다리는 놋이요(그리스제국), 종아리는 철(로마제국)이었다(단 2:31-45).

다니엘이 예언한 대로 이후 바벨론은 BC 536년에 페르시아(바사)제국에 왕좌를 내어주게 되었다. 페르시아는 BC 536년에서 BC 332년까지 존속했는데, 페르시아의 초대 왕 고레스는 바벨론에 포로로 잡혀갔던 유대인들을 놓아주어 고향으로 돌려보냈다. 이에 유대인들은 고국으로 귀환하여 성전을 재건했고(이전보다는 작은 규모였다), 서기관들이 하나님의 율법을 가르치고 해석하는 공식적인 집단으로서 직무를 수행하기 시작했다. 구약이 끝날 무렵, 그들은 페르시아의 통치 아래 있었다.

그러나 페르시아제국은 알렉산더가 이끄는 그리스(헬라) 군대에 의해 역사의 저편으로 사라지고 만다. 그리스제국은 BC 332년에서 BC 176년까지 존속했는데, 알렉산더 대왕은 피정복 국가들에 그리스(헬라) 문명을 확산시켰다. 그래서 그리스도 당시에는 헬라어가 거의 세계적인 언어가 되었다(신약이 헬라어로 기록되었다는 사실은 잘 알고 있을 것이다). 헬라어는 복음의 내용을 더욱

▲로마제국의 판도 앗수르 → 바벨론 → 페르시아 → 그리스 → **로마(철의 나라)**

간결하고 정교하게 표현하는 데 일조했다.

그런데 그리스제국이 멸망할 무렵, 정확히 BC 176년에 레위 지파의 마카비(Maccabee) 일가가 봉기를 일으켜 유대인의 독립 시대를 수립했다. 이때 하스모니안(Hasmonean)이라 불리는 일가친척들이 팔레스타인의 자치(自治)를 구현했지만, BC 63년 로마의 팔레스타인 정복으로 중단되었다. 바로 이 독립 시기 동안 침묵기 대부분의 영적인 활동이 활발히 일어났다.

BC 63년에 폼페이 장군의 예루살렘 점령으로 시작된 로마의 팔레스타인 지배는 AD 500년까지 지속되었다. 그리스도께서는 로마의 아우구스투스 황제가 치세할 당시에 태어나셨다. 그리고 이때 아우구스투스 황제에게 팔레스타인의 통치권을 위임 받은 헤롯 대왕은 메시아가 탄생했다는 소식을 듣고 베들레헴의 남아(男兒)들을 무참히 학살했다. 또한 그는 유대인들의 환심을 사기 위해, 그 옛날 스룹바벨 당시에 재건했던 예루살렘 성전을 확장하고 미화하는 프로젝트를 시행하기도 했다.

로마제국은 여러 면에서 기독교 확장에 실질적인 도움을 주었다. 로마가 강력한 군사력으로 이룩한 '로마의 평화'(Pax Romana)는 세상을 하나의 거대한 이웃으로 만들었다. 만약 사도들이 1세기 정도 더 일찍 사역을 시작했더라면 국수주의의 장벽에 막혀 멀리 가지 못했을 것이다.

로마의 도로 역시 사도들이 전도여행을 하는 데 용이하게 사용되었다. 덕분에 예수님 당시 사람들은 하루 평균 50킬로미터에서 80킬로미터까지(이전에는 15킬로미터에서 30킬로미터가 고작이었는데) 걸어 다닐 수 있게 되었다. 이 시기 동안에도 사람들은 보편적인 세계 언어로 헬라어를 사용했다.

그러나 로마는 극심한 경제 불황에 시달렸다. 백성들은 어림잡아 세 명에 두 명 꼴로 노예였고, 6천만에 달하는 노예들로 인해 사회 불안과 빈곤이 조장되었다. 조세 관리들은 일자리를 보전하기 위해 가혹한 세금을 부과했을 뿐 아니라 사욕을 채우기 위해 백성들을 쥐어짜 돈을 우려낼 대로 우려냈다. 그런 식으로 백성들의 것을 갈취하기는 사제들도 마찬가지였다.

바울이 로마서 1장에서 지적한 것처럼 로마 사회는 도덕적으로 타락의 가장 깊은 곳까지 내려가 있었고, 영적으로는 잡신(雜神) 숭배로 완전히 죽어 있었다. 철학자들은 올림포스산이 거기 사는 모든 신들 때문에 너무 북적거린다고 비아냥거릴 정도였으니까. 로마는 새로운 지역을 정복할 때마다 새로운 우상들을 들여왔고, 그나마 로마의 정신을 지탱하던 헬라 철학을 자기모순에 빠진 빈혈증 환자로 여겼다. 한편 유대인들의 신앙은 유대인 반대파들의 틈바구니에 끼여 곁치레와 내분으로 변질되어 갔다.

14 중간기 중간기의 유대 분파

중간기 400년 동안 너무나 커져버린 파벌들로 인해 예수님 당시 유대인들은 신앙이 분열되어 있었다. 그리고 그들은 하나같이 외적인 것들을 강조했다. 유대인들은 장황한 규칙들을 지킴으로써 성결에 이르려고 노력했는데, 이러한 노력은 구약에서 흔히 저지르던 우상숭배와 다름이 없었다. 그리고 대제사장이 수뇌로 활약하는 산헤드린 공회(Sanhedrin)가 이스라엘의 종교 문제와 사회 문제를 결정하는 최고의결기관(주요 결정은 로마의 감시를 받아야 했지만)이 되었다. 아론 때부터 계보를 이어오던 신성한 제사장 직분은 고용된 제사장들로 대체되었고, 정치적인 목적으로 제사장 직분을 거래하는 경우도 종종 벌어졌다. 회당은 로마제국 전체에 흩어져 사는 유대인들을 위한 교육과 회합의 장소로서 계속 기능했다.

예수님 당시에는 6개의 유대 분파가 백성들의 환심을 사기 위해 경쟁했다. 바리새인들은 구약과 유대의 구전(口傳) 전승을 떠받드는 완고한 보수주의자들이었다. 그들은 엄격한 율법주의자들이었으며 정교(政教) 분리주의자들이었다. 그들은

대부분 중류층 출신이었던 것으로 보인다.

사두개인은 상류층의 종교적, 정치적 자유주의자들이었다. 사회에 관심을 갖고 있던 이 부유한 합리주의자들은 부활과 영혼 불멸을 믿지 않

았다. 그들은 전통에 반대했을 뿐 아니라 바리새인들과도 극단적으로 대립했다.

서기관들은 율법을 가르치고 해석하는 일을 하는 전문 집단이었다. 구약과 전통을 공부하며 백성들로부터 높은 신망과 존경을 받았다. 하지만 그들은 시시한 문제를 놓고 토론하고 논쟁하는 것으로 시간을 낭비했다. 그리스도께서 세상에 오셨을 때, 그들은 그분을 무척 증오했다.

헤롯당은 헤롯 가문의 권력을 유지하기 위해 전념하던 '현상유지파' 유대인들이었다. 그들은 예수님을 정치적 반동주의자로 여겼다.

열심당은 헤롯당의 정적(政敵)으로서 로마에 항거하기 위해 폭력을 사용하는 것도 서슴지 않았다. 그들은 팔레스타인을 모세 시대처럼 신정(神政)으로 되돌려놓기를 원했다.

에세네파(Essenes)는 사회로부터 고립된 극단주의자들이었다. 그들은 쿰란 지역의 황폐한 동굴에 은거함으로써 유대 사회의 부패한 종교적 현실을 회피하려 했다. 1947년, 쿰란 지역의 한 동굴에서 그들이 간직해놓았던 사해사본(Dead Sea Scroll)이 발견된 이후, 그들은 세상의 주목을 받기 시작했다. 사해사본에는 수도원 방식의 삶에 관한 훈련 지침은 물론 구약의 많은 부분(이전에 발견된 어떤 사본보다 더 오래된)이 포함되어 있다.

구약의 외경

영어 RSV 성경	공동번역
1. 솔로몬의 지혜(BC 30년경)	지혜서
2. 전도서(시락)(BC 132년)	전도서
3. 토비트(BC 200년경)	토비트
4. 유딧(BC 150년경)	유딧
5. 에스드라1서(BC 150-100년경)	에스드라3서*
6. 마카비1서(BC 110년경)	마카베오상
7. 마카비2서(BC 110-70년경)	마카베오하
8. 바룩서(BC 150-50년경)	바룩1-5서
9. 예레미야의 편지(BC 300-100년경)	바룩6서
10. 에스드라2서(AD 100년경)	에스드라4서*
11. 에스더서 부연 부분(BC 140-130년)	에스더서 10:4-16:24
12. 아사랴의 기도(세 청년의 노래) (BC 2세기 혹은 1세기)	세 청년의 노래 (다니엘서 3:24-90)
13. 수산나 이야기(BC 2세기 혹은 1세기)	수산나(다니엘서 13장)
14. 벨과 용(BC 100년경)	벨과 뱀(다니엘서 14장)
15. 므낫세의 기도(BC 2세기 혹은 1세기)	므낫세의 기도*

* 표시된 책들은 1546년 트렌트 종교회의에서 가톨릭교회 정경으로 인정받지 못함.

15 중간기의 문헌들

중간기

에세네파의 사해사본 외에 신구약 중간기에 나온 가장 중요한 문헌은 아마도 '70인역 성경'(Septuaginta)일 것이다. 히브리어로 기록된 구약 성경을 헬라어로 번역한 이 성경은 BC 250년경 이집트의 알렉산드리아에서 편찬되었다. 이 성경에 '70인역'(가끔 'LXX'로 표기되기도 하는데, 이는 로마 숫자로 '70'에 해당함)이라는 이름이 붙여진 연유는, 번역 작업에 이스라엘 열두 지파에서 각 여섯 명씩 선발된 72명의 학자들이 참여했기 때문이다. 히브리어가 '사어'(死語)가 되어가고 있었으므로 그 당시 주요 언어였던 헬라어로 성경을 번역할 필요가 있었던 것이다.

외경(外經, Apocrypha) 또한 이 시기에 나왔다. 15개의 종교적 문서들이 소위 '구약의 외경'을 구성하고 있는데, 로마 가톨릭은 1546년 트렌트 종교회의에서 이 가운데 12개의 문서를 가톨릭 교회의 정경(正經)으로 인정했다(개신교는 가경을 결코 정경 66권에 포함시키지 않는다). 비록 성경 66권에서 제외되었지만, 15권의 외경은 신구약 중간기에 대한 매우 귀중한 역사적 정보를 제공한다.

위경(僞經, Pseudepigrapha) 또한 이 시기에 나왔다. 이 책들을 '위경'이라 일컫는 까닭은 성경 기자와 저작 연대가 허위로 되어 있기 때문이다. 대부분의 위경들은 구약과 신약 사이의 틈을 메우기 위한 시도에서 나온 것으로서 그것들을 공인하거나 권위 있는 문서로 인정하는 사람은 아무도 없다. 중간기에 나온 7개의 주요 위경을 참조해보라.

구약의 주요 위경

1. 솔로몬의 시편
2. 에녹서
3. 모세 승천기
4. 이사야의 순교와 승천
5. 희년서
6. 시빌의 신탁(神託)
7. 열두 족장의 유언

이상 살펴본 바와 같이 예수님은 '준비된 세상'에 오셨다. 하나님은 구약 시대뿐 아니라 구약과 신약의 중간기에도 예수님의 오심을 예비하셨다. 세상의 구세주가 등장하도록 무대를 마련하고 계셨던 것이다. 우리는 성경 전체를 통해 하나님께서 얼마나 준비성이 있으신 분인지를 알 수 있다. 그분은 모세를 80년 동안 준비시키신 후에야 비로소 그에게 40년 동안 이스라엘 백성들을 이끄는 과업을 맡기셨다. 모세의 경우에는 준비하는 기간이 사역하는 기간의 두 배에 이른다. 예수께서는 3년 동안의 지상 사역을 위해 30년 동안 준비하셨다. 예수님의 경우에는 준비 기간이 사역 기간의 열 배에 달했다! 하나님께서는 이 세상이 하나님의 아들 예수 그리스도의 '입장'을 맞이하도록 준비시키기 위해 4천 년 이상의 역사를 투자하셨다.

우리도 적절히 준비하여 주어진 시간 내에 좀 더 많은 것을 이룰 수 있다. 평생 감당해야 할 과업이든, 일주일에 한 번 주일학교에서 가르치는 일이든, 하나님께서 합당한 준비 기간과 사역 기간으로 우리를 이끌어 가실 때 우리는 하나님의 손길을 민감하게 포착해야 한다.

Bible Panorama

PART 4

신약성경 파노라마

신약의 처음 5권 사복음서와 사도행전은 그리스도와 그리스도 교회의 역사를 전해준다. 그 다음에 이어지는 로마서에서 유다서까지의 21권 책들은 편지 형식으로 되어 있는데, 성도의 체험에 초점을 맞추고 있다. 요한계시록은 성경의 절정을 이루는 동시에 성경 전체의 흐름을 매듭짓는다. 이 모든 성경은 세상의 구세주께 초점을 맞추고 있다.

09

CHAPTER

신약 시대를 알아야 예수님의 은혜를 누린다

The New Testament in 12 Periods

신약성경도 구약성경과 마찬가지로 역사, 체험, 예언의 세 골격으로 이루어져 있다.

1 주제별 신약의 세 골격

신약의 처음 5권(사복음서와 사도행전)은 그리스도와 그리스도 교회의 역사를 전해준다. 그 다음에 이어지는 21권의 책들(로마서에서 유다서까지)은 편지 형식으로 되어 있는데, 성도의 체험에 초점을 맞추고 있다. 요한계시록은 성경의 절정을 이루는 동시에 성경 전체의 흐름을 매듭짓는다.

구약은 역사와 예언을 강조하는 반면(역사서 17권, 예언서 17권, 체험서 5권), 신약은 압도적으로 성도의 체험을 강조한다(체험서 21권, 역사서 5권, 예언서 1권). 구약은 '준비'를 강조하고, 신약은 '권면'에 초점을 맞춘다. 하나님께서는 과거나 미래 사건에 대한 호기심을 충족시켜주기 위함이 아니라 현재 우리의 삶을 변화시키기 위해 말씀을 주신다. 따라서 성경공부만 하면 되는 것이 아니라 그 말씀대로 믿고 살고 누려야 하는 것이다.

2 주제별 이야기와 보충

신약의 역사서 5권은 신약의 줄거리를 전하고, 나머지 22권은 그 줄거리를 보충한다. 역사서

구약		신약
17권	역사서	5권
5권	체험서	21권
17권	예언서	1권

주제별로 본 신약성경

역사 과거 — 민족적	체험 현재 — 개인적	예언 미래 — 민족적
마태복음	로마서	요한계시록
마가복음	고린도전서	
누가복음	고린도후서	
요한복음	갈라디아서	
그리스도의 역사	에베소서	
	빌립보서	
	골로새서	
	데살로니가전서	
	데살로니가후서	
	디모데전서	
	디모데후서	
	디도서	
사도행전	빌레몬서	
교회의 역사	히브리서	
	야고보서	
	베드로전서	
	베드로후서	
	요한일서	
	요한이서	
	요한삼서	
	유다서	

5권 중에서도 사복음서(마태, 마가, 누가, 요한복음)는 육신을 입고 이 땅에 오신 그리스도에 관해 기록한다. 사도행전은 교회의 형성과 사도들을 통한 하나님나라의 확장을 기록한다. 편지들(서신서)은 하나님의 백성들을 향한 하나님의 권면으로 가득하다. 신약성경 1,051가지의 명령 대다수가 이 편지에 들어 있다. 그리고 이 편지 대부분은 사도행전이 포괄하는 기간 동안에 기록되었다.

5권의 역사서는 주로 과거에 초점을 맞추고 있으며, 1권의 예언서는 미래에 초점을 맞추고 있다. 이 6권의 책은 하나님의 택함을 받은 백성들, 곧 유대인들을 향한 하나님의 계획에 대해 주로 말한다. 반면 21권의 편지들은 은혜의 시대를 살고 있는 오늘날의 크리스천들에게 더 많은 초점을 맞추고 있다. 하지만 성경의 어느 부분이나 우리에게 유익하다는 것을 기억하라. 모든 성경은 하나님의 감동으로 기록되었기 때문이다(딤후 3:16,17). 위에 제시한 도표는 신약 27권을 세

신약의 세 골격

역사

역사의 줄거리

1.
2.
3.
4.
5.

체험

보충

1.
2.
3.
4.
5.
6.
7.
8.
9.
10.
11.
12.
13.
14.
15.
16.
17.
18.
19.
20.
21.

예언

1.

신약의 서신서

1 로마서
2 고린도전서
3 고린도후서
4 갈라디아서
5 에베소서
6 빌립보서
7 골로새서
8 데살로니가전서
9 데살로니가후서
10 디모데전서
11 디모데후서
12 디도서
13 빌레몬서

1 히브리서
2 야고보서
3 베드로전서
4 베드로후서
5 요한일서
6 요한이서
7 요한삼서
8 유다서

바울 서신(바울로부터)
수신자에 따라 제목이 붙여짐

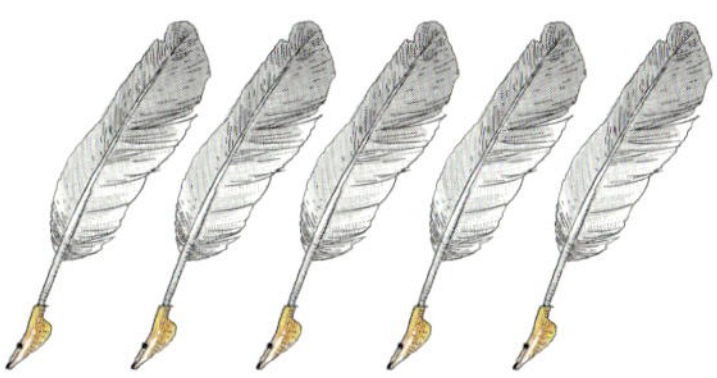

기타 서신(바울 이외의 기자들로부터)
작성자의 이름에 따라 제목이 붙여짐

골격으로 분류한 것이다. 왼쪽 도표의 빈칸에 성경 각 권을 아는 대로 써넣어보라.

3 주제별 서신서 나누기

신약의 서신서 21권은 크게 둘로 나누어진다. 처음 13권은 바울이 기록한 것이고, 나머지 8권은 다른 성경 기자들이 기록한 것이다. 바울의 편지들은 수신자의 이름을 제목으로 삼았다. '디모데전후서'는 '디모데'에게 보내는 편지이고, '에베소서'는 '에베소 교인들'에게 보내는 편지인 셈이다. 그러나 야고보서, 베드로전후서, 요한일이삼서, 유다서 등은 편지 작성자의 이름을 따서 제목을 붙였다. '베드로전후서'는 '베드로'가 보낸 편지이고, '요한일이삼서'는 요한이 보낸 편지이다.

하지만 히브리서의 경우는 기자가 불확실하기 때문에 이런 틀에 맞출 수 없다. 혹시 사도 바울이 히브리서를 기록한 것은 아닐까? 평소에 바울이 수신자의 이름을 따서 편지의 제목을 붙였던 점을 고려한다면, 그 가능성을 완전히 배제하기는 어렵다. 또 그렇게 보면, 바울이 기록한 편지는 총 14권(유대인들이 완전수로 여겼던 '7'의 두 배)이 되고, 다른 기자들이 기록한 편지는 총 7권(완전수)이 된다. 물론 이런 근거로 바울이 히브리서를 기록했다고 주장할 수는 없지만, 한 번쯤 생각해볼 필요가 있음은 분명하다.

요한복음은 '말씀'(예수 그리스도)이 하나님과 함께 계셨던 영원한 과거를 돌아보는 반면, 요한계시록은 새 하늘과 새 땅과 영원한 미래를 바라본다. 요한계시록은 세상을 향한 하나님의 계획과 관련해서 모든 것의 완성에 대해 기록한다.

4 시대별 신약의 열두 시대

우리는 지금까지의 연구를 통해 신구약이 주제별(역사, 체험, 예언)로 배열되어 있다는 것을 확인했다. 그러나 신약 27권을 각각의 책이 포괄하는 시대 순서로 다시 배열해보는 방법 또한 성경을 조망하고 연구하기 위해서 매우 유익할 것이다. 신약도 구약과 마찬가지로 열두 시대로 나누어지며 또 신약의 모든 책들이 이 열두 시대 안에 다 포함된다.

신약의 처음 네 시대는 사복음서의 시대이다. 우리는 사복음서를 기록 연대순으로 배열하지는 않을 것이다. 대신 그것들을 하나의 '군'(群)으로 간주, 네 가지 다른 관점에서 살펴보려고 한다.

그 다음 다섯 시대는 사도행전 한 권 안에 나타난다. 누가는 사도행전 12장까지 교회의 형성에 대해 기록한 다음, 나머지 부분에 4차에 걸친 바울의 전도여행에 관해 기록했다. 많은 사람들은 바울이 로마 감옥에서 석방된 뒤(사도행전 28장 이후)에 5차 전도여행을 떠났다고 믿는다. 이 5차 전도여행이 신약의 열째 시대를 구성한다. 여행에 필요한 '다섯 벌의 잠옷'(five pajamas)을 상기하면 'pajamas'의 'p'와 'j'에서 '바울의 여행'(Paul's Journey)이란 말을 유추할 수 있다. 이것이 바울의 전도여행이 나타내는 총 다섯 시대를 기억하는 데 도움이 될 것이다.

신약의 열한째 시대는 '후기 사도들의 시대'이다. '후기 사도들'이란 바울보다 더 오래 살았던 제1세대 사도들을 의미한다. 마지막이지만 결코 짧지 않은 열두째 시대는 역사가 종결되는 시대이다.

첫째-넷째 시대 그리스도의 생애(사복음서)

완전한 하나님이시며 완전한 인간이신 예수 그리스도의 모습을 복합적으로 관찰하려면 사복음서가 모두 필요하다. 마태복음은 예수님을 유대인의 왕으로 묘사하는 반면, 마가복음은 완전하신 종으로 묘사한다. 사실 마태와 마가는 예수님이 지니셨던 이율배반적인 두 측면의 한 면만을 각각 전한다(왕권과 신성을 갖고 계셨지만 종으로서 그것을 사용하셨다). 예수께서는 누구든지 크고자 하는 자는 먼저 남을 섬기는 자가 되어야 한다는 것(마 20:26)을 가르치시고 실천하셨다.

누가복음은 예수님을 완전하신 인간으로 나타내는 반면, 요한복음은 완전하신 하나님으로 그린다. 누가와 요한 역시 동전의 한 면만을 각각 강조한다. 그리스도께서 완전한 인간이자 또

마태복음

왕

마가복음

종

누가복음

인간

요한복음

하나님

완전하신 하나님이시기 때문이다. 그리스도께서는 완전한 인간이셨기 때문에 우리의 인간성을 온전히 공감하실 수 있었고(죄에 관한 부분만 빼고), 우리를 위해 자기 목숨을 바치실 수 있었다. 그러나 또한 그리스도께서는 신성을 소유하고 계셨기에 하나님의 기준을 만족시킬 수 있으셨고, 세상 죄를 속하기 위한 유일한 희생제물이 되실 수 있었다.

사복음서는 그리스도의 전기는 아니지만 각기 독특한 관점으로 그리스도의 생애를 요약한다. 사복음서 기자들이 각자 자신의 논지를 뒷받침하는 이적과 진술과 사건들을 선별하여 기록했다는 말이다. 네 명의 화가들이 각기 다른 위치에서 똑같은 대상을 보고 그림을 그렸다고 생각하면 이해가 빠를 것이다. 그러므로 이 네 가지 그림을 서로 결합할 때, 네 가지 측면에서 대상을 볼 수 있을 뿐 아니라 각각의 그림을 개별적으로 놓고 볼 때는 도저히 얻을 수 없는 통찰력을 얻게 된다.

다섯째 시대 교회의 형성(행 1–12장)

오순절에 성령께서 강림하셨을 때, 그리스도의 몸된 교회가 그리스도를 토대로 형성되기 시작했다. 처음에 성도들은 예루살렘과 유대 땅에 제한되어 활동했고, 베드로와 요한이 주로 말씀을 전했다. 그런데 얼마 후, 유대교를 고집하던 유대인들이 성도들을 핍박하자 하나님께서는 빌립을 통해 사마리아까지 복음이 전파되도록 하셨다.

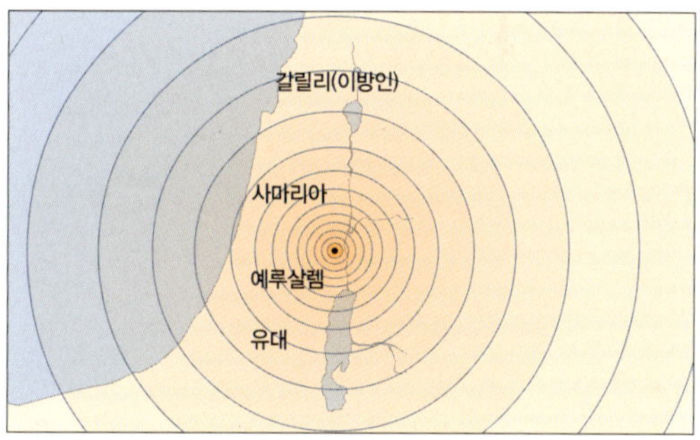

특히 교회를 가장 널리 확장시킨 사람은 당시 교회의 공공의 적이었던 다소 출신의 사울이었다. 예수께서는 자신을 가장 모질게 핍박하던 사

신약의 열두 시대

1	2	3	4	5	6	7	8	9	10	11	12
마태복음	마가복음	누가복음	요한복음	사도행전 1–12장	사도행전 13–15장	사도행전 16–18장	사도행전 19–21장	사도행전 22–28장			
				교회의 형성	바울의 1차 전도여행	바울의 2차 전도여행	바울의 3차 전도여행	바울의 4차 전도여행	바울의 5차 전도여행	후기 사도들의 시대	역사의 종결

울을 다메섹으로 향하는 길에서 대면하여 이방인을 위한 위대한 전도자로 세우셨다. 그리고 곧 교회의 중심이 예루살렘에서 수리아의 안디옥으로 옮겨졌다(행 11장). 그곳에서 최초로 신자들이 '그리스도인'(Christian, 예수 그리스도와 동일시되는 그리스도의 사람들)이라 불렸다.

여섯째 시대 바울의 1차 전도여행(행 13–15장)

안디옥교회는 바나바와 바울을 선교사로 파송했다(나중에 마가 요한이 합류함). 이를 바울의 1차 전도여행이라고 한다. 바울은 이 여행에서 돌아온 직후 전도여행을 통해 회심시킨 갈라디아 지방 사람들에게 '갈라디아서'를 써서 보냈다. 바울의 1차 전도여행과 관련된 편지는 이것 하나뿐이다. 갈라디아서는 새신자 사후 관리를 위한 전도자의 편지와도 같다. 그런데 많은 사람들이 야고보서 또한 신약의 초기 서신서 중 하나일 것이라는 견해를 가지고 있다.

갈라디아서는 구원은 오직 믿음으로 얻을 수 있다고 강조한다. 그러나 야고보서는 구원에 이르는 믿음은 반드시 행위를 동반해야 한다고 가르친다. 행위로 구원을 얻을 수 있는 것은 결코 아니지만, 구원에 이르는 믿음은 행위를 동반한다.

일곱째 시대 바울의 2차 전도여행(행 16–18장)

바울은 예루살렘을 방문하여 총회에 참석한 뒤(행 15장), 실라와 디모데를 대동하고 2차 전도여행을 떠났다. 그들은 그리스(헬라) 반도에 최초로 복음을 전했다. 바울은 이때 데살로니가를 처음 방문했고, 나중에 그들에게 두 통의 편지(데살로니가전후서)를 보냈다. 그는 그리스도의 재림에 초점을 맞춰 편지를 작성했다.

여덟째 시대 바울의 3차 전도여행(행 19–21장)

바울은 이번 여행에서 다시 그리스(고린도가 위치한)로 갔지만 대부분은 에베소에서 보냈다. 바울은 3차 전도여행과 관련하여 세 통의 편지를 기록했다. 고린도전후서와 로마서가 그것이다.

고린도전후서는 고린도교회의 문제와 바울이 자신의 사도권에 관해 변호하는 내용을 다룬 편지이며, 로마서는 구원의 복음을 가장 조리 있게 기술한 편지이다. 바울은 로마서 끝 부분에서 31명의 이름을 일일이 거명하며 인사를 전한다. 이

서신서들의 시대적 위치

바울의 1차 전도여행	바울의 2차 전도여행	바울의 3차 전도여행	바울의 4차 전도여행	바울의 5차 전도여행	후기 사도들의 시대	역사의 종결
1차 6	2차 7	3차 8	4차 9	5차 10	후기 사도 11	끝 12
사도행전 13–15장	사도행전 16–18장	사도행전 19–21장	사도행전 22–28장			
갈라디아서	데살로니가전서	고린도전서	에베소서	디모데전서	요한일서	요한계시록
야고보서	데살로니가후서	고린도후서	골로새서	디모데후서	요한이서	
		로마서	빌레몬서	디도서	요한삼서	
			빌립보서	베드로전서	유다서	
				베드로후서	히브리서	

는 그가 그때까지 로마를 방문한 적은 없지만, 다른 곳에서 로마의 크리스천들을 만나고 있었다는 뜻이다. 바울은 대중에게 복음을 전하는 한편, 한 사람 한 사람에게 깊은 관심을 가지고 각 개인과 친분을 유지하고 있었다. 사도행전이 바울의 1,2,3차 전도여행에 각각 세 장씩 할애하고 있다는 점과, 전도여행의 차례를 나타내는 숫자와 그 전도여행과 관련해 기록한 편지의 양(量)이 일치한다는 사실(1차 전도여행과 관련해 편지 한 통, 2차 전도여행과 관련해 편지 두 통)이 매우 흥미롭다.

아홉째 시대 바울의 4차 전도여행(행 22–28장)

바울의 네 번째 전도여행은 앞선 세 차례의 경우와 조금 달랐다. 자발적으로 떠난 게 아니라 타의에 의해 강제로 갔기 때문이다. 바울은 강경파 유대인 반대자들이 바울을 죽이려고 진실을 왜곡한 탓에 로마 황제 가이사에게 자신의 송사를 호소했고, 가이사 앞에 나아가 자신을 변론하기 위해 죄수 신분으로 로마에 압송되었다.

이 네 번째 여행(뒤에 이어질 감옥살이도 포함하여)과 관련하여 그가 기록한 편지는 에베소서, 골로새서, 빌레몬서, 빌립보서이다(이런 순서로 기록했던 것으로 보인다). 바울이 감옥생활을 하면서 기록한 이 네 통의 편지를 '옥중서신'이라고 한다. 특별히 에베소서와 골로새서와 빌립보서에서 바울은 그리스도를 고결하게 높여서 기록했다.

열째 시대 바울의 5차 전도여행

사도행전의 마지막 부분은 바울이 5차 전도여행을 떠났을 것을 암시한다. 로마에 도착한 바울은 자비(自費)로 세를 얻은 집에 꼬박 2년 동안 감금되어 있었다. 로마의 법은 원고(原告)가 18개월 이내에 나타나지 않으면 죄수를 풀어주도록 정해져 있었다. 사도행전은 바울을 기소했던 유대인 강경파 반대자들이 그 시점까지 로마에 나타나지 않았음을 강력히 시사한다.

또한 '목회서신'(디모데전후서와 디도서에 목회에 도움이 되는 내용들이 포함되어 있다고 해서 이 3권을 목회서신이라고 부른다)에서 발견되는 몇 가지 연대가 사도행전의 시대와 잘 맞아떨어지지 않는다. 이런 여러 가지 이유들로 인해 많은 사람들은 바울이 로마에서 일시 석방되어 5차 전도여행을 떠났을 것이라고 추론한다. 이때 바울의 주요 관심사는 그레데와 에베소의 젊은 목회자들을 다시 방문하는 것이었다.

만약 베드로전후서가 이 시기에 기록되었다면, 바울의 5차 전도여행 기간 동안에 나온 서신이 총 5권(목회서신과 베드로전후서)이 된다. 베드로전후서의 핵심은 '고난 중의 인내'라 할 수 있는데, 이는 당시 시대 상황과 잘 들어맞는다. 그리고 그의 편지는 얼마 지나지 않아 더욱 큰 의미를 지니게 되었다. AD 70년, 예루살렘 성이 로마에 의해 파괴되었기 때문이다.

열한째 시대 후기 사도들의 시대

AD 85년에서 AD 90년 사이에 사도 요한이 요한일서, 요한이서, 요한삼서 이렇게 세 통의 편지를 기록했다. 유다서와 히브리서 역시 이 시기에 기록된 것으로 보인다.

열두째 시대 역사의 종결

노년의 사도 요한이 귀양지인 밧모섬에서 요한계시록을 기록할 때, 그는 신약성경을 끝내고 있었을 뿐 아니라 세상을 끝내기 위한 하나님의 계획을 기술하고 있었다.

다음 페이지의 도표 '시대순으로 본 신약성경'은 신약의 열두 시대에 시대적으로 서신서들의 위치(기록 연대를 추정하여)를 표시해본 것이다. 이 도표에서 수직으로 배열된 책들을 다 읽으면 그 시대에 관해 하나님이 주신 주석서들을 다 읽는 셈이 된다. 예를 들어 바울의 3차 전도여행 시기와 관련된 성경을 다 읽으려면, 사도행전 19장에서 21장까지와 고린도전후서와 로마서를 읽으면 된다.

5 시대별 신약의 연대

효율적인 말씀 연구를 위해 이 열두 시대에 연대를 표시해보겠다. 신약성경 전체가 포괄하는 기간이 100년(BC 4-6년경의 예수님 탄생에서부터 AD 95년경 사도 요한이 요한계시록을 기록할 때까지)을 넘지 않는다는 점을 주목해보라. 물론 신약성경의 가르침은 영원에서 영원까지(영원 전부터 하나님과 함께 계셨던 '말씀'에서부터 하나님과 함께 영원히 거하게 될 성도들에 이르기까지) 미친다.

베들레헴의 모든 아기들을 죽이라고 명령했던 헤롯 왕은 BC 4년에 죽었다. 따라서 예수님

시대순으로 본 신약성경

마태복음	마가복음	누가복음	요한복음	교회의 형성	바울의 1차 전도여행	바울의 2차 전도여행	바울의 3차 전도여행	바울의 4차 전도여행	바울의 5차 전도여행	후기 사도들의 시대	역사의 종결
마 1	막 2	눅 3	요 4	교회 5	1차 6	2차 7	3차 8	4차 9	5차 10	후기 사도 11	끝 12
				사도행전 1-12장	사도행전 13-15장	사도행전 16-18장	사도행전 19-21장	사도행전 22-28장			
					갈라디아서	데살로니가전서	고린도전서	에베소서	디모데전서	요한일서	요한계시록
					야고보서	데살로니가후서	고린도후서	골로새서	디모데후서	요한이서	
							로마서	빌레몬서	디도서	요한삼서	
								빌립보서	베드로전서	유다서	
									베드로후서	히브리서	

⚜ 사복음서와 사도행전은 그리스도와 교회의 역사를 빠르게 전개한다.
열두 개의 기본 '단계' 아래 수직으로 배열된 책들은 그 시대를 보충하는 책들이다.
서신서들은 기록 연대를 추정하여 연대순으로 배열했다.

은 그 이전, 아마 BC 5년이나 BC 6년 정도에 출생하셨을 것이다. 예수님이 AD 1년에 출생하신 게 아니라는 말인가? 그렇다. 그리스도의 출생 연도가 이렇게 된 까닭은, AD 525년에 디오니시우스 엑시구스(Dionysius Exiguus)라는 사람이 오늘 우리가 사용하고 있는 달력을 만들 때, 그리스도의 출생 연도를 계산하는 데 착오를 범했기 때문이다.

예수께서는 디베료(티베리우스) 가이사가 즉위한 지 15년째 되는 해 AD 29년(눅 3:1)에 공생애 사역을 시작하셨다. 요단강에서 세례 요한에게 세례를 받을 당시 예수님의 나이는 35세에서 36세 정도 되었을 것이다. 예수께서는 2년 6개월이나 3년 6개월 정도 공생애 사역을 수행하셨고, AD 32년이나 AD 33년에 십자가에 못 박히셨다.

당시 사료들을 종합해보면, 그로부터 15년이나 16년 뒤에 바울이 첫 번째 전도여행을 떠났다는 사실을 알 수 있다. 바울의 전도여행 기간은 전도여행의 차례를 나타내는 숫자에 '1'을 더하면 쉽게 암기할 수 있다. 1차 전도여행은 2년, 2차 전도여행은 3년 … 5차 전도여행은 6년 동안 지속된 것이다. 이렇게 계산해보면, 바울이 갈라디아로 처음 전도여행을 떠난 이후 20년 뒤에 숨을 거뒀다는 사실도 알 수 있다.

그로부터 약 27년이 지난 다음, 사도 요한이 밧모섬에서 계시를 받아 요한계시록을 기록했

그리스도의 초림과 재림

첫 번째 오심		두 번째 오심
구유에 누우심	교회 시대	산 위에 내려오심
어린양으로 오심		왕으로 오심
멸시받고 거부됨		모든 사람이 무릎을 꿇고 경배함
낮고 가난함		권세 있고 풍성함
원수들을 위해 죽으심		원수들이 죽음
사탄이 구주를 시험함		사탄이 무저갱에 갇힘
그리스도께서 의롭지 못한 세상에 사심		그리스도께서 세상을 의로 이끄심
죄를 위해 죽었다가 부활하심		영원히 지배하고 통치하심

다. 우리는 얼마나 오랜 시간이 흘러야 역사가 종결될지 알 수 없다. 그러나 우리가 교회의 완성과 역사의 종말을 기다리면서 마지막 은혜의 시대를 살아가고 있다는 것은 분명하다.

아래 도표 '신약 열두 시대의 기간과 주요 사건의 연대'에서 확인할 수 있듯이 바울이 전도여행을 떠날 때마다 그 기간이 1년씩 늘어났다는 것이 무척이나 흥미롭다. 이것은 선교사들을 파송하는 오늘날의 교회가 귀감으로 삼아야 할 사실이 아닐까? 선교사를 처음 파송할 때는 고국에서 가까운 지역에서 1년이나 2년 동안 사역하도록 해야 하지만, 다음에는 더 먼 곳에서 좀

신약 열두 시대의 기간과 주요 사건의 연대

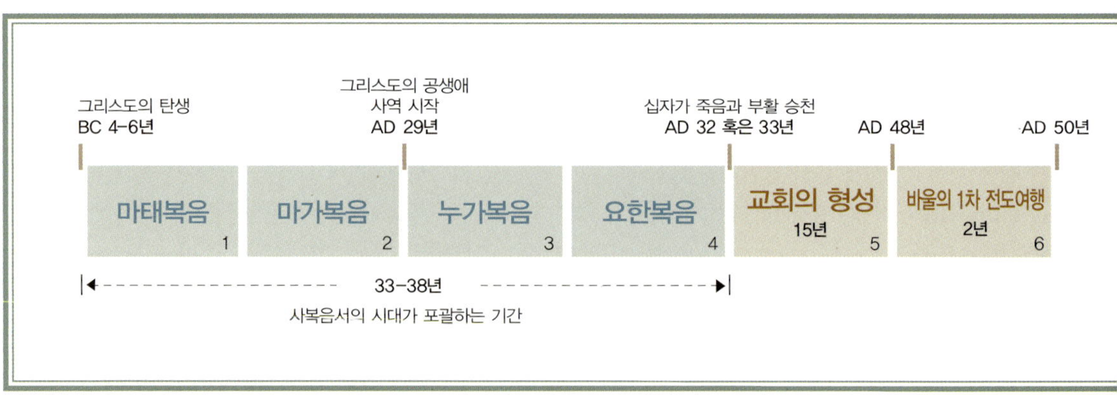

더 오래 사역하도록 해야 하지 않을까? 바울은 전도여행을 떠날 때마다 선교 본부로부터 더 멀리 나아갔다. 성경은 우리에게 명령만 할 뿐 아니라 모범도 보여준다.

신약성경은 그리스도의 첫 번째 오심(초림)으로 시작되어 두 번째 오심(재림)으로 끝난다. 그리스도의 초림과 재림에서 몇 가지 대비되는 점을 주목해보라. 구약의 선지자들은 "메시아가 오실 것이다!"라고 선포했고, 신약의 사도들은 "메시아가 다시 오실 것이다!"라고 선포했다.

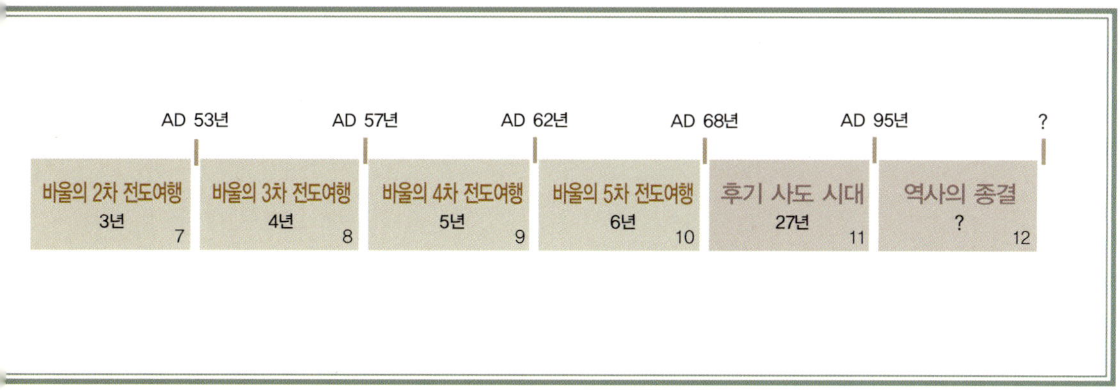

시(詩)로 표현한 신약성경

마태와 **마가**와 **누가**와 **요한**은 거룩한 복음서를 기록했어요.
주님은 삶과 가르침을 통해 자신이 어떻게 죽을지에 대해 말했지요.

사도행전은 증명하고 있어요.
하나님께서 사도들이 가는 곳마다 이적을 일으키심으로써
사도들을 인정하셨음을
바울은 **로마서**에서 오직 은혜로만 구원받을 수 있다는 것을 가르쳤어요.

고린도전후서는 훈계하고 권면하고 질책해요.
갈라디아서는 우리 아버지께서
그리스도 안에 있는 믿음을 사랑하신다고 가르쳐요.

에베소서와 **빌립보서**는 크리스천의 합당한 모습을 말해요.
골로새서는 하나님의 뜻을 따라
영원한 것을 위해 살아야 한다고 명령해요.

데살로니가전후서는 주께서 장차 다시 오실 것이라고 가르쳐요.
디모데전후서와 **디도서** 안에는
사명을 맡은 자가 지켜야 할 규례들이 들어 있어요.

빌레몬서는 그리스도인의 사랑에 주목해요.
그건 오로지 그리스도인들만이 알고 있는 것이에요.
히브리서는 율법이 미리 나타냈던 복음을 계시해요.

야고보서는 성결함이 없는 믿음은 헛되고 죽은 것이라고 가르치고
베드로전후서는 베드로 사도가 걸어갔던 좁은 길을 가리켜요.

요한일이삼서는 사랑을 묵상하기를 즐거워하라고 노래하고
유다서는 심판과 진노와 지옥에 대해 너무나 무섭게 경고해요.

요한계시록은 오직 그리스도만이
무서워 벌벌 떠는 죄인들의 의지가 되시는 그 엄청난 날을 예언해요.

✤ 신약성경 27권을 시 형식으로 요약하여 지은 시(그레이스 앤더슨 작시)

10

CHAPTER

복음서를 지도로 보면 예수님이 더 입체적으로 보인다

The Four Gospels on One Map

아래 도표에 그리스도의 생애 가운데 잘 알려진 10가지 사건들을 임의로 배열해놓았다. 그런데 많은 크리스천들이 이 사건들을 발생 순서에 따라 정확히 배열하지 못한다. 자, 그럼 이제 표 빈칸에 발생 순서에 따라 번호를 매겨보자(이번 장을 끝까지 읽으면 누구나 답을 맞힐 수 있으니 너무 기죽지 말기 바란다).

앞에서도 말했듯이 대부분의 크리스천들은 그리스도의 생애와 사역을 나타내는 퍼즐 조각들에는 매우 친숙하지만, 파노라마처럼 펼쳐지는 전체 그림은 잘 보지 못한다. 바로 그런 이유 때문에 이번 장을 마련한 것이다. 이번 장에서 우리는 사복음서의 지리적 배경이 된 지역의 지도를 그려보고 또 그리스도 생애의 주요 사건들을 그 지도 위에 표시해볼 것이다.

그리스도의 생애에 대해 얼마나 잘 알고 있는가?

사건의 발생 순서대로 빈칸에 번호를 매기시오.

	혼인 잔치에 손님으로 가심		성전을 정결케 하심(두 차례의 성전 정화 가운데 첫 번째)
	니고데모와 대화를 나누심		제자들의 발을 씻겨주심
	사탄에게 세 차례 시험을 받으심		천국의 비유를 말씀하심
	산상수훈		나사렛에서 목수로 생활하심
	베들레헴에서 출생하심		나사로의 무덤

'권수'(卷數)로 본다면 사복음서가 신약에서 차지하는 비중은 약 15퍼센트에 지나지 않지만(총 27권 중 4권이므로), 분량 면에서는 약 45퍼센트를 차지한다. 이는 신약성경 처음에 나오는 4권의 분량이 나머지 23권을 모두 합친 분량과 거의 비슷하다는 것이다.

1 사복음서 예수님 당시의 팔레스타인

이 책 4장에서 '구약의 세계'를 지도로 그려보았던 것을 기억하는가? 구약의 세계를 나타내기 위해서는 이집트에서 페르시아까지의 광대한 지역이 필요하지만, 예수님의 생애를 나타내는 데는 그 지도의 작은 구역만이 필요하다.

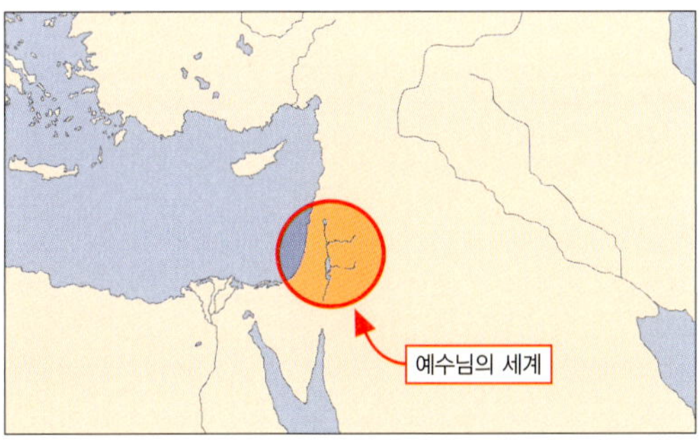

▲구약의 세계와 예수님의 세계 비교

우리가 꼭 먼 곳을 두루 다녀야만 세상에 이름을 낼 수 있는 것은 아니다. 우리는 그저 하나님께서 원하시는 곳에서 하나님께서 원하시는 일을 하기만 하면 된다. 예수께서는 일평생 고향에서 160킬로미터 이상 떨어진 곳에는 가보신 적이 없었다.

'구약의 세계'에 있던 바다의 이름이 신약에 들어와 일부 바뀐다. 신약의 많은 사건들이 '대해'를 중심으로 발생했지만, 구약의 대해는 신약에서 더 이상 대해로 언급되지 않는다. 그러므로 이제부터는 현대적인 명칭 '지중해'로 부르겠다. 구약의 긴네렛 호수 역시 신약에 들어와 '갈릴리 바다(호수)'로 명칭이 바뀐다. 요단강은 계속 요단강으로 불리고, '염해'는 신약에서 한 번도 언급되지 않는다. 그것은 오늘날 '사해'(Dead Sea)라 불린다. '신약의 세계' 지도를 참조하기 바란다.

▲신약의 세계 : 복음서

예수께서 사셨던 지역을 좀 더 자세히 파악하기 위해 팔레스타인의 측면도와 실제 거리를 표시해보았다. 다음의 도식 '팔레스타인의 측면

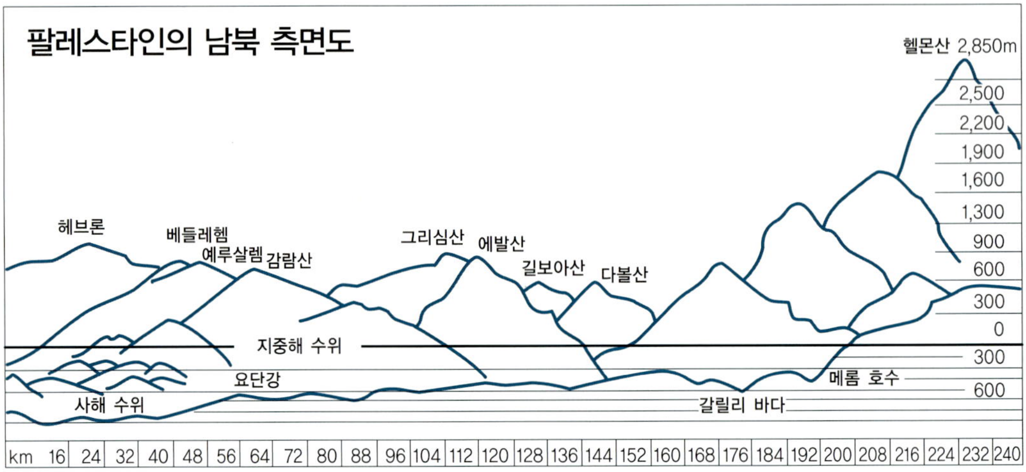

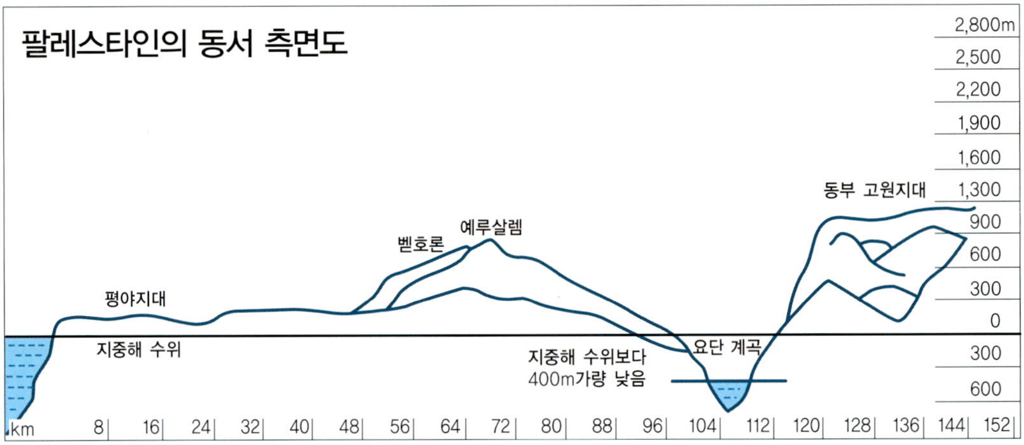

도'를 참조하며 이 내용을 읽기 바란다. 남북 측면도를 보면 산들의 상대적인 높이를 비교할 수 있다. 헬몬산이 다른 산들보다 유독 높이 솟아 있는 점이 눈에 띈다. 또한 요단강이 갈릴리 바다에서 사해로 유입될 때, 가파른 경사면을 따라 흘러 내려가고 있다는 점도 주목하기 바란다.

예루살렘을 기준으로 그려본 팔레스타인의 동서 측면도는 지중해 연안의 해안평야, 구릉지(지중해 연안의 평원과 팔레스타인 중부 고원을 잇는 저지대로 '쉐펠라'라고도 함), 중부 산악지대, 요단 계곡으로 내려가는 가파른 경사, 요단 동편의 고원지대 이렇게 다섯 지형의 상대적인 고도(高度)를 나타내고 있다.

이 측면도를 참조하면, 성경 속에 나오는 사람들이 예루살렘을 향해 남쪽이나 서쪽으로 갈 때는 "올라간다!"라고 말하고 여리고를 향해 동쪽으로 갈 때는 "내려간다!"라고 말한 까닭이 무엇인지 이해할 수 있다.

2 지도 그리기
사복음서

복음서의 지도 역시 이 책 4장에서 그려본 구약 지도의 일부이기 때문에 그리기가 그다지 어렵지 않다. 백지를 세로로 길게 펼쳐 놓은 상태에서 가로를 2등분하여 가운데 지점에서 위아래로 점선을 내리긋고, 세로를 3등분하여 두 개의 점선을 옆으로 그으면 적절한 구도를 잡을 수 있다.

지중해 해안선을 따라 1/3 정도 내려와서 톡 튀어나온 부분에 갈멜산(엘리야 선지자가 바알의 거짓 선지자들과 대결했던 곳)이 위치한다. 위에서 아래로 호리호리하게 뻗은 사해가 지도 맨 아래 부분의 1/3을 차지하고 있다.

이 지도를 백지에 몇 번만 그려보자. 아주 간단하지 않은가? 몇 번만 연습하면 숙달할 수 있을 것이다. 이 구도를 잘 익히면 따로 책을 보지 않고서도 지도를 그릴 수 있다.

3 주요 지역들
사복음서

다음에 제시한 지도 '신약의 주요 지역과 도시'를 참조하며 읽기 바란다. 예수님은 다섯 지역을 주로 다니셨다.

갈멜산과 갈릴리 바다 사이의 지역은 갈릴리 바다의 이름대로 '갈릴리'라고 칭한다. 사해와 지중해 사이의 지역은 구약에서 '유다'라고 했는데, 신약에서는 '유대'라고 한다. 유대와 갈

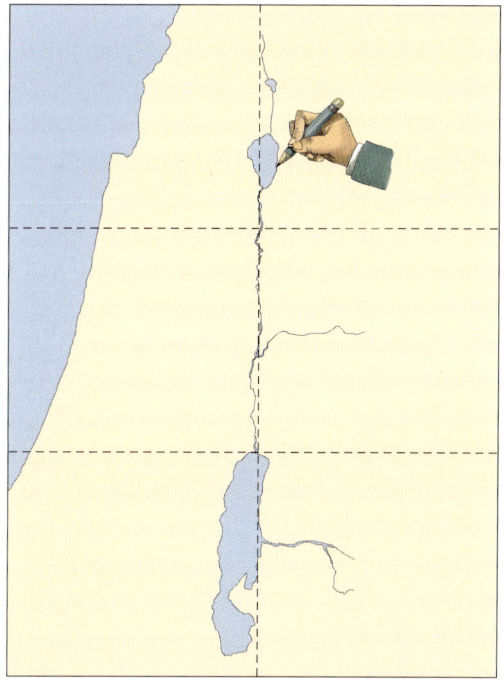

▲신약 지도 : 복음서

▲신약의 주요 지역과 도시

릴리 사이의 지역은 '사마리아'라고 한다. 갈릴리 바다 북동쪽 지역은 '이두래'(Iturea)라고 칭하며, 사해 북동쪽 지역은 '베레아'라고 한다.

이 다섯 지역 가운데 갈릴리를 제외한 네 지역의 이름이 영어 알파벳 'a'로 끝난다는 점이 흥미롭다.

4 주요 도시들

사복음서

그리스도의 지상 사역에는 20개의 도시만이 언급되어 있다. 20개의 도시를 지도에 표기했으니 참조해보라. 그중에서 우리는 복음서의 요약 및 연구를 위해 7개의 도시가 필요하다.

우선 지도 상단부에 '가'로 시작하는 도시가 세 군데(가이사랴 빌립보, 가버나움, 가나) 나와 있다. 예수께서 첫 번째로 이적을 베풀었던 도시인 가나에서 남쪽으로 약 10킬로미터 지점에 예수님이 소년 시절을 보냈던 나사렛이 위치하고 있다. 사마리아 지역 한가운데는 '수가' 성이 위치하고, 수가 성 외곽에는 '야곱의 우물'이 있다. 유대 지역 한가운데에는 '예루살렘'이 위치한다. 사마리아 지역과 수가 성이 'ㅅ'으로 시작되는 것처럼 유대 지역과 예루살렘은 'ㅇ'으로 시작되고 있다. 예루살렘 남쪽 10킬로미터 지점에 구세주께서 탄생하신 베들레헴이 보인다.

5 알파벳으로 본 예수님의 생애

예수님 생애

여기서는 'A' 부터 'Z'까지 영어 알파벳 26개를 이용하여 복음서의 26개 주요 사건들을 발생 순서대로 살펴보겠다. 알파벳 순서와 각 철자에 해당하는 사건들만 기억하면, 사복음서에 기록된 26가지 주요 사건들의 발생 순서를 어렵지 않게 암기할 수 있을 것이다.

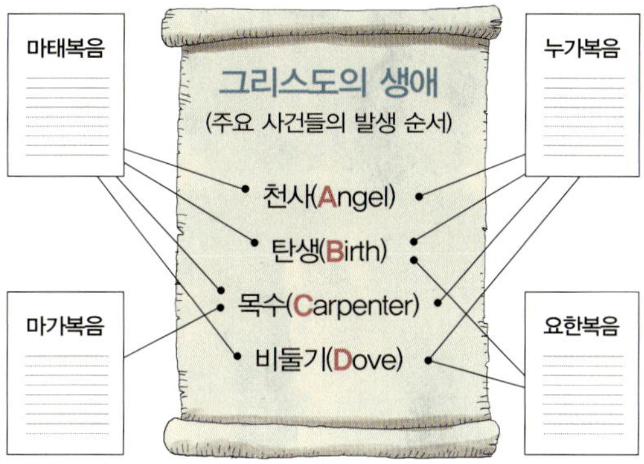

Angel 천사

하나님께서는 자기 아들의 탄생을 공표하기 위한 주요 수단으로서 천사를 사용하셨다. 천사 가브리엘은 예루살렘 성전에서 사가랴에게 나타나, 그의 아내 엘리사벳이 주님의 길을 예비할 세례 요한을 낳을 것이라고 말했다. 가브리엘 천사는 또한 나사렛의 마리아에게도 나타나, 마리아가 성령으로 잉태하여 그리스도를 낳을 것이라고 설명했다(눅 1:6-55). 하나님의 천사는 요셉에게 그와 정혼한 마리아가 메시아의 모친이 될 것이라고 확신시켰다. 또한 천사들은 베들레헴

언덕에 있던 목자들에게 구세주 탄생의 기쁜 소식을 알리기도 했다.

Birth 탄생

예수께서 베들레헴에서 탄생하신 사건은 이적 중의 이적이었다. 처녀가 아기를 낳은 것도 이적이었지만, 그보다 더한 이적은 하나님이 인간이 되셨다는 것이었다. 옛적부터 항상 계신 분(단 7:9)이 시간 안에서 태어나셨다. 하나님의 아들이 인간의 아들이 되셨다. 그러므로 예수님의 베들레헴 탄생은 예수님 존재의 새로운 양상을 의미하는 것이었다.

예수께서 최초의 성탄절에 처소를 옮기셨을 때, 천사들은 정말 기이하게 여겼을 것이다. 만세 전부터 하늘의 영광과 천군 천사의 예배를 받으시던 그분께서 자신의 영광을 감추시고 소박한 시골 부부의 품에서 연약한 아기로 태어나셨으니 말이다(빌 2:6,7).

더욱이 세상의 임금께서 어디에서 출생하셨는가? 마구간은 위생적으로 보나 무엇으로 보나 인간의 아기가 태어나기에 적당한 장소가 아니었다. 그곳은 성탄절 카드들이 풍기는 인상처럼 그렇게 좋은 향기가 나거나 아름다운 곳이 아니었다. 예수님의 요람은 말들의 여물통이었다. 영광의 주님은 너무도 낮은 모습으로 지상의 삶을 시작하셨다.

Carpenter 목수

마태와 마가와 요한은 예수님의 소년기와 나사렛에서의 성장기에 대해 기록하지 않았지만, 의사였던 누가는 이 기간에 대해 두 번이나 언급했다. 그는 소년 예수님의 지혜와 키가 자라가며 하나님과 사람에게 더 사랑을 받았다고 확실하게 말했다(눅 2:40,52). 예수님은 정신적, 신체적, 영적, 사회적인 면에서 건강하게 성장하셨다. 예수님은 육신의 모친 마리아와 자신을 길러준 부친 요셉에게 자발적으로 순종하셨다. 예수님은 '요셉 목공소'에서 목수 일을 배우셨다.

Dove 비둘기

예수께서 예루살렘 반대편 요단강에서 자신의 사촌인 세례 요한에게 세례를 받을 때, 성령께서 비둘기 형상으로 예수님 위에 내려오셨다. 이 장면에서 성삼위(聖三位)가 모두 나타난다. 성자(聖子)께서는 물에 계셨고, 성령(聖靈)께서는 비둘기 형상으로 임하셨고, 성부(聖父)께서는 하늘에서 음성을 내려 "이는 내 사랑하는 아들이요 내 기뻐하는 자라"(마 3:17)라고 하셨다.

예수께서는 자발적으로 자신을 죄 많은 인간과 동일시하셨다. 세례 요한은 메시아를 영접하기 위해 악한 길에서 돌이켜 회개하는 유대인들에게 회개의 징표로서 세례를 베풀었다. 그는 예수님을 보았을 때, "보라 세상 죄를 지고 가는 하나님의 어린양이로다!"(요 1:29)라고 선언했다.

Enemy 원수

예수께서는 세례를 받은 후에 성령께 이끌려

사해 북단의 광야로 들어가셨고, 거기서 하나님 백성의 원수인 사탄에게 시험을 받으셨다(마 4:1-11). 우주적인 갈등인 선과 악의 양대 세력이 유대 광야에서 정면으로 충돌했던 것이다. 그런데 이 사건이 사실일까? 물론 그렇다. 예수님은 죄를 범할 수도 있었을까? 이 질문에는 "그럴 수도 있다"(예수님이 완전한 인간이기 때문에)와 "그럴 수는 없다"(예수님이 완전한 하나님이기 때문에)라고 대답해야 할 것이다. 아무튼 이 사건은 예수께서 가장 어려운 상황에서도 죄를 범하지 않으셨다는 것을 보여준다.

예수께서는 삭막한 광야에서 40일 동안 금식을 하신 상태였다. 사실 사탄의 요구 사항은 그 자체로 정당한 것들이었다. 그러나 합당하지 못한 방법(동기)으로 이적을 일으키라고 제안했다는 것이 문제였다. 사탄은 예수께 자기 자신의 이기적인 목적을 위해 능력을 사용하라고 부추겼다. 그러나 예수님은 거룩한 능력을 이기적인 목적을 위해 사용하기를 거부하셨다. 또한 예수님은 세상 나라들과 사람들의 칭송을 얻기 위해 십자가를 피하지도 않으셨다. 주님은 빵 한 조각을 얻기 위해 영혼을 팔지 않으셨다.

예수님은 세 차례의 시험을 하나님의 말씀으로 대면했고 또 하나님의 말씀으로 물리치셨다. 예수님의 원수 사탄은 곧 우리의 원수이다. 사탄은 우는 사자처럼 두루 다니며 삼킬 자를 찾고 있다(벧전 5:8). 예수님은 신명기의 말씀을 세 차례 인용하셨다. 구약의 말씀을 열심히 배워 암송하고 계셨던 것이 분명하다.

오늘 우리는 신명기 말씀을 몇 구절이나 인용할 수 있는가? 구약 전체에서는 어떤가? 시험과 유혹의 순간에 가장 유용한 것은 공책이나 책상에 기록된 말씀이 아니라 머리와 가슴에 새겨진 말씀이다. 시편 기자처럼 주님의 말씀을 마음판에 깊이 새겨 주께 죄를 범하지 않도록 해야 할 것이다(시 119:9-11).

Followers 제자들

예수님의 제자 중 일부는 베레아에서 따르기 시작했고, 다른 제자들은 예수께서 갈릴리에서 부르셨다. 그들 가운데는 세례 요한의 제자였다가 예수님을 따르기 시작한 이들도 있었다(요 1:35-42). 세례 요한의 사역이 오래 지속될수록 그를 따르는 무리들은 점점 줄어들었다. 그러나 그는 실패한 일꾼이 아니었다. 메시아보다 먼저 와서 메시아의 길을 평탄하게 하는 것이 그의 본분이었기 때문이다.

열두 제자의 이름을 말할 수 있는가? 못한다고 실망하지 말자. 다 외우는 사람들도 별로 없다. 다음 도식처럼 '맨 가(街) 52번지'(52 MAN ST.)

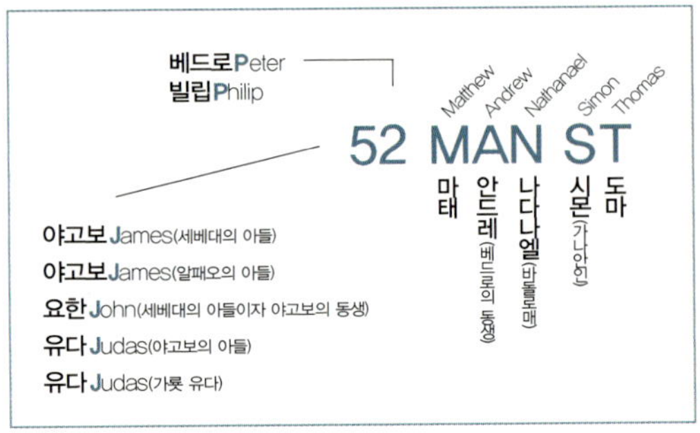

만 외우면 열두 제자의 이름을 쉽게 암기할 수 있다. 숫자 '5'에는 알파벳 'J'로 시작하는 이름을 가진 제자 5명, '2'에는 알파벳 'P'로 시작하는 이름을 가진 제자 2명, 'M, A, N, S, T'는 각각 그 철자로 시작하는 제자의 이름을 기억하도록 한다.

그런데 예수께서 이 열두 사람들을 택하신 까닭이 무엇일까? 복음서 기자 마가가 단서를 제공한다.

"이에 열둘을 세우셨으니 이는 자기와 함께 있게 하시고 또 보내사 전도도 하며"(막 3:14).

예수님은 3년의 사역 기간 동안 그들과 함께 생활하면서 그들을 제자("배우는 자"라는 뜻임)로 키우셨다. 그들은 예수님의 '도제'(徒弟)들이었다. 예수님은 그들을 통해 자신의 사역을 증대시키기를 원하셨다. 그래서 그들을 세상에 보내어 자신의 사역을 수행하도록 하신 것이다.

예수님은 지금도 자기를 구주로 영접한 '제자들'(크리스천들)을 세상으로 보내신다. 그리스도를 구주와 주님으로 처음 영접한 순간이야말로 예수님을 만날 준비를 가장 잘 갖춘 순간일 것이다. 하지만 예수님은 우리가 그런 상태에 만족하여 머물러 있지 않고 예수님의 일꾼으로서 세상으로 들어가 복음을 전하기를 원하신다.

Guest 손님

예수께서는 공생애 사역 초기에 제자들과 함께 갈릴리 가나의 혼인 잔치에 초청을 받으셨다. 주인이 준비한 포도주가 동났을 때, 예수께서는 당황한 주인에게 은혜를 베풀어 난처한 상황에서 구해주셨다.

예수님은 물을 포도주로 변하게 하심으로써 자신이 창조주로서 물질의 원소(元素)까지도 지배하는 능력을 소유하고 있다는 것을 입증해보이셨다. 거기에는 아들의 신성(神性)을 믿었던 예수님의 모친 마리아도 있었다. 이 공적인 이적은 부차적인(그러나 매우 중요한) 유익도 끼쳤다. 제자들이 예수님이 어떤 분인지 깨닫도록 도움을 준 것이다(요 2:1-11).

예수님은 이 결혼식에 참석하여 기적을 베푸시고 또 나중에 결혼에 대해 직접 말씀하심으로써 결혼 관계가 신성한 것이라고 가르치셨다. 결혼은 인류가 타락하기 이전에 제정된 것으로서(창 2장), 인간의 행복을 위한 하나님의 아이디어이다.

Housecleaning 성전 정화

'예수님 당시의 예루살렘'을 보자. 예루살렘 북동쪽에 성전이 자리하고 있다. 그럼 이제 '예수님 당시의 성전(헤롯 성전)'을 보자. 이 성전이, 스룹바벨이 재건한 것을 헤롯대왕이 장식하고 미화한 성전이라는 것 정도는 알고 있을 것이다.

우리는 성전 지역을 확대한 이 그림을 통해 '이방인의 뜰'이 헤롯 성전에서 넓은 공간을 차지하고 있음을 알 수 있다. 이방인들이 성전에 적법하게 접근할 수 있는 범위가 여기까지였다. 유대인 여자들은 이방인들보다 좀 더 가까이 '여인들의 뜰'까지 접근할 수 있었다. 유대인 남자들은 여자들보다 더 가까이 '이스라엘의 뜰'까지 들어갈 수 있었다. 제단을 비롯한 그 이외의 구역은 제사장들만 출입할 수 있었다.

그런데 몇몇 유대인들이 이 넓은 '이방인의

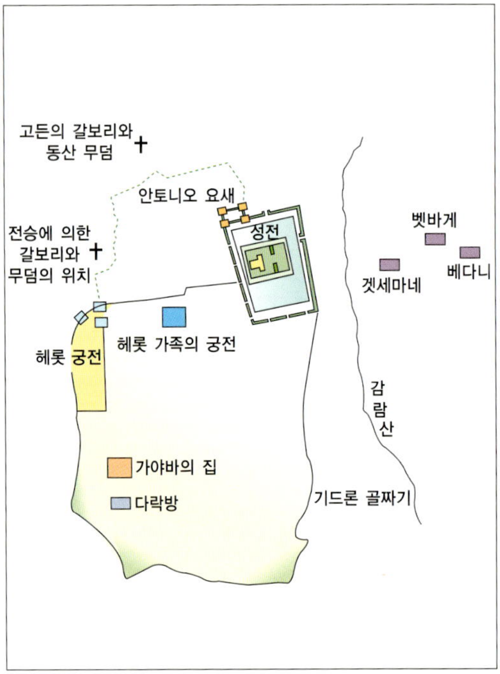

▲예수님 당시의 예루살렘

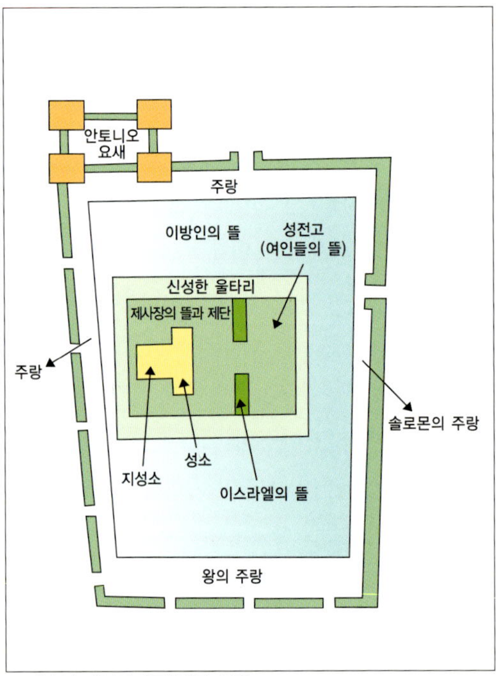

▲예수님 당시의 성전(헤롯 성전)

뜰'에 가판대를 차려놓고, 예배하러 오는 사람들의 호주머니를 갈취하고 있었다. 그들은 사람들이 제물로 가져온 동물들을 검수하여 언제나 '흠'을 찾아냈다. 그러면 순례자들은 제물로 가져온 동물들을 빼앗기고, 다른 가판대로 안내되어 유대인들의 검수와 승인을 받은 동물을 울며 겨자 먹기로 구입해야 했다.

그런데 유대인 장사치들은 '검수와 승인을 받은' 동물들을 어디에서 구했던 것일까? 그것들은 다른 게 아니라 다른 순례자들에게서 빼앗은 것들이었다! 게다가 순례자들이 '검수와 승인을 받은' 동물을 구입하려면 먼저 세상에서 사용하던 '부정한 돈'을 성전에서 통용되는 화폐로 바꾸어야 했다. 물론 환율은 언제나 성전 화폐 쪽으로 기울게 마련이었다. 순례자들은 '승인된' 동물을 구입하기 위해 엄청나게 비싼 가격을 치러야만 했다.

이보다 더 지독한 착취가 어디 있겠는가? 그러므로 예수님이 의분으로 가득하여 돈 바꾸는 자들과 동물을 판매하는 자들을 성전에서 내쫓으신 것은 결코 이상한 일이 아니었다. 예수께서는 "내 아버지의 집으로 장사하는 집을 만들지 말라!"라고 고함을 지르셨다(요 2:16).

이 사건으로 예수님은 백성들의 호의를 얻으셨고, 제자들은 예수께서 성전의 권위를 압도하는 권세를 갖고 계시다는 것을 믿게 되었다. 그러나 또한 이 사건은 예수님의 이름을 '바리새 연방수사국'의 수배자 명단 맨 위에 올려놓았다. 바리새인들은 자신들의 체제를 위협하는 예수님을 가만두지 않겠다고 벼르기 시작했다.

Interview 면담

이 사건이 있은 직후, 유대 관원이자 바리새인이었던 니고데모가 한밤중에 예수님을 찾아왔다. 그는 단순한 인간이라면 예수님이 베푸셨던 이적을 베풀 수 없다는 것을 잘 알고 있었기 때문에 예수님을 하나님으로부터 온 선생으로 여기고 있었다.

예수님은 니고데모에게 사람이 하나님나라를 보려거든 거듭나야 한다고 말씀하셨다. 그러나 니고데모는 거듭남의 의미를 깨닫지 못했다(요 3:1-9). 이 땅에 존재하려면 육신으로 출생하는 과정이 필요한 것처럼 천국에 들어가려면 영적으로 출생하는 과정이 필요하다. 예수님은 깊은 밤중에 자신을 찾아온 니고데모에게 복음을 간단명료하게 설명하셨다.

"하나님이 세상을 이처럼 사랑하사 독생자를 주셨으니 이는 저를 믿는 자마다 멸망치 않고 영생을 얻게 하려 하심이니라"(요 3:16).

하나님께서는 외아들을 세상 죄를 위한 희생제물로 내어주심으로써 사랑의 몫을 다하셨다. 그러므로 이제 우리의 몫만 남아 있다. 우리의 몫은 그리스도를 인생의 구주로 믿고, 장차 천국에 들어갈 소망으로서 그분의 공적(功績)만을 신뢰하는 것이다.

구원은 하나님께서 거저 주시는 선물이다. 우리가 할 일은 믿음으로 그 선물을 받는 것이다. 우리는 이 선물을 받아 누릴 수 있다. 그리스도를 나의 구주로 영접할 때, 우리는 죄 때문에 멸망하는 데서 나와 하나님께서 주시는 영원한 생명을 가질 수 있다.

Jacob's Well 야곱의 우물

예수께서는 제자들과 함께 북쪽으로 여행하다가 사마리아의 수가 성에 당도하여 '야곱의 우물'이라 불리는 곳에 잠시 멈추셨다.

예수께서 예루살렘에서 만났던 니고데모는 상류 계층인 동료들과 다소 다른 사람이었는데, 이번에 만난 사람은 하류 계층의 동료들과도 아주 많이 다른, 죄 많은 사마리아 여인이었다. 예수께서는 그 여인이 육신의 갈증을 해소할 물을 찾고 있다는 것을 아시고 그 여인에게 사람의 영적 목마름을 완전히 해소해줄 수 있는 생수를 소개하셨다.

예수님은 수가 성에 구원의 메시지를 전하실 때, 사람들의 존경을 받는 상류층에서 시작하여 그들의 영향력이 아래로 흐르게 하지 않으셨다. 대신 그 마을에서 가장 형편없는 여인에게서 시작하여, 그녀가 철저하게 변화된 삶으로 다른 이들에게 영향을 끼치게 하셨다. 만약 예수님이 그렇게 죄 많은 여인을 구원하셨다면 다른 모든 사람들 역시 구원의 소망을 가질 수 있을 것이다.

사마리아 여인이 마을로 돌아가 우물가에 있는 어떤 사람이 자신이 저질렀던 모든 행위를 알고 있다고 전했을 때, 수가 성의 많은 남자들이 귀를 쫑긋 세우고 '그 사람이 나에 대해서도 알고 있을까?'라고 생각했을 것이다. 그들이 그 여인과 부적절한 관계를 맺었기 때문이다. 그 부정했던 여인의 간증과 예수님의 가르침으로 많은 사마리아 사람들이 예수님을 믿게 되었다(요 4:5-39).

Kin 친척

예수께서는 계속 북쪽으로 향해 정든 고향 나사렛에 당도하셨다. 예수님은 친족에게 가서 자신이 그들의 메시아라고 공식적으로 선포하셨다. 예수님의 모친 마리아는 예수님을 믿었지만, 형제자매들은 그렇지 않았던 것으로 보인다.

나는 인간적인 면에서 그들의 입장을 이해할 수 있을 것 같다. 당신의 형이나 오빠나 누나나 언니가 절대적으로 완벽하다면, 장난감과 신발을 언제나 가지런히 정돈하고 또 엄마 아빠가 부르면 즉시 달려온다면 아무리 혈육지간이라도 함께 살고 싶겠는가? 유대인들이 예수님을 십자가에 못 박기 전에 형제자매들이 먼저 못 박지 않은 것이 거의 기적으로 보인다.

예수님은 육신의 가족에게 복음을 전하는 일에 우선순위를 두셨다. 하지만 그들은 예수님이 부활하신 후에도 예수님을 거부했다. 하지만 적어도 예수님의 동생 야고보(야고보서의 기자)는 십자가에 못 박혔다가 부활하신 예수님을 보고 나서 이를 확신했을 것이다(고전 15:7).

예수님은 우리가 우리의 '나사렛'에서 가족과 친척과 더불어 믿음의 행보를 시작하기를 바라신다. 어쩌면 우리는 "선지자가 자기 고향과 자기 집 외에서는 존경을 받지 않음이 없느니라"(마 13:57)라는 주님의 말씀을 현실적으로 깨닫게 될는지 모른다.

예수께서 나사렛 회당에서 자신을 구세주로 나타내시자, 유대인들은 예수님을 죽이려고 했다. 하지만 예수님은 꿈쩍도 하지 않고 자신의 길을 계속 가셨다.

Location 장소

그 후에 예수님은 사역 장소를 바꾸어 가버나움(아마도 베드로의 집에서)에서 기거하셨다. 가버나움은 이후 3년 동안 예수님 사역의 본부가 되었다. 예수님은 잠깐씩 예루살렘에 올라가곤 하셨지만, 공생애 기간 대부분을 갈릴리 지역에서 보내셨다. 사복음서에 기록된 예수님의 이적과 비유의 80퍼센트가 가버나움을 근거지로 갈릴리에서 수행하신 것들이다.

예수님을 향한 백성들의 기대가 증대됨에 따라 바리새인들의 반대 또한 거세졌다. 그들은 예수님을 정죄할 증거와 핑계를 찾기 위해 혈안이 되어 있었다.

Message 메시지

예수께서는 가버나움에서 그리 멀지 않은 갈릴리 바닷가에서 제자들을 모으시고 '산상수훈'(마 5-7장)을 가르치셨다. 이 설교에서 예수님은 제자들에게 기대하시는 의로움의 표준을 요약하셨다. 제자들의 의(義)는 모세 율법의 시시콜콜한 의미까지 꼬치꼬치 따지던 서기관들과 바리새인들의 의를 능가해야 했다. 예수께서는 제자들이 바리새인이나 서기관이나 구전 전통을 통해 그때까지 들어왔던 말과 정반대되는 말씀을 전하셨다. 바리새인들은 율법을 장황한 규칙의 목록(의롭게 되기 위해 마땅히 지켜야 할)으로 격하시켰지만, 예수님은 율법의 핵심이 하나님과 이웃을 향한 사랑이라고 가르치며 내적인 생각과 동기가 외적인 형식보다 훨씬 더 중요하다고 말씀하셨다. 사람을 더럽히는 것은 입으로 들어가거나 외적으로 행하는 게 아니라 사람 안에서 나오는 것, 마음으로부터 생기는 것이다. 일례로 육신의 정욕이 실제적인 간음 행위로 귀착되는

서기관과 바리새인	예수님
외적인 의가 우선임	내적인 의가 우선임
외적 규범	내적 영혼
하나님의 말씀 + 전통	오직 하나님의 말씀
권위를 인용하여 말함	자신의 권위로 말함
스스로 의로워지려고 함	하나님의 의
행함	믿음 → 행함

것을 막으려면 먼저 마음으로부터 죄를 짓지 않도록 막아야 한다.

Nature 자연

예수님은 갈릴리와 가버나움에서 실로 많은 이적을 행하심으로써 자연을 압도하는 권능의 신성(神性)을 소유하고 있음을 나타내 보이셨다. 예수께서 베푸신 이적 몇 가지를 소개하면 다음과 같다.

- 왕의 신하의 아들을 고치심(요 4:46-54).
- 물고기를 많이 잡게 하심(눅 5:1-11).
- 회당에서 귀신 들린 사람을 구해주심 (막 1:21-28 ; 눅 4:31-37).
- 베드로의 장모를 고치심 (마 8:14,15 ; 막 1:29-31 ; 눅 4:38,39).
- 문둥병 환자를 고치심 (마 8:2-4 ; 막 1:40-45 ; 눅 5:12-16).
- 중풍 환자를 고치심 (마 9:2-8 ; 막 2:3-12 ; 눅 5:17-26).
- 손 마른 사람을 고치심 (마 12:10-13 ; 막 3:1-5 ; 눅 6:6-10).
- 백부장의 종을 고치심(마 8:5-13 ; 눅 7:1-10).
- 과부의 아들을 살리심(눅 7:11-16).
- 귀신 들려 눈멀고 벙어리 된 자를 고치심 (마 12:22 ; 눅 11:14).
- 광풍을 잔잔하게 하심 (마 8:23-27 ; 막 4:35-41 ; 눅 8:22-25).
- 혈루증 앓는 여자를 고치심 (마 9:20-22 ; 막 5:25-34 ; 눅 8:43-48).
- 야이로의 딸을 살리심 (마 9:18,19,23-26 ; 막 5:22-24,35-43 ; 눅 8:41,42,49-56).
- 두 소경을 고치심(마 9:27-31).
- 귀신 들려 벙어리 된 사람을 고치심(마 9:32-34).
- 오병이어로 5천 명을 먹이심 (마 14:13-21 ; 막 6:33-44 ; 눅 9:11-17 ; 요 6:1-14).
- 물 위를 걸으심(마 14:22-33 ; 막 6:45-52 ; 요 6:19).
- 물고기 입에서 동전을 얻으심(마 17:27).

이 밖에도 예수께서 베푸신 이적은 무수히 많다! 니고데모의 말이 옳다. 보통 사람은 예수님이 행하신 이적을 행할 수 없다(요 3:2). 예수님은 하나님으로부터 온 선생이다. 아니, 그 이상이다.

Opposition 반대

예수께서 가버나움에서 여전히 공생애 사역을 하실 때, 예수님에 대한 반대가 극에 달했다. 유대 지도자들이 예수님에 대해 공식적인 판결을 내린 곳이 가버나움이었다. 그들은 '예수님이 하늘에서 왔느냐, 지옥에서 왔느냐' 하는 것 중에 하나를 선택해야 했다.

그들은 예수님을 선한 도덕 교사 정도로 간주해버리고 넘어갈 수가 없었다. 예수께서 신성을 주장하셨을 뿐 아니라 실제로 초자연적인 이적들을 수없이 행하셨기 때문이다. 그렇다고 예수님의 능력이 하늘로부터 온 것이라고 인정할 수도 없는 노릇이었다. 그렇게 되면 예수님을 주님으로서 받아들이고 복종할 뿐 아니라 예수께서 자기들에게 했던 말씀을 그대로 시인해야 했기 때문이다. 예수님은 그들이 소경을 인도하는 소경이며, 회칠한 무덤이며, 죽은 자들의 뼈로 가득한 자이며, 독사이며, 하루살이는 걸러내고 낙타는 삼키는(사소한 일은 꼬치꼬치 따지고 정작 중요한 일은 대충 넘어가는) 자라고 하셨다.

결국 그들은 예수님의 이런 발언에 심기가 뒤틀렸고(이것만이 유일한 원인은 아니었지만), 예수님을 죽이고 싶어졌다. 그리고 예수님을 죽이기 위해서는 예수님의 능력이 지옥에서 온 것이라고 주장해야 했다.

예수님은 바리새인들이 가버나움에서 내린 결정이 '용서받지 못할 죄'이며 또한 '성령을 훼방하는 죄'라고 단언하셨다(마 12:31,32). 그들이 하나님의 아들의 거룩하신 능력을 사탄에게서 나온 부정한 힘으로 돌려버렸기 때문이다. 그들은 이제 예수님을 고소할 시점과 장소를 정하고, 유죄판결과 사형선고를 얻어낼 방도만 찾으면 되었다.

그들이 논쟁의 마지막 대목에서 표적을 보여달라고 청했을 때, 예수께서는 악하고 음란한 세대에게는 선지자 요나의 표적밖에 보여줄 것이 없다고 대답하시면서 요나가 사흘 밤낮을 큰 물고기 배 속에 있었던 것과 같이 인자(人子), 곧 예수님도 사흘 밤낮을 땅 속에 있을 것이라고 말씀하셨다(마 12:38-40).

Parables 비유

예수께서는 공생애 사역을 시작하신 때부터 바리새인들과 서기관들이 가버나움에서 성령을 훼방하는 죄를 짓기까지 몇 가지 비유를 말씀하셨을까? 정확히 알 수 없지만 성경에는 딱 한 가지만 기록되어 있다. 그것은 바로 산상수훈의 결론으로서, 모래와 반석 위에 집을 짓는 사람에 대한 비유(마 7:24-27)이다. 성경에 기록된 예수님의 다른 모든 비유들은 바리새인들과 서기관들이 성령을 훼방하는 죄를 범한 이후에 나온다. 이것을 통해 우리는, 비유가 믿음의 눈을 가진 자에게는 진리를 펼쳐 보이시고, 바리새인들처럼 진리를 거부하는 자에게는 닫으시는 예수님의 은혜의 수단임을 알 수 있다.

예수님은 이렇게 비유로 말씀하심으로써, 자신을 반대하는 인간들이 더 큰 정죄감을 갖지 않도록 하셨다. 이것은 성경을 두루 관통하는 기본적인 원칙, 곧 빛에 순종하면 더 밝은 빛을 얻지만 순종하지 않으면 계속 어둠 속을 헤매게 된다는 원칙에 일치한다. 또한 예수님은 군중들이 이해하지 못했던 몇 가지 비유의 의미를 제자들에게 직접 풀어주시기도 했다. 예수님이 말씀하신 비유 대부분은 이적과 마찬가지로 갈릴리 가버나움 지역에서 주신 것이다.

Question 질문

예수께서는 제자들과 가이사랴 빌립보 지방에 이르러 자신의 정체에 대한 최근의 여론 동향에 대해 물으셨다. 제자들은 "예수님을 세례 요한으로 생각하는 이들이 48퍼센트, 엘리야로 여기는 이들이 32퍼센트, 다른 선지자로 여기는 이들이 10퍼센트, 모르겠다는 이들이 10퍼센트로 집계되었습니다"라고 대답했다(물론 이 숫자는 내가 임의로 덧붙인 것이지만).

그러자 예수께서 제자들에게 "너희는 나를 누구라 하느냐?"라고 다시 물으셨다. 이에 베드로가 옳게 대답했다.

"주는 그리스도시요 살아 계신 하나님의 아들이시니이다"(마 16:16).

베드로는 예수님이 온전한 신성을 지니신 약속의 메시아라고 믿었고, 예수님은 그런 베드로의 믿음을 아낌없이 칭찬하셨다. 그리고 그런 진리는 스스로 깨우치거나 다른 사람에게서 배운 게 아니라 하나님께서 베드로의 영적인 눈을 뜨게 하셨기 때문이라고 가르치셨다.

당신은 예수님이 누구신지 확실히 알고 있는가? 예수님이 선한 도덕 교사에 지나지 않는다는 견해는 당신이 고려할 사항이 아니다. 선한 교사는 거짓말을 하지 않는데, 예수님은 자신이 하나님이라고 주장하셨기 때문이다. 예수님이 선한 교사이지만 하나님은 아니라면 예수님은 거짓말쟁이나 미치광이 둘 중 하나가 되어야 할 것이다. 그러므로 당신에게 남은 유일한 논리적 선택은, 예수님을 예수님이 주장하신 분, 곧 세상 죄를 대신하여 죽기 위해 육체를 입고 이 땅에 오신 하나님으로 믿는 것이다. 만약 예수님이 하나님이라면(예수님은 절대적으로 하나님이시다), 우리 인생의 구주와 주님으로서 믿어야 마땅하다.

Revelation 계시

어느 날, 예수께서 베드로와 요한과 야고보를 데리고 높은 산(가이사랴 빌립보 북쪽의 헬몬산일 것으로 추정되는데)으로 올라가셨다. 세 제자는 거기서 메시아와 주님이신 예수께 특별한 계시를 받는 특전을 누렸다. 예수께서 그들 앞에서 변화되셨던 것이다. 예수님은 처음 고난의 세상에 나시기 위해 웅대한 천국을 떠나며 스스로 감추셨던 영광의 광채 일부를 세 제자들에게 드러내셨다. 또한 예수께서는 세 제자가 쫑긋 귀를 세우고 듣는 가운데 모세와 엘리야와 더불어 말씀을 나누셨다(마 17:1-8).

하나님께서 비춰주시는 빛을 신실하게 따르면 더 밝은 빛을 얻을 수 있다. 예수께서는 작은 일에 충성하는 자녀가 많은 것을 다스리게 될 것이라고 약속하셨다. 이 원칙은 물질을 소유하는 데뿐 아니라 영적인 깨달음을 얻는 데에도 그대로 적용된다.

Stoning 돌로 침

예수님과 제자들이 유월절 명절을 지내려고 예루살렘에 이르렀을 때, 유대인들이 예수님을 돌로 치려고 했다. 예수님의 능력이 사탄에게서 나온 것이라고 가버나움에서 확정적으로 결정을 내린 때부터 예수님을 죽어 마땅한 범죄자로

여겼기 때문이다. 그러나 예수님의 때는 아직 이르지 않았다. 그래서 예수께서는 조용히 그들을 떠나 다른 곳으로 가셨다(요 10:22-39).

당시 예루살렘 거리는 유월절 명절을 지키기 위해 예루살렘을 방문한 백만 명가량의 순례자들로 붐비고 있었다. 적대자들은 예수님을 잡을 수가 없었다. 하나님께서 예수님의 사명을 끝마치기로 작정하신 때가 이르기 전이었으므로 아무도 예수님을 해할 수 없었던 것이다. 우리 역시 하나님께서 우리의 사명을 끝마치기로 작정하신 때가 이르기 전에는 죽지 않을 것이다. 사탄은 십자가 이전에 예수님을 죽이기를 원했지만, 아버지께서는 그 결정적인 때를 위해 예수님을 보호하셨다.

Tomb 무덤

십자가에 못 박히기 전 마지막 주간, 예수님은 예루살렘 동쪽의 근교 베다니에 살고 있는 친구 나사로가 병들어 죽게 되었으니 와달라는 부탁을 받았다. 그러나 예수께서 베다니에 당도하셨을 때에는 이미 나사로가 죽어 그 시신이 부패하고 있었다. 일이 그렇게 된 까닭은 예수께서 나사로가 병에 걸렸다는 소식을 들었을 때, 나사로의 무덤에서 하나님의 강력하신 역사를 나타내 보이기 위해 베다니로 가기를 지체하셨기 때문이다. 그리고 예수님의 한마디 말씀에 나사로가 무덤 밖으로 걸어 나오자 주변에 있던 많은 유대인들은 깜짝 놀랐다(요 11:1-45).

요한복음을 기록한 사도 요한은 땅에서 살다가 죽은 모든 사람들이 장차 어느 날 하나님의 아들의 음성을 듣고 다시 일어나 영원히 살게 될 것이라고 말했다(요 5:25,28,29). 어떤 이들은 부활하여 영원한 생명을 얻고, 어떤 이들은 부활하여 영원한 형벌을 받을 것이다. 모든 사람들이 천국이나 지옥에서 영원토록 살게 될 것이다. 예수께서 모든 자들을 죽음에서 일으켜 심판하실 것이다.

그러나 그날 베다니에서는 나사로만이 부름을 받고 일어났다. 만약에 예수께서 나사로의 이름을 거명하면서 "나사로야 나오라!"(요 11:43)라고 하지 않으셨다면, 모든 죽은 자들이 땅의 무덤에서 일어나 나왔을 것이다.

Upset 뒤엎음

예수님이 헤롯 성전의 이방인의 뜰에서 부정직한 장사치들을 쫓아내신 지 거의 3년이 흘렀다. 그런데 그 뒤 장사치들이 하나 둘 이방인의 뜰에 또다시 자리를 잡기 시작했다. 성전에서 벌어지는 모든 부정한 매매 행위들을 다시 한 번

쓸어내야 할 때가 된 것이다.

예수께서는 바리새인들이 하나님의 집을 기도하는 집으로 만드는 대신 강도의 굴혈로 만든 것에 격분하셨다. 그래서 예수님은 성전 안에서 매매하는 모든 자들을 내쫓으시고, 돈 바꾸는 자들의 상과 비둘기 파는 자들의 의자를 둘러엎으셨다(마 21:12,13).

Vision 미래에 나타날 일들

예수께서는 제자들을 예루살렘 동편에 있는 감람산으로 데리고 가셔서 종말의 때에 관하여 가르치셨다. 예수님은 재림의 징조들에 대해 설명하시는 한편, 거짓 그리스도들이 등장할 것이라고 경고하셨다. 장차 이 세상에 엄청난 환란이 임할 것이다(마 24:3-51).

Washing 씻음

가룟 유다가 예수님을 배신하기 직전의 목요일 밤, 예수님은 제자들과 함께 유월절 만찬을 나누기 위해 예루살렘의 한 다락방으로 올라가셨다. 시중을 드는 하인들은 아무도 없었지만 물을 담은 대야와 수건이 입구에 놓여 있었다.

먼지 가득한 길에 발이 훤히 드러나는 샌들을 신고 다니던 당시에는 음식을 먹기 위해 식탁에 앉기 전에 발을 씻는 것이 관습이었다. 그러나 제자들은 자신들을 너무 소중히 여겨, 종의 역할을 떠맡아 다른 사람의 발을 씻겨줄 수 없다고 생각했다.

예수님은 제자들에게 나중 된 자가 먼저 될 것이라고 분명히 말씀하셨지만, 그들은 하나님나라에서 누가 가장 높은 자리에 오를지에 대해 서로 논쟁하고 있었다. 그들은 으뜸이 되고자 하는 자는 먼저 모든 사람의 종이 되어야 한다고 배웠음에도, 예수님 보좌의 좌우편에 자기를 앉혀달라고 청했다.

이에 예수께서 수건을 허리에 동이고 대야를 가져다가 제자들의 발을 하나씩 씻기시며 종의 본을 보이셨다(요 13:4-15). 이는 예수께서 그 다음 날에 친구들을 위해 친히 목숨을 내어줌으로써 자발적으로 담당하실 종의 역할을 미리 보여주셨던 것이다.

X-ecution 사형 집행

'사형 집행'을 뜻하는 단어는 'execution'이지만 이번 논의를 'X'로 시작하기 위해 발음대로 'X-ecution'이라 했으니 양해하기 바란다. 예수님은 예루살렘 성 외곽에서 일반 범죄자로서 사형을 당하셨다. 예수께서는 다른 두 명의 범죄자 사이에서 십자가에 못 박히셨다. 그러나 예수님의 십자가 죽음은 인간의 죽음과는 전적으로 다른 유일무이한 죽음이었다.

첫째, 예수님은 자발적으로 죽으셨다. 죽음의 원인은 죄이다. 그러나 예수님은 죄가 없으셨다. 따라서 예수님은 죽으시면 안 되었다. 예수님은 자신의 목숨을 버리기로 선택한 최초의 유일한 인간이셨다.

둘째, 예수님의 죽음은 대속의 죽음 혹은 다른 이들을 위한 죽음이었다. 예수께서 십자가에서 쏟으신 완전한 생명의 피는 모든 시대 모든 인간의 죄에 대한 충분한 대가가 되었다. 그러나 이것이, 예수님의 보혈의 공로가 자동적으로 모든 이들에게 적용된다는 것을 의미하는 것은 아니다.

예수님의 구속(救贖)의 공로를 우리 것으로 만들려면 믿음으로 받아들여야 한다. 우리는 하나님의 용서를 획득할 만큼 선행을 베풀 수도 없으며 또 그만큼 선해질 수도 없다. 하나님의 용서는 선물로서 믿음으로 받아야 하는 것이다. 믿음은 우리가 '일하지 않고' 얻을 수 있는 유일한 것이다.

Yes! "네!"

그렇다(Yes)! 예수님의 부활이 입증하는 것처럼 예수님은 하나님이시다.

"거기 못 가두네 예수 내 구주
우리를 살리네 예수 내 주
원수를 다 이기고 무덤에서 살아나셨네"
(찬송가 150장).

예수님의 신성을 입증하는 가장 확실한 증거는 예수님의 부활이다. 바울은 그리스도의 부활을 고려하지 않으면 기독교 신앙의 신빙성이 산산이 부서지게 된다는 것을 깨달았다(고전 15장). 그러나 예수께서는 정말 죽은 자 가운데서 일어나셨다. 이는 가장 확실하게 입증된 역사적 사건이요, 사실이다.

Zion 시온

시온은 예루살렘의 또 다른 이름이다. 예루살렘이 '시온산' 위에 세워졌기 때문에 시온이라고도 한다. 예수님은 예루살렘 동편의 감람산에서 승천하실 때, 하늘로 올라가는 것을 본 그대로 다시 오겠다고 약속하셨다(행 1:1-12).

장차 예수께서 재림하실 때, 그분은 자기 백성들을 맞아들일 것이며, 자신의 권세에 반항하는 모든 세력들을 침묵하게 하실 것이다. 예수님을 구주와 주님으로 영접한 우리 모두는 하나님나라에서 예수님과 함께 영원히 왕 노릇할 것이다.

이번 장의 처음 부분으로 돌아가, 그리스도 생애의 10가지 주요 사건을 임의로 배열한 도표를 보자. 이제 그 사건들을 발생 순서대로 다시 배

그리스도의 생애에 대해 얼마나 잘 알고 있는가?

알파벳 순서이자 발생 순서에 따라 아래 사건들을 배열했다.

1	베들레헴에서 출생하심(Birth in Bethlehem)	6	니고데모와 대화를 나누심(Interview with Nicodemus)
2	나사렛에서 목수로 생활하심(Carpenter in Nazareth)	7	산상수훈(Message on mount)
3	사탄에게 세 차례 시험 받으심(Enemy's 3 temptations)	8	천국의 비유를 말씀하심(Parables of Kingdom)
4	혼인 잔치에 손님으로 가심(Guest at wedding)	9	나사로의 무덤(Tomb of Lazarus)
5	성전을 정결케 하심(Housecleaning the temple)	10	제자들의 발을 씻겨주심(Washing disciples' feet)

알파벳 순서로 기억하는 예수님의 생애

주요 사건	관련 성구	관련 지역
Angel(천사)	마 1:18-25, 눅 1:5-38	나사렛과 예루살렘
Birth(출생)	마 2:1-12, 눅 2:1-20	베들레헴
Carpenter(목수)	마 2:19-23, 눅 2:39-52	나사렛
Dove(비둘기)	마 3:11-17, 눅 3:15-23	요단강
Enemy(원수)	마 4:1-11, 눅 4:1-13	광야, 유대 남부
Followers(제자들)	요 1:19-51	베레아와 갈릴리
Guest(손님)	요 2:1-11	갈릴리 가나
Housecleaning(성전 정화)	요 2:13-22	예루살렘
Interview(면담)	요 3:1-21	예루살렘
Jacob's Well(야곱의 우물)	요 4:5-42	수가, 사마리아
Kin(친척)	눅 4:16-31	나사렛
Location(장소)	마 4:13-22	가버나움
Message(메시지)	마 5-7장	가버나움 지역
Nature(자연)	눅 7:1-35	가버나움 지역, 갈릴리
Opposition(반대)	마 12:22-50	가버나움
Parables(비유)	마 13:1-53, 막 4:1-34	가버나움 지역
Question(질문)	마 16:13-28, 눅 9:22-36	가이사랴 빌립보
Revelation(계시)	마 17:1-13	이두래, 헬몬산으로 추정됨
Stoning(돌로 치려 함)	요 10:22-39	예루살렘
Tomb(무덤)	요 11:1-54	예루살렘 근처 베다니
Upset(뒤엎음)	마 21-23장	예루살렘
Vision(미래에 나타날 일들)	마 24,25장	예루살렘, 감람산
Washing(씻음)	요 13장	예루살렘, 다락방
X-ecution(사형 집행)	마 26:30-27:56	예루살렘
Yes!(네!)	마 28장, 눅 24:1-49	예루살렘, 유대, 갈릴리
Zion(시온)	눅 24:50-53, 행 1:1-12	예루살렘, 감람산

열할 수 있겠는가? 여기까지 착실하게 읽은 독자라면 누구나 어렵지 않게 해낼 수 있을 것이다. 열쇠는, 각 항목의 첫 자를 알파벳 순서대로 배열하는 것이다.

여기 제시한 도표 '알파벳 순서로 기억하는 예수님의 생애'는 예수님 생애의 26가지 주요 사건들을 발생 순서와 알파벳 순서에 따라 배열한 것이다. 영어 알파벳과 우리말 키워드를 함께 외워서 기억해두도록 한다. 도표의 성경구절은 해당 사건에 관련된 사복음서의 병행 구절을 총괄한 것이 아니다. 그러니 관주성경이나 사복음서 대조표 등을 활용하여 해당 사건에 관련된 병행 구절들을 자유롭게 찾아보기 바란다.

예수님 생애의 이 26가지 주요 사건들의 지리적 배경이 된 지역을 신약의 지도에 표시하면 어떤 모양이 될까? 그림에서 보는 것과 같이 그리스도(Christ)의 첫 자인 대문자 'C' 모양이 될 것이다. 26가지 사건들은 모두 이 지역 안에서 일어났다.

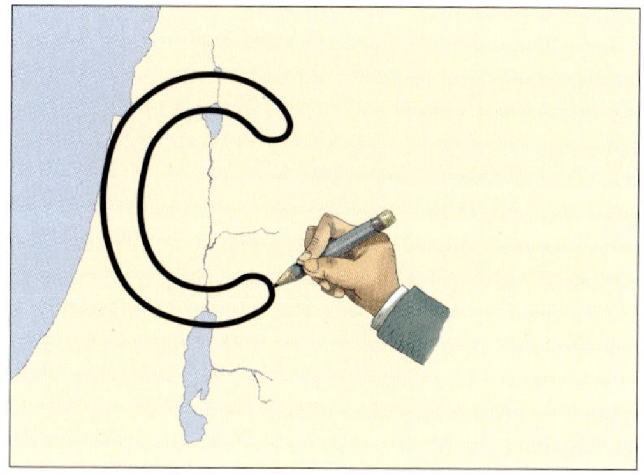

이제 2천 년 전에 사도 요한이 기록한 말씀으로 이번 장을 마무리 짓는 것이 좋을 것 같다.

"예수께서 제자들 앞에서 이 책에 기록되지 아니한 다른 표적도 많이 행하셨으나 오직 이것을 기록함은 너희로 예수께서 하나님의 아들 그리스도이심을 믿게 하려 함이요 또 너희로 믿고 그 이름을 힘입어 생명을 얻게 하려 함이니라"(요 20:30,31).

11 CHAPTER

교회 시대를 지도로 보면 성령님의 역사가 더 입체적으로 보인다

Acts and Letters on One Map

우리는 이 책 9장에서 신약이 포괄하는 시대를 열두 시대로 나눈 뒤, 신약성경 27권을 각각의 시대에 맞추어 배열했다. 처음의 네 시대는 사복음서의 시대인데, 사복음서의 지리적 배경이 된 지역은 바로 앞 장에서 지도에 나타내 보았다. 그러므로 이번 장에서는 나머지 여덟 시대의 지리적 배경이 된 지역을 한 장의 지도에 표시해보려고 한다. 이 작업을 완료하면 신구약 전체의 지리적 배경이 된 지역을 세 장의 지도(이 책 4장, 10장, 11장)에 요약하는 과업을 이루게 될 것이다.

1 사도행전 사도행전과 서신서의 세계

다음 세계지도에 사각형으로 표시된 부분을 보라. 이 지역은 예수님의 승천에서 요한계시록의 기록에 이르기까지 신약의 주요 사건들이 발생한 장소이다. 이 장소들은 지중해라 불리는 큰 바다 주변에 옹기종기 모여 있다.

이제 사각형 부분을 확대한 아래 지도를 살펴보자. 이탈리아와 그리스 사이의 지중해 만(灣)을 '아드리아해'라고 한다. 아드리아해 동쪽 바로 옆에 있는 만은 '에게해'라고 한다. 장화처럼 생긴 이탈리아 반도 바로 오른편, 지중해를 향해 남쪽으로 돌출한 갑(岬, 바다를 향해 부리 모양으로 뾰족하게 뻗은 육지) 부분에는 마게도냐, 아가야, 그리스(헬라)가 있다.

그 오른편에는 아시아 대륙이 있고, 중앙에는 갈라디아 지방이 위치하고 있다. 수리아와 이스라엘은 지중해 동부 연안에 찰싹 달라붙어 있으며, 아라비아는 이스라엘의 남동쪽, 이집트는 남서쪽에 위치하고 있다. 사도들은 이곳을 주요 활동 무대로 전도여행을 하고 서신서를 기록했다.

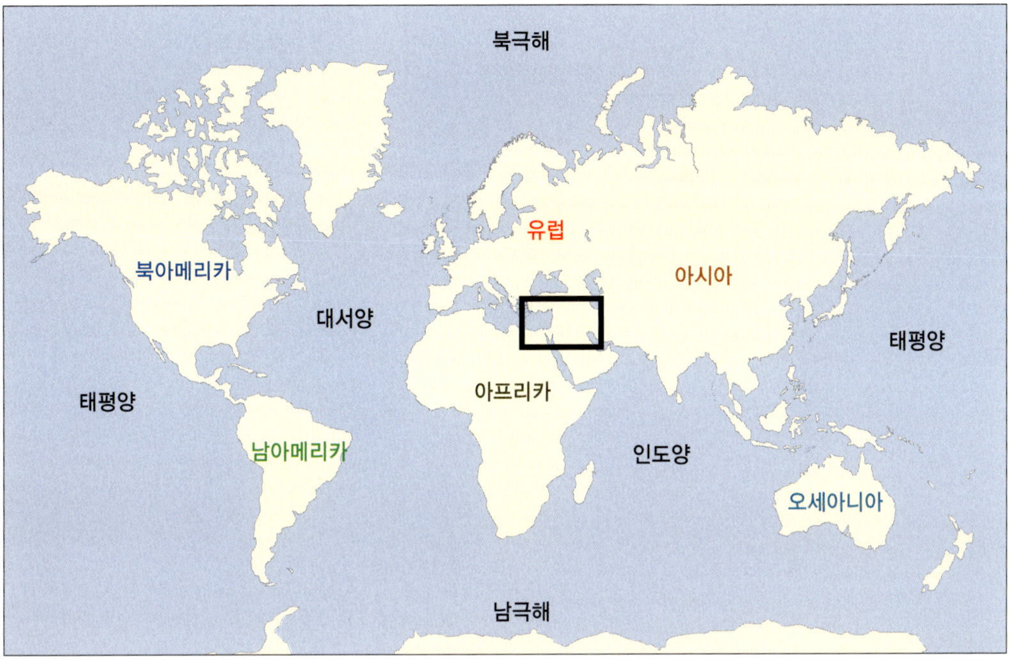

▲세계지도

▲사도행전과 서신서의 세계

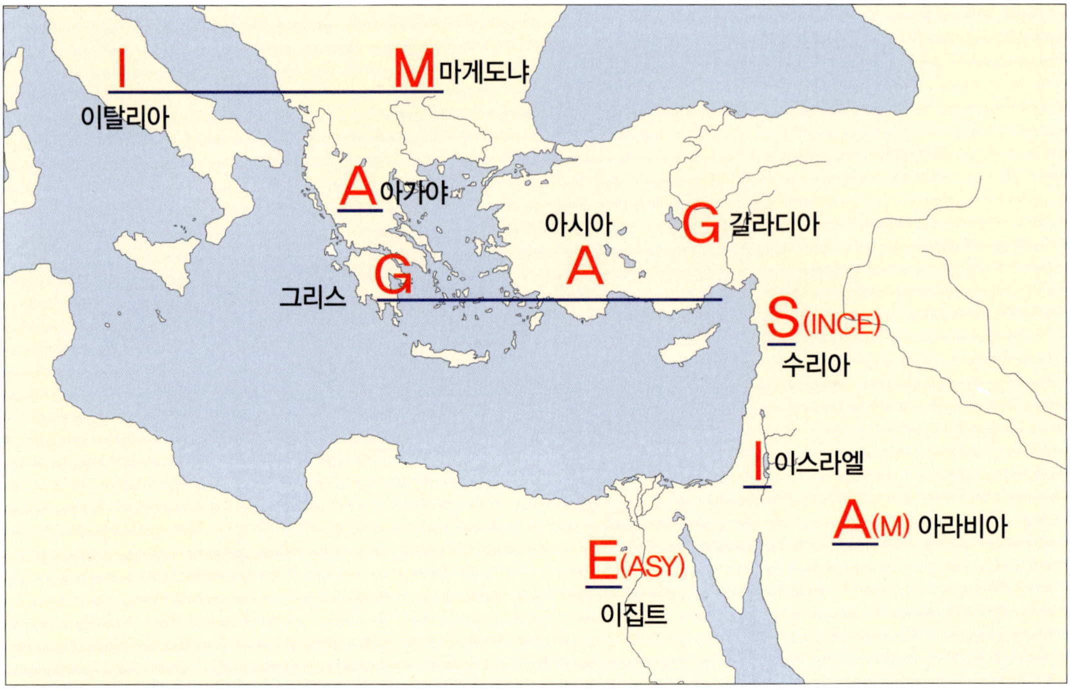

▲10개 주요 지역을 쉽게 암기할 수 있는 문장 "I'M A GAG SINCE I AM EASY."

우리는 이 10개의 지역을 "나는 익살꾼이에요. 마음이 편하니까요!"(I'm a gag since I am easy)라는 문장으로 쉽게 암기할 수 있다. 처음 네 단어는 모두 활용하고 다음의 네 단어는 첫 자만 활용하는 것이 비법이다.

지중해와 아드리아해와 에게해에는 수백 개의 섬들이 있는데, 우리 지도에는 시실리, 그레데, 구브로의 큰 섬만 표기했다. 마치 장화처럼 생긴 이탈리아 반도가 시실리에 발이 걸려 넘어지는 것 같다. 그레데는 에게해 입구를 지키는 모양을 하고 있고, 구브로는 수리아를 향해 포신을 겨누는 대포 형상을 하고 있다.

이 지도의 기본 윤곽을 그리는 것도 그다지 어렵지 않다. 흑해의 남쪽 해안선과 에게해와 지중해의 동부 해안선을 연필로 따라가면 대문자 'S' 모양이 나온다.①

그런 다음, 우리는 오른쪽으로 90도 기울어진 'S'자를 두 개 더 발견할 수 있다.②③

그리고 좌측 상단에 장화 모양을 그릴 수 있고④, 장화 신은 사람이 돌부리에 걸려 넘어지려고 하는 모습도 그릴 수 있다.⑤

지중해 한가운데서 에게해를 막고 있는 큰 바위 모양의 섬도 표시하고⑥, 지중해 오른쪽에서 수리아를 향해 포신을 겨누고 있는 대포 모양의 섬도 선으로 표시한다.⑦

이것으로 전체적인 기본 윤곽을 그리는 작업

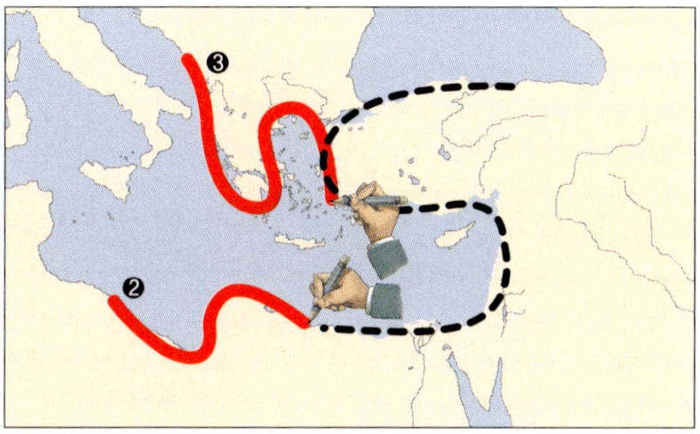

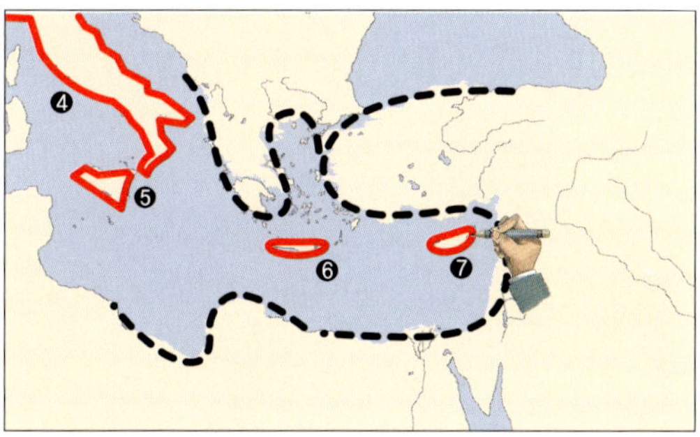

이 끝난다. 이 책에 있는 지도를 따라가면서 몇 차례 연습을 한 뒤에 책을 보지 말고 혼자 그려 보라. 이렇게 하면 그림에 소질이 없는 사람들도 충분히 지도를 그릴 수 있다(이렇게 투박한 방법을 쓴다고 화를 내는 사람이 있는 것은 아니겠지?).

'땅콩과 국자를 볼 수 있는 사람은'(If one can see the peanut and ladle) 사복음서 시대 뒤에 이어지는 네 시대(교회의 형성과 바울의 1,2,3차 전도여행)의 지역을 간단하게 표현할 수 있다. 갑자기 무슨 말이냐고? 앞 영어 문장에서 'one'은 숫자 '1'을, 'see'는 영어 대문자 'C'를, '땅콩'과 '국자'는 말 그대로 땅콩과 국자 모양을 뜻한다. 앞으로 제시할 지도에 이 네 가지 모양을 나타낼 것이니 주목하기 바란다.

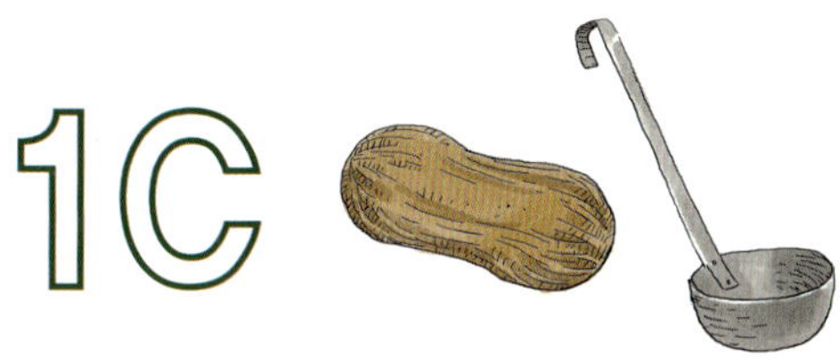

2 사도행전 교회의 형성(행 1-12장)

신약의 다섯 번째 시대는 '교회의 형성' 시대로서, 지도에서는 숫자 '1'의 모양을 하고 있다. 이것은 교회가 예루살렘에서 북쪽의 안디옥으

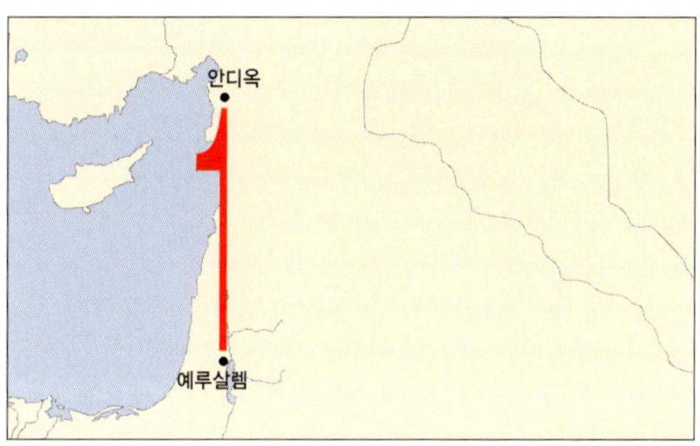

▲교회의 형성

로 확장되는 것을 뜻하기 때문이다.

부활하신 예수님은 40일동안 이 땅에서 보이셨다가 예루살렘에서 다시 하늘로 올라가셨다. 그로부터 10일 후, 약속된 보혜사 성령께서 오순절에 제자들에게 강림하셨다. 이 사건으로 그리스도의 몸으로서 신약의 교회가 시작되었으며(마태복음 16장과 18장에서 교회에 대한 언급이 모두 미래 시제로 되어 있는데), 교회 안에는 유대인과 이방인의 구별이 없었다.

오순절 직후의 교회에는 예루살렘을 중심으로 주로 유대인들이 모였다. 그러다가 빌립이 유대와 사마리아에 복음을 전했는데, 이것은 다소 출신 사울이 다메섹 도상에서 회심하기 전의 일이었다. 이때 베드로는 속되고 부정한 것이 담긴 보자기 환상을 보고 나서 이방인에게도 복음을 전해야 함을 깨달았다(행 10:9-35).

예수를 거부하는 유대인들은 이제 갓 태어난 교회를 모질게 핍박했다. 하지만 오히려 그것은 교회가 북쪽 수리아의 안디옥까지 확장되는 결과를 가져왔다. 그리고 제자들은 그곳에서 처음으로 '그리스도인'이라 불렸다(행 11:26). 그리고 안디옥은 곧 초대교회 선교의 중심지가 되었다. 사도 바울의 처음 세 번의 전도여행도 바로 안디옥에서 시작되었다는 점을 기억하자.

이제부터는 '수리아'의 'ㅅ'을 대할 때마다 교회를 시작하시고 여전히 능력을 부여하시는 '성령님'을 떠올리자. 사도행전에는 그리스도인들이 주님의 말씀을 담대히 전했다는 말이 26번이나 나온다. 성경을 잘 읽어보면 그 구절들의 문맥에 성령이 언급되어 있다는 사실을 알 수 있다.

예수께서 재판을 받을 때만 해도 옹졸하기 짝이 없었던 베드로를, 오순절에 담대하고도 강력

한 전도자로 변모시킨 이가 누구인가? 성령이시다! 예수님 때문에 핍박을 받았지만 사도들로 하여금 기뻐할 수 있게 만들었던 이가 누구인가? 성령이시다!

여기서 우리는 한 가지 원칙을 발견할 수 있다. 하나님께서는 성령으로 말미암아 자기 백성들 안에서, 자기 백성들을 통해 능력으로 역사하신다는 것이다. 예수께서는 승천하시기 전에 성령이 제자들에게 임하면 제자들이 권능을 받을 것이며, 성령께서 그들을 그리스도의 증인으로 만들 것이라고 약속하셨다(행 1:8).

바울은 술 취하지 말고 성령의 충만함을 받으라고 명령했다(엡 5:18). 술에 취한다는 것은 술의 영향력이 우리를 주관하도록 한다는 의미이다. 성령의 충만함을 받는다는 것은 성령께서 우리를 주관하도록 굴복한다는 것을 뜻한다. 보혜사 성령은 하나님의 백성들에게 그분의 능력을 공급하신다.

그러나 우리가 그 능력을 적극적으로 사용하지 않으면 그것은 우리 것이 될 수 없다. 문제는 우리 그리스도인들이 성령을 더 많이 받아야 한다는 게 아니라 성령께서 우리를 주관하시고 또 우리를 통해 역사하시도록 굴복해야 한다는 것이다.

3 사도행전 바울의 1차 전도여행 (행 13-15장)

신약의 여섯 번째 시대는 바울의 1차 전도여행으로서, 다음 지도에는 영어 대문자 'C' 모양으로 나타난다.

바울과 바나바와 마가 요한 세 사람은 안디옥 교회로부터 선교사로 위임을 받았다. 이 삼총사는 구브로섬을 지나 여행을 하면서 대립과 갈등을 겪기도 하고 회심의 사건을 경험하기도 했다. 마가 요한이 버가에서 집으로 돌아간 뒤에 바울과 바나바는 내륙을 계속 여행하며 갈라디아 지역의 중심 도시들로 들어가 수많은 사람들을 전도하고 교회들을 세웠다. 사탄 역시 이때 왕성하게 방해 공작을 폈는데, 바울은 루스드라에서 돌에 맞아 거의 죽게 되어 성 밖으로 끌어내졌다(행 14:19). 그러나 주께서 그를 다시 살리셨다.

두 선교사는 안디옥에서부터 크게 반원을 그리며 갈라디아 지역의 더베에 당도했다. 바울은 더 이상 진행하지 않고, 그때까지 세워진 새로운 교회들을 돌아보며 그리스도인들의 믿음을 더욱 공고히 하기에 힘썼다. 이후 그들은 길을 돌이켜 다시 수리아의 안디옥으로 돌아갔다.

'바울의 1차 전도여행 지도'에는 굵직한 지역만 표시했지만, '바울의 전도여행지'(199쪽)에는 1차 전도여행뿐 아니라 후속 전도여행에 관련된 세세한 지역들을 모두 표기했으니 반드시 참조하여 성경공부의 효율을 높이기 바란다.

앞으로는 갈라디아의 영문 첫 자 'G'에서 '성장'(Growth)을 상기하면 좋겠다. 바울은 새로 회심한 사람들의 성장에 가장 큰 관심을 두었기 때문이다. 바울은 새신자들에 대한 사후 관리가 필요하다는 것을 확실히 깨닫고 있었다. 바울은 돌팔매질을 당하는 것과 같은 박해로 쫓겨나지 않는 한 새신자들 곁에 머무르며 그들을 가르쳤다.

▲바울의 1차 전도여행 지도

그리고 신변의 위험을 무릅쓰고서라도 가능한 한 빨리 다시 그들을 방문했다. 심지어 그는 방금 자기에게 돌멩이 세례를 퍼부었던 도시로 다시 들어가기도 했다.

바울은 안디옥으로 돌아가 선교 보고를 마친 뒤, 갈라디아 지역의 형제들에게 편지를 보내 그들을 위해 기도하고 있음을 확신시키는 한편, 구원을 위해 오직 하나님의 은혜에만 매달리라고 촉구했다. 왜냐하면 거짓 교사들이 갈라디아 성도들에게 하나님의 은혜에 율법과 행위를 혼합해야만 구원을 얻을 수 있다고 가르쳤기 때문이다.

바울은 예루살렘에서 열린 최초의 교회 총회에 참석해 유대인 반대자들 앞에서 이방인 회심자들을 대신하여 변론했다. 그 후에 그는 1차 전도여행 때 전도했던 성도들을 다시 만나기 위해

2차 전도여행을 떠났다.

'죄를 회개하고 그리스도께 돌아오는 것'은 영적 성장의 첫 단계인 동시에 평생 일구어야 할 우리의 과제이다. 하나님의 영(靈)이 우리 삶에서 하나님의 말씀을 사용하시도록 순복할 때, 우리는 영적으로 성장한다. 또한 다른 크리스천들과 지속적으로 교제하면서 서로 격려할 때, 우리는 성장할 수 있다.

시뻘겋게 타오르는 숯 더미에서 숯 한 덩이를 꺼내면 그것은 이내 식어버리고 만다. 성장을 하려면 서로 자극하고 격려하는 것이 필요하다.

4 사도행전 바울의 2차 전도여행
(행 16-18장)

신약의 일곱 번째 시대는 바울의 2차 전도여행 시대이다. 이번 여행이 포괄하는 지역은 지도에서 땅콩 모양으로 나타난다. 바울과 디모데와 실라는 수리아의 안디옥을 떠나 육로로 갈라디아에 도착해 그곳의 성도들을 격려했다. 그런데 성령께서 북이나 남으로 가는 것을 막으셨으므로 그들은 에게해에 접한 드로아로 갔다. 거기서 바울은 꿈에 마게도냐 사람 하나가 도움을 청하는 환상을 보고 일행과 함께 유럽으로 떠나기를 힘썼다(행 16:9,10). 빌립보, 데살로니가, 고린도, 에베소의 교회들이 이번 여행을 통해 탄생했다.

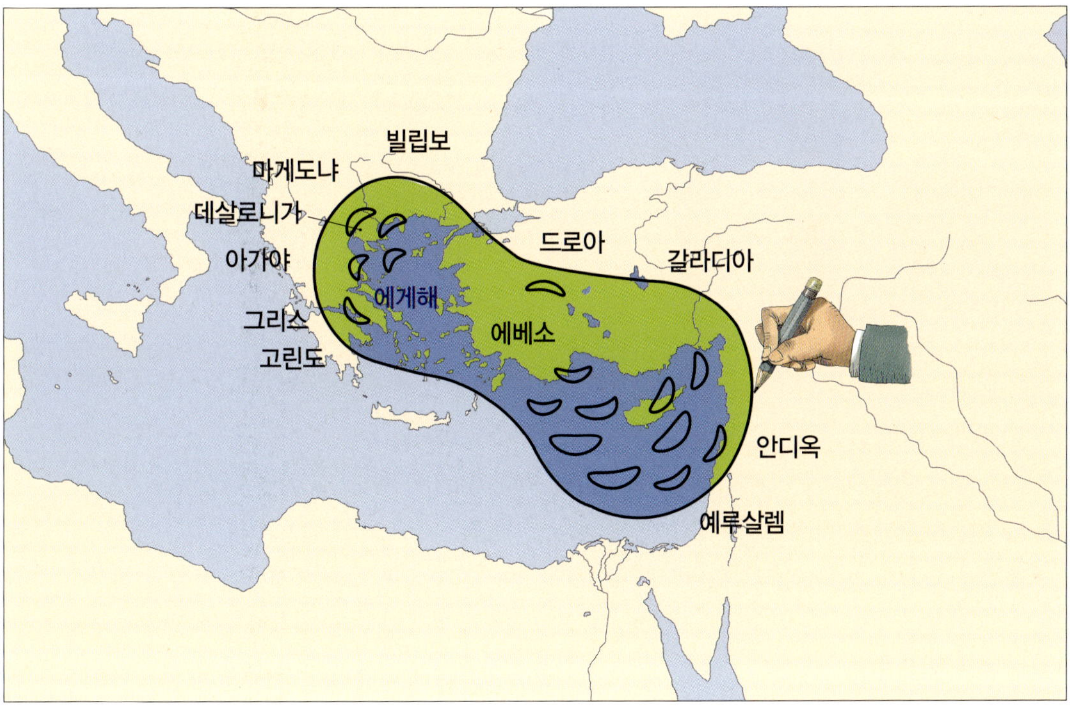

▲바울의 2차 전도여행 지도

바울은 고린도에 1년 6개월 동안 머물며 사람들에게 하나님의 말씀을 가르쳤다. 이 시기에 브리스길라와 아굴라가 바울과 동행하며 그를 도왔다. 바울 일행은 예루살렘교회에 들러 인사를 전한 다음, 다시 안디옥으로 돌아갔다.

바울 일행은 이번 여행의 대부분을 마게도냐와 아가야와 그리스(헬라)에서 보냈다. 아가야의 영문 첫 자 'A'에서 '나타남'(appearing)이란 단어를 연상할 수 있다. 일부 회심자들은 바울의 두 번째 전도여행을 그의 두 번째 나타남으로 여겼고, 또 그가 이 시기에 쓴 데살로니가전서와 후서 두 통의 편지를 통해 예수 그리스도의 두 번째 나타나심(재림)을 매우 강조했기 때문이다.

우리는 예수께서 우리를 맞아들이기 위해 장차 다시 오실 것을 굳게 믿기 때문에 지금 이렇게 경건함을 함양하고 선한 일에 힘쓴다. 그리스도께서는 그 자녀들을 모으기 위해 다시 오겠다는 약속(막 13:26 ; 요 14:2,3)을 반드시 지키실 것이다. 그러므로 우리는 그날이 오기까지 신실하게 경계하고 일하며, 주님의 임박한 재림을 기다려야 한다. 우리는 언제나 주님의 재림에 준비되어 있어야 한다. 그분이 오늘 오실는지 누가 알겠는가?

5 사도행전 바울의 3차 전도여행 (행 19-21장)

신약의 여덟 번째 시대인 바울의 3차 전도여행은 지도에서 국자 모양으로 나타난다. 그러나 안디옥에서 시작된 이번 전도여행이 예루살렘에서 끝나기 때문에 국자 모양이 약간 끊어져 있는 것을 볼 수 있다.

바울 일행(바울은 3차 전도여행 기간에 모두 9명과 함께 동행했는데)은 갈라디아 성도들을 굳건하게 한 뒤에 서쪽으로 향하여 에베소에 당도했다. 이 기간 동안에 아시아 모든 지방으로 하나님 말씀이 들어갔다. 바울은 에베소에서 총 3년을 머물렀다. 바울이 활발하게 전도 사역을 하면서 한 곳에서 이렇게 오래 머문 적은 없었다. 바울은 마게도냐, 아가야, 그리스 지역을 잠깐 방문했다가 다시 에베소로 돌아갔고, 예루살렘에 가면 체포될지도 모른다는 몇 차례의 경고에도 불구하고 오순절을 지키기 위해 서둘러 예루살렘으로 갔다.

바울이 3차 전도여행 기간 동안 대부분의 시간을 보냈던 에베소(Ephesus)의 첫 자 'E'에서 '전도 전략'(Evangelism strategy)을 연상하면 좋겠다. 그의 전도 전략은 분명했다. 그는 자신의 노력이 다른 사람들의 사역을 통해 증대되기를 기대했다. 이것은 열두 제자들을 3년 동안 훈련시

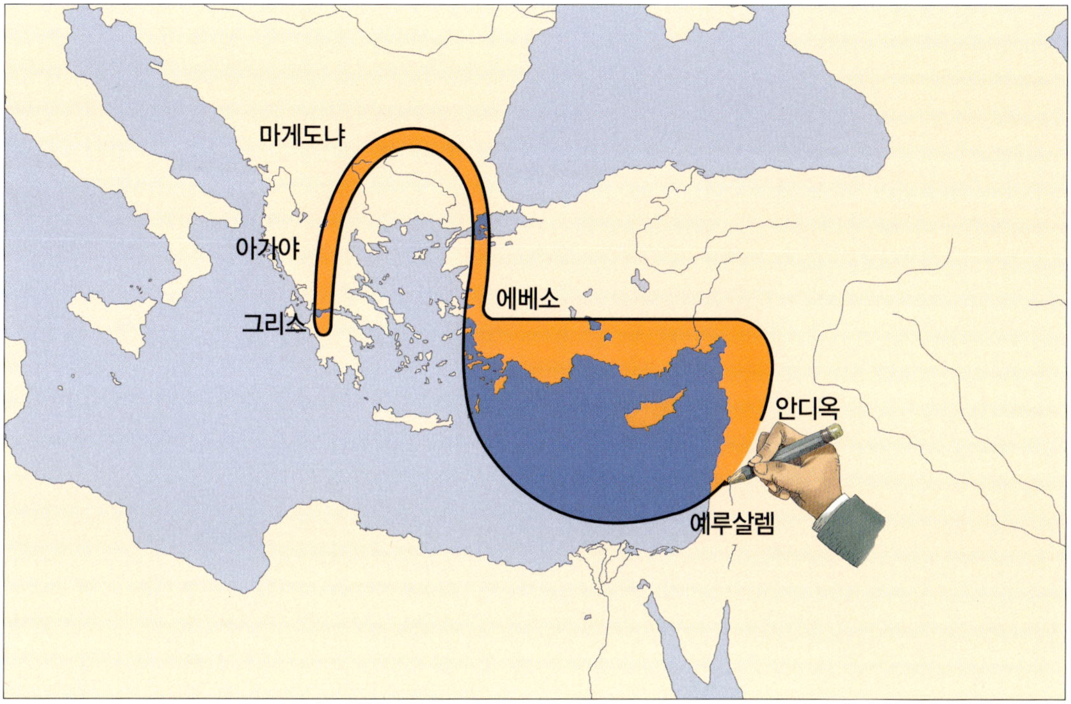

▲바울의 3차 전도여행 지도

킨 뒤에 복음을 맡기셨던 예수님의 방법과 동일하다. 바울은 나중에 디모데에게 편지를 쓰면서 이것을 그대로 전수했다.

"또 네가 많은 증인 앞에서 내게 들은 바를 충성된 사람들에게 부탁하라 저희가 또 다른 사람들을 가르칠 수 있으리라"(딤후 2:2).

바울은 당시 주요 도시에 가서 교회를 세우고 장로들을 훈련시켜 그 지역의 전도를 그들에게 맡기곤 했다.

사도 요한이 요한계시록을 기록할 당시에 아시아에 일곱 교회가 있었다는 사실(계 2,3장)은 그런 바울의 전략이 효과가 있었음을 입증한다. 그 일곱 교회 가운데 에베소교회를 제외한 여섯 교회를 바울이 직접 방문했다는 기록은 없지만, 그 여섯 교회들은 에베소를 중심으로 반원을 그리며 모여 있었다. 나는 에베소 교인들이 하나님 말씀을 전하는 데 열심을 내어 자기들의 '유대와 사마리아'에 복음을 전한 것이라고 생각한다.

디모데후서 2장 2절

그리스도

바울

디모데

충성된 일꾼들

또 다른 사람들

▲아시아의 일곱 교회

크리스천들이 '영적인 덧셈'에만 의지할 경우, 세상을 그리스도께 데려올 수 없다. 대중들에게 손을 뻗으려면 '영적인 곱셈'을 활용해야 한다. 한 영혼을 그리스도께 데려오는 것이 중요하듯이 전도자 한 사람을 양육하는 것도 중요하다는 말이다. 왜냐하면 그렇게 할 때, '한 사람'이 아니라 '두 사람'이 믿지 않는 영혼들을 그리스도께로 인도할 수 있기 때문이다.

6 사도행전 바울의 4차 전도여행 (행 22-28장)

신약의 아홉 번째 시대인 바울의 4차 전도여행은 예루살렘에서 시작되었다. 바울이 예루살렘 성전에 올라갔을 때, 아시아에서 온 유대인들이 급히 달려와 성전에서 그를 끌어냈다. 이방인을 차별하지 않는 바울을 유대교에 반항하는 반동분자로 간주했기 때문이다. 그들은 바울을 구타하여 죽이려고 했다.

이 일로 군중들 사이에서 약간의 소요가 일었다. 그러자 로마 군대의 천부장은 작은 소란이 폭동으로 번질 것을 우려해 병사들을 출동시켜 바울을 긴급 체포했다(행 21:31-34). 바울은 몇 년 동안 지속된 재판과 유대인들의 계속되는 살해 위협을 겪으면서 로마에 있는 황제 앞에서 스스로를 변호하기로 마음을 굳혔다.

그런데 바울과 다른 죄수들을 태우고 로마로 가던 배가 사나운 광풍을 만났다. 지중해의 산더미 같은 파도에 휩쓸리던 배는 난파하여 시실리 남쪽의 말타(멜리데)섬 연안에 도착했고, 여객들은 안전하게 해변으로 올라왔다. 로마에 도착한 바울은 2년 동안 가택에 연금되었지만 방문객들을 접견하면서 예수 그리스도를 공식적으로 전파할 수 있는 상대적인 자유를 누렸다(행 28:30,31).

이 여행의 목적지였던 로마(Rome)의 'R'은 바울이 평생 잃지 않았던 '기쁨'(Rejoicing)의 태도를 생각나게 한다. 그의 인생관은 광풍을 만났을 때 선원들에게 건넸던 격려의 말에서도 엿볼 수 있지만, 무엇보다 감옥에서 보낸 편지들('옥중서신'이라 불리는 에베소서, 빌립보서, 골로새서, 빌레몬서 4권)에서 가장 명확히 드러난다.

이 시기에 바울은 자신의 필요를 돌봐준 성도

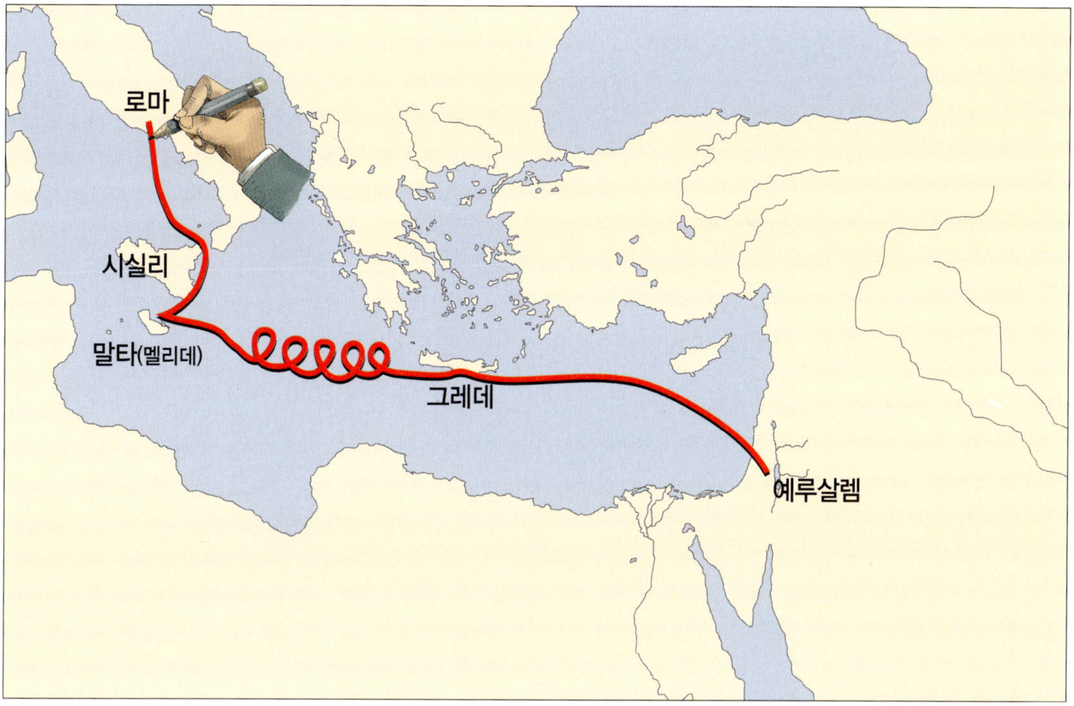

▲바울의 4차 전도여행 지도

들에게 감사의 뜻을 전하려고 빌립보서를 썼다. 이 편지에서 바울은 자신의 근황을 알리며 고난 중에 있는 수신자들을 위로했다.

그는 로마 감옥에 갇혀 있었지만 오히려 더욱 기뻐하고 감사했다. 감옥에 갇히지 않았더라면 만날 수 없었을 사람들에게 복음을 전할 수 있게 되었기 때문이다. 바울은 빌립보 성도들에게 주 안에서 항상 기뻐하라고 가르쳤다.

바울은 어떻게 고난과 핍박 가운데 기뻐할 수 있었던 것일까? 그것은 바울이 자신을 가둔 사람들이나 환경보다 하나님이 훨씬 더 크신 분임을 믿었기 때문이다. 자신의 힘으로는 어떻게 할 수 없는 상황에 놓이게 될지라도 하나님께서 그와 다른 사람들의 유익을 위해 그 모든 것을 다스리고 계시다는 사실을 그는 확실히 알고 있었다. 그런 깨달음은 우리의 모든 걱정과 근심을 한 방에 날려버린다.

그러므로 우리가 할 일은, 마땅히 해야 할 일을 하는 것이다. 그럴 때 우리는, 우리가 사랑이 충만하신 하나님 아버지의 자녀라는 것과 그 아버지께서 모든 지혜와 능력으로 우리를 보살피신다는 것을 신뢰할 수 있다.

7 바울의 5차 전도여행

전도여행

대부분의 역사학자들은 바울이 로마의 감옥에서 석방되어 스페인, 에베소, 마게도냐, 그레데로 전도여행을 갔다가 다시 로마로 돌아왔을 것이라고 생각한다. 다음에 제시한 지도 '바울의 5차 전도여행'에서 볼 수 있듯이 신약의 열 번째 시대인 바울의 5차 전도여행을 지도에 표시하면 롤러코스터 궤도와 유사한 모양이 된다. 이 시기에 바울은 로마제국 서쪽 끝에 있는 스페인까지 복음을 전하는 일과, 에베소에서 목회를 하고 있는 디모데와 그레데섬에서 목회를 하고 있는 디도를 격려하는 일에 주의를 기울이고 있었다.

바울은 믿음의 두 아들 디모데와 디도를 격려하기 위해 그레데(Crete)와 에베소(Ephesus)를 방문했다. 이 두 지역의 각 첫 철자를 합치면 'CE'가 되는데, 이것은 바울이 이 여행의 동쪽 지역에서 실제로 행하고 있었던 '기독교 교육'(Christian Education)을 상기시킨다.

그리스도의 지상명령은 제자를 삼으라는 것이었다. 마태복음 28장에 기록된 이 명령의 핵심은 "가라"에 있다 "가라"로 번역된 헬라어 원어는 분사로서 "제자를 삼아라"라는 주동사를 보완하는 역할을 한다. 주님은 자신의 자녀들이 당연히 갈 것이라고 생각하셨다. 그렇다면 어떻게 제자를 삼아야 할까? 세례를 주고 가르쳐야 한다.

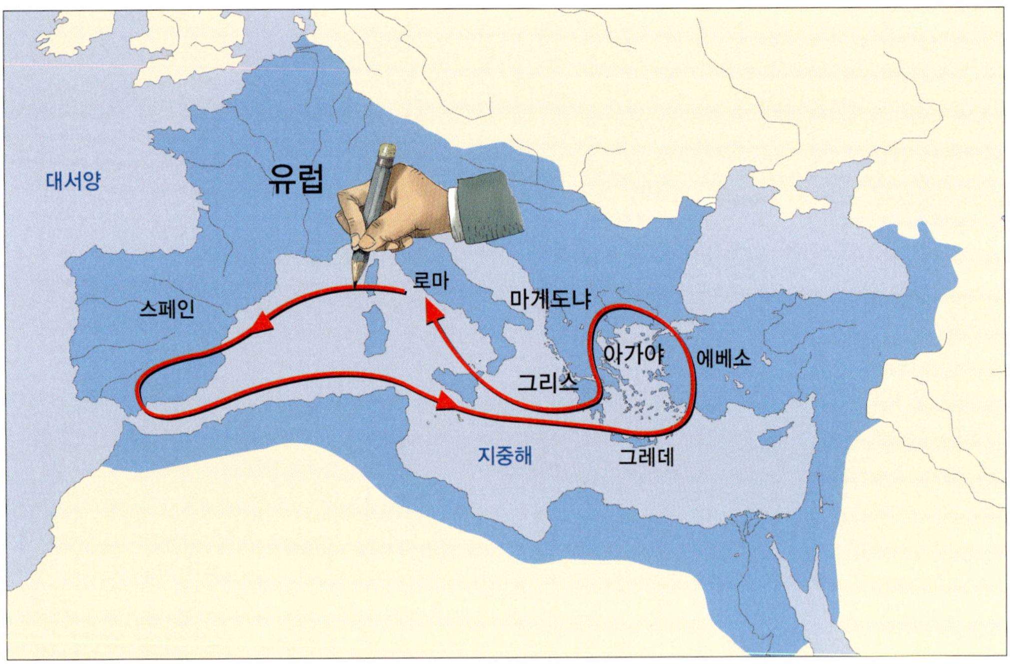

▲바울의 5차 전도여행 지도

▲바울의 전도여행지

▲바울의 전도여행 총결산

▲신약의 서신서들과 각 수신지

'세례'는 전도 과정의 일부로서 세례 받는 사람을 인도하여 예수 그리스도께 헌신하게 하는 것이며, 그 사람이 예수 그리스도를 자기 인생의 주님과 구주로 영접했다는 것을 그 사람으로 하여금 직접 확인하게 하는 것이다.

'가르침'은 교화 과정의 일부로서 새신자들이 그리스도의 몸 된 교회 안에서 바로 서도록 도와 그들이 다시 세상으로 가서 다른 사람들을 제자로 삼도록 하는 것이다.

전도와 교육은 초대교회의 사도들 이래 여러 시대를 걸치며 계속 이어져 내려왔다. 기독교 신앙에서 전도와 교육이 빠진다면 신앙의 불은 곧 꺼지고 말 것이다. 기독교 교육은 예수님의 지상명령을 성취하는 데 절대적으로 중요한 요소이다.

그러나 이 모든 것을 '전문가'들의 손에만 맡길 수 없다. 바울은 디모데에게 믿음직한 사람들을 양육시켜 그들이 다른 사람들을 가르칠 수 있게 할 것을 명령했다(딤후 2:2).

앞으로 3년 동안 교회에 목회자나 교사들이 부재(不在)한다면 우리는 어떻게 해야 할까? 그동안 우리 교회를 지속시키고 성장시키기 위해 우리가 할 수 있는 일이 무엇일까? 바울이 그리스도의 지상명령을 수행하기 위해 사용했던 방법, 곧 제자들을 양육하여 사역을 증대시키는 것보다 더 나은 일은 없을 것이다.

가라
제자를 삼아라
세례를 주라
가르쳐라

8 신약의 종결

요한계시록

신약의 마지막 두 시대의 지리적 배경이 된 지역은 간략하게 밧모섬 하나로 나타낼 수 있다. 노년의 사도 요한은 이 불모의 섬에 유배되어 후기 사도들(바울보다 더 오래 살았던 제1세대 사도들) 시대의 저작들 대부분을 기록했다.

'후기 사도들'을 뜻하는 영문(Later Apostles)의 첫 자를 합하면 'LA'가 되지만, 이는 또한 아시아에 보낸 편지들(Letters to Asia)의 첫 자가 되기도 한다. 사도 요한이 기록한 요한일이삼서와 요한계시록이 이 편지들이다.

요한계시록은 역사의 종국에 대해 말한다. 역사의 종국(History's conclusion)은 간단히 'HC'로 나타낼 수 있다. 이 두 글자는 또한 역사가 어떻게 끝날지도 알려준다. 그것이 "그리스도께서 오신다!"(He's coming!)라는 뜻으로도 풀이될 수 있기 때문이다. 악의 세력은 결코 승리하지 못한다. 예수 그리스도가 여전히 역사의 주인이시기 때문이다. 그리고 예수님은 이 세상의 역사를 친히 완성하기 위해 다시 올 것이라고 약속하셨다. 성경은 "내가 진실로 속히 오리라"라는 예수님의 약속과 "아멘 주 예수여 오시옵소서"라는 요한의 기도로 끝난다(계 22:20).

하나님께는 천 년이 하루와 같으므로(벧후 3:8), 하나님의 시계로 따지면 예수께서 땅 위를 걸으신 때부터 지금까지 겨우 이틀밖에 지나지 않았다. 예수님의 재림이 지체되는 것처럼 보이는데, 그것은 하나님께서 모든 사람이 회개하여 진리를 아는 데 이르기를 기다리며 인내하고 계시기 때문이다(벧후 3:9). 예수께서 참고 기다리시는 하루하루가 인간들에게는 하나님의 은혜로운 구원의 선물을 받을 수 있는 더 없는 기회가 된다. 하지만 그 초대의 문이 언제까지나 열려 있지는 않을 것이다.

앞서 제시한 지도 '바울의 전도여행 총결산'(199쪽)은 신약성경의 역사 후반부를 나타낸 것이며, 바울의 전도여행 경로를 추적하여 지도로 나타낸 것이다. 신약성경의 역사 전반부에서는 그리스도 생애의 사건들을 'C'로 표시한 바 있다.

9 모든 것이 그리스도에 대한 말씀이다!

예수 그리스도

성경을 한마디로 요약하면 '그리스도'가 될 것이다. 그리스도는 성경을 하나로 통합하는 주제이다. 부활하신 예수께서는 엠마오로 향하는 두 제자와 동행하실 때, 모세와 선지자들의 글에서 시작하여 자신에 관한 구약의 모든 기록을 설명하셨다(눅 24:27). 이처럼 구약은 장차 오실 그리스도께 초점을 맞추고 있다. 그리고 신약은 전

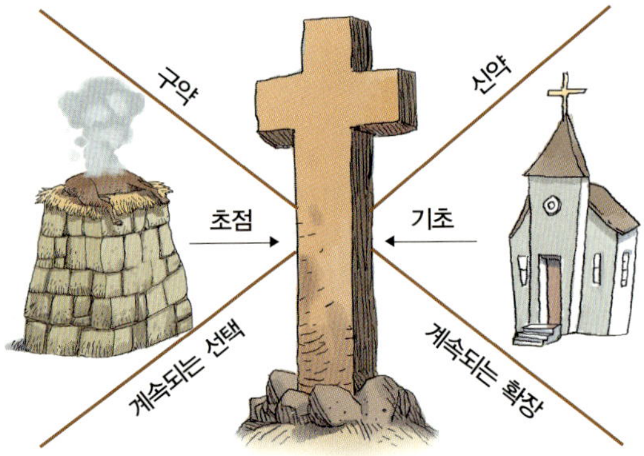

적으로 그리스도께 집중한다. 신약의 기초가 바로 그리스도이기 때문이다. 그리스도는 만유의 창조주이자 모든 것을 완성하시는 분이다.

구약은 십자가를 향해 점점 좁아지는 ‘>’ 자 모양의 쐐기와 같고, 신약은 십자가로부터 세상을 향해 점점 확대되는 ‘<’ 자 모양의 쐐기와 같다. 성경은 처음 시작할 때와 마찬가지로, 하나님께서 어떠한 방해도 받지 않으시고 우주 만물을 완벽하게 통치하시는 것으로 끝난다.

인류가 하나님을 반복적으로 거역했음에도 불구하고(창 1-11장), 하나님께서는 아브라함을 택해 히브리 민족을 일으키셨다(창 12장). 그리고 그의 계보에서 우리의 구세주가 태어나게 하셨다. 구약성경의 나머지 부분(창세기 12장에서 말라기서 4장까지)은 메시아의 오심을 준비하는 히브리 민족의 역사이다.

하나님께서는 히브리 열두 지파 중에서 ‘유다 지파’를 통해 자신의 외아들을 세상에 보내기로 작정하셨다. 그중에서도 다윗 가문이 하늘로부

역사의 일곱 시대

시대	기간	해당 성경
1 민족의 형성	2천 년 이상	창 1–11장
2 이스라엘	2,000년	창 12장 – 말 4장
3 침묵기	400년	없음
4 지상에 계신 그리스도	약 33년	마 1장 – 행 1장
5 지상 교회	?	행 2장 – 계 3장
6 대환란	7년	계 4 – 19장
7 그리스도 왕국	1,000년	계 20–22장

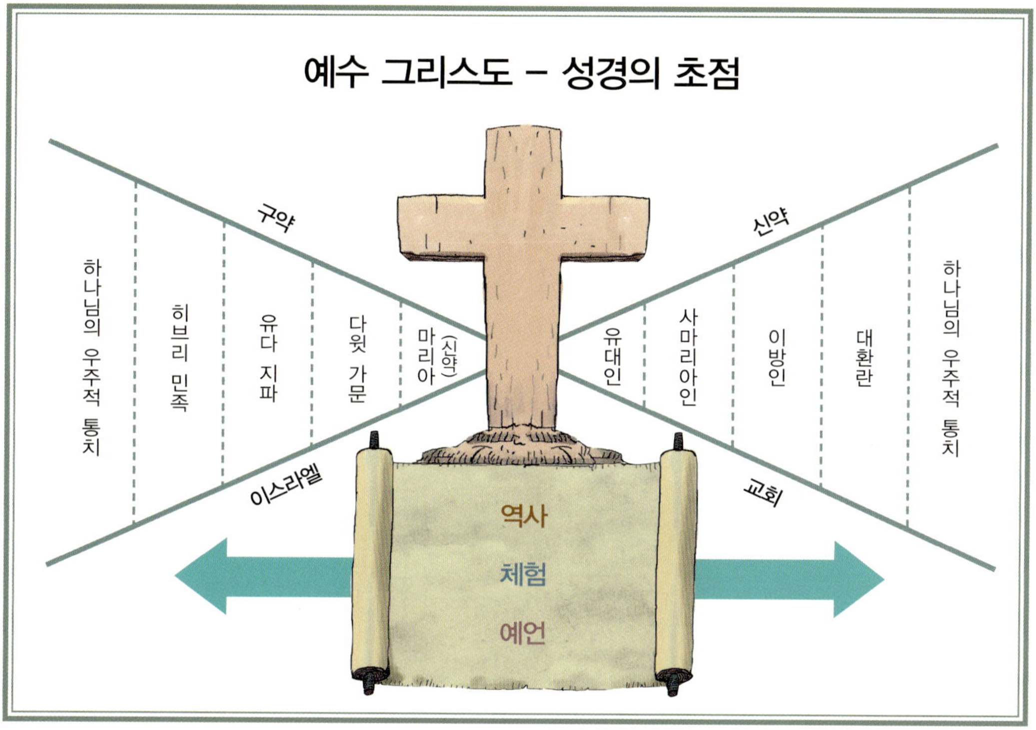

터 오는 참빛과 인간을 연결하는 고리로 뽑혔고, 마침내 동정녀 마리아가 메시아를 낳을 육신의 어머니로 선발되었다.

하나님의 택함을 받은 히브리 민족은, 지성소(하나님의 임재를 상징하는 언약궤가 있는 곳)를 가리던 성소의 휘장이 위에서 아래로 찢어지기 전까지 구약의 율법 아래 있었다. 하나님께서는 모든 인간이 자기에게 가까이 나아올 수 있도록 그리스도를 통해 새로운 생명의 길을 열어주셨다.

여기까지의 이야기, 즉 그리스도의 생애와 죽음과 부활에 대해 기록한 것이 사복음서이다. 이제는 그 구원의 기쁜 소식이 모든 세상에 주어졌다! 이 메시지는 처음에는 유대인들에게, 다음에는 사마리아인들에게, 나중에는 모든 이방인들에게 전해졌다. 하나님은 구원을 받아들이는 모든 사람들에게 구원의 문을 활짝 열어 놓으셨다. 그리스도의 몸인 교회 안에서는 유대인, 사마리아인, 이방인, 야만족 등의 구별이 무너진다.

이 교회의 확장에 대한 내용이 사도행전 2장에서 요한계시록 3장까지에 기록되어 있다. 교회의 시대는 마지막 '산 돌'(living stone)이 하나님의 신령한 집에 더해짐과 동시에 종결될 것이다.

하나님의 달력에 의하면 그 다음에 대환란(계 4-19장)이 일어날 것이다. 이 기간 동안 사탄은 세상에서 가장 사악한 짓을 하도록 허락을 받을 것이다.

노래로 부르는 신약성경

1절 :	마태복음	말하네	왕이신	예수님	**5절 :**	젊은 디도	들어라	진리만을	가르쳐
	마가복음	나타내	섬기시는	예수님		빌레몬은	들어라	오네시모	용서해
	누가복음	보여줘	인간이신	예수님		히브리서	말하네	예수님이	최고다
	요한복음	그리네	신인(神人)이신	예수님		야고보서	외치네	말씀 듣고	행하라
2절 :	사도행전	기록해	교회의	간증을	**6절 :**	베드로는	말하네	참고 견뎌	승리해
	로마서는	외치네	하나님의	의로움		거짓 교사	조심해	거룩하게	살아라
	고린도서	알려줘	교회의	바로 섬		요한일서	노래해	하나님은	사~랑
	사도 바울	변호해	자신의	위치를		요한이서	외치네	거짓 가르침	속지마
3절 :	갈라디아	교인들	율법에서	자유해	**7절 :**	요한삼서	기록해	전도자를	도와라
	에베소서	말하네	은혜의	구원을		유다서는	강조해	거짓 교사	경계를
	빌립보서	외치네	기뻐하라	기뻐해		사도 요한	보았네	환상 중에	예수님
	골로새서	나타내	머리이신	예수님		그리스도	주셨네	요한에게	계시를
4절 :	데살로니가	전후서	이렇게	말하네	**(후렴)**	날마다	읽자!	날마다	읽자!
	그리스도	이제 곧	도적같이	온다고		날마다	읽자!	하나님	말~씀
	사도 바울	편지해	충성하라	디모데					
	모든 성경	유익해	하나님의	감~동					

찬송가 411장(새찬송가 563장) '예수 사랑하심은'의 곡조에 맞추어 불러보자.

그 후에 그리스도께서는 재림하셔서 이 세상을 천 년 동안 의(義)로 다스리실 것이며 하나님의 우주적인 통치 아래로 되돌려 놓으실 것이다. 현재의 하늘과 땅은 맹렬한 불에 타 녹을 것이며(벧후 3장), 새 하늘과 새 땅이 생겨나 오직 의로운 자들만이 영원히 살게 될 것이다(계 20-22장).

이상에서 살펴본 바와 같이 성경은 예수 그리스도께 모든 초점을 맞추고 있다.

10 성경을 관통하는 그리스도

예수 그리스도

어떤 익명의 저자는 이렇게 기록했다.

"구석진 시골 마을에서 무지렁이 촌부(村婦)의 아들로 태어난 사람이 있었다. 그는 또 다른 벽촌에서 성장했고, 서른 살이 될 때까지 목공소에서 일하다가, 3년 동안 이곳저곳을 떠돌며 설교를 했다.

그는 책을 한 권도 쓰지 않았고, 공직에 몸을 담지도 않았고, 집도 갖지 않았고, 가정을 꾸리지도 않았고, 극장에 간 적도 없었고, 대도시에 발을 들여놓지도 않았다. 그는 태어난 곳에서 320킬로미터 이상을 벗어나지 않았다. 그는 세상의 다른 유명 인사들과는 달리 고향에서 멀리 떠나지도 않았다. 그가 가진 자격증이라고는 자기 자신밖에 없었다.

그가 세상에서 가진 것이라고는 완벽한 신성(神性)을 지닌 완벽한 인간성에서 나오는, 있는 그대로의 능력밖에 없었다. 그가 아직 젊었을 때, 그를 향한 대중의 정서는 결코 살갑지 않았다. 그의 친구들은 그를 떠나 도망쳤고, 그중 하나는 그를 부인하기까지 했다. 심히 부당하게도 그는 두 명의 강도 사이에서 십자가에 못 박혀 죽었다. 사형 집행관들은 그가 죽어갈 때, 그의 유일한 재산이었던 한 품목을 제비 뽑아 나눠 가졌다. 그것은 그의 겉옷이었다. 그가 죽었을 때, 그를 가엾게 여긴 친구 하나가 십자가에서 그의 시체를 내려 자신의 새 무덤에다가 장사를 지내 주었다.

그때로부터 20세기가 지난 오늘, 그는 인류가 가장 주목하는 존재이자 인류의 발전을 이끄는 지도자가 되었다. 지금까지 이 땅을 행군했던 보병들, 군함을 타고 바다를 누볐던 해군들, 의사당에 앉았던 국회의원들, 이때까지 세상을 다스렸던 모든 왕들이 다 같이 힘을 모을지라도 고독한 삶을 살았던 그 사람이 한 인간에게 끼쳤던 것보다 더 강력한 영향을 끼치지는 못할 것이다!"

모든 성경은 세상의 구세주께 초점을 맞추고 있다. 그분을 안다는 것은 곧 영생을 얻는다는 것을 뜻한다(요 17:3).

섯클리프(B. B. Sutcliffe)라는 사람은 《망원경을 통해 본 성경》이라는 책에서 '성경을 관통하는 그리스도'를 다음과 같이 요약했다.

성경을 관통하는 그리스도

창세기에서 예수님은 여인의 후손이다.

출애굽기에서 예수님은 희생의 어린양이다.

레위기에서 예수님은 제물이자 제사장이다.

민수기에서 예수님은 생명의 물이며 하늘로부터 온 만나이다.

신명기에서 예수님은 모세와 같은 약속의 선지자이다.

여호수아서에서 예수님은 하나님나라 군대의 대장이다.

사사기에서 예수님은 자기 백성들의 구원자이다.

룻기에서 예수님은 우리의 기업을 무르시는 친족이다.

사무엘과 **열왕기**와 **역대기**에서 예수님은 유대인들의 왕이다.

에스라서에서 예수님은 포로 되었던 백성들을 이끌고 돌아오시는 지도자이다.

느헤미야서에서 예수님은 성벽 건축가이다.

에스더서에서 예수님은 보이지는 않지만 자기 백성들을 지켜주시는 보호자이다.

욥기에서 예수님은 인내하시는 분이다.

시편에서 예수님은 찬양을 받으시는 분이다.

잠언에서 예수님은 지혜로 훈계하시는 분이다.

전도서에서 예수님은 해 아래 있는 모든 것들에게 필요한 분이다.

아가서에서 예수님은 심령의 갈망을 만족시키시는 분이다.

이사야서에서 **말라기서**까지의 예언서에서
예수님은 장차 오실 왕, 하나님의 종, 인간의 아들,
하나님의 아들로서의 네 가지 성품을 가진 분이다.

마태복음에서 예수님은 약속된 왕이다.

마가복음에서 예수님은 하나님의 종이다.

누가복음에서 예수님은 인간의 아들이다.

요한복음에서 예수님은 하나님의 아들이다.

사도행전에서 예수님은 땅에 있는 종들의 주인이자 증인들의 이야기의 주체가 되신다.

로마서에서 예수님은 자기를 믿는 자들의 의로움이시다.

고린도서에서 예수님은 자기 백성들을 다스리시는 분이다.

갈라디아서에서 예수님은 율법주의로부터 우리를 건지시는 구원자이다.

에베소서에서 예수님은 교회의 생명이다.

빌립보서에서 예수님은 성도들의 모범이다.

골로새서에서 예수님은 자신의 몸인 교회의 머리이다.

데살로니가서에서 예수님은 모든 백성들의 복된 소망이다.

디모데전서는 통치가 예수님에 의한 것이라고 말한다.

디모데후서는 교리가 예수님으로부터 말미암는다고 말한다.

디도서는 예수님을 위해 인생을 살아야 한다고 말한다.

빌레몬서에서 예수님은 죄의 전가(轉嫁) 교리(하나님께서 우리가 담당해야 할 죄에 대한 책임을 그의 아들에게 돌렸다는 가르침)의 예증이다.

히브리서에서 예수님은 더 나은 길이다.

야고보서에서 예수님은 생명과 사랑과 자유의 새로운 율법이다.

베드로서에서 예수님은 제사장 나라의 중심이다.

요한일이삼서에서 예수님은 우리의 빛과 생명이요, 사귐의 대상이다.

유다서에서 예수님은 힘써 주장해야 할 믿음의 본체이다.

요한계시록에서 예수님은 장차 오실 충만한 영광이다.

12
CHAPTER
성경의 모든 초점은 예수 그리스도이다

Each New Testament Book in Three Words

이번 장에서는 이 책 5장에서 했던 것처럼, 망원렌즈로 파노라마를 보듯이 신약성경을 촬영하면서 27권 각각의 책에 제목을 붙여보겠다. 이 책 5장에서처럼 책 이름의 첫 자와 제목의 첫 자가 일치하는 것(영문의 경우이지만 한국어판 독자들을 위해 영문도 함께 표기했음 – 역자 주)은 우연의 일치가 아니다. 두운법을 도입해 좀 더 쉽게 외울 수 있도록 했다.

각각의 복음서는 나름의 주제에 맞추어 그리스도의 생애와 가르침에 대한 기록을 전개하고 있다. 마태복음과 요한복음이 그리스도의 신적인 면에 역점을 둔 반면, 마가복음과 누가복음은 그리스도의 인간성을 강조하고 있다.

한편 마태복음과 마가복음은 그리스도께서 모든 사람들의 종이 되셨다는 점을 부각시켜 그리스도께서 왕권을 어떤 자세로 행사하셨는지에 대해 유사한 관점을 보이고 있다. 누가복음과 요한복음은 그리스도의 본성의 이율배반적인(그리스도의 완전한 인성과 신성이 한 인격 안에서 완벽한 조화를 이루고 있는데) 한 면만을 각각 강조하고 있다.

1 핵심 주제 마태복음 유대인들을 위한 메시아

Matthew – Messiah for Jews

마태는 유대인으로서 유대인들을 위한 책을 썼다. 그는 예수님이 유대인들이 그토록 대망하던 메시아, 곧 구약이 예견하고 그려왔던 하나님의 기름 부음을 받은 자라는 내용을 요점으로 저술했다. 마태는 구약성경의 구절을 99번이나 인용함으로써 구약과 신약을 자연스럽게 연결했고, 예수께서 성취하신 구약의 10가지 구체적인 예언에 대해 기술했으며, '왕'과 '나라'란 용어를 75차례나 사용했다.

마태는 1장에서 4장까지 그리스도를 왕으로 묘사하면서 한 단어도 헛되이 낭비하지 않았다. 그는 아브라함으로부터 다윗, 그리스도까지 예수 그리스도의 계보를 제시했다. 그리스도께서 세상에 오신 것은 성경뿐 아니라 별과 천사들을 통해 입증되었다.

하나님께서는 위험에 빠진 아기 예수를 보호하셨고, 나중에 세례 요한은 그분을 가리켜 세상 죄를 지고 가는 하나님의 어린양이라고 했다. 하나님께서는 예수님이 세례를 받을 때, 그분이 자기 아들임을 널리 알리셨다.

마태는 다른 사람들이 그 왕에 대해 무엇이라 말하는지 전한 뒤, 왕께서 자신의 백성들에게 바라시는 원칙을 기록했다(마 5-7장). 마태는 예수께서 베푸신 많은 이적들을 소개함으로써 그분께서 백성들을 다스릴 능력을 갖고 계시다는 것을 증명했다(마 8-10장).

유대인 지도자들이 예수님을 왕으로 모시기를 반대한 뒤(11-15장), 예수께서는 자신의 임박한 죽음과 부활(21-28장)을 위해 제자들을 준비시키셨다(16-20장). 메시아께서는 '유대인의 왕'이라는 패가 달린 십자가에 못 박혀 죽으셨다.

하나님께서는 세상에 오셔서 자기 백성들에게 거부 당하신 그분을 하나님의 새로운 집인 교회의 토대와 주춧돌로 삼으셨다. 그 집에는 유대인이나 이방인의 구별이 없다. 그분께 속한 모든 자들은 그분을 주권자와 주님으로 믿는 믿음을 통하여 하나가 된다.

마태복음	
그리스도의 초림에 더 주목함 (1–10장)	그리스도의 재림에 더 주목함 (11–28장)
군중들 섬기기 위하여 이적 북부 지방	제자들 고난받기 위하여 가르침 남부 지방
왕을 소개함(1–4장) 왕의 선포(5–7장) 왕의 권세(8–10장)	왕에 대한 점진적인 대적(11–15장) 제자들을 준비시키심(16–20장) 고난 기간(21–28장)

2 핵심 주제 마가복음 메시아는 종이다

Mark – Messiah is servant

하늘과 땅의 모든 권세를 가지고 계신 그분께서 과연 자신의 통치권을 어떻게 행사하셨을까? 모든 사람들의 종이 되심으로써 행사하셨다! 마가는 섬김을 받기 위해서가 아니라 섬기기 위해 오신 메시아를 소개했다. 예수께서도 누구든지 크고자 하는 자는 모든 사람의 종이 되어야 한다고 가르치셨다(막 10:42-45).

마가는 예수님의 출생이나 계보에 대해 기록하지 않았다. 종의 출생이나 족보에 관심을 가질 까닭이 무엇이겠는가? 이 짧은 복음서는 예수께서 하신 말씀들을 매우 간략하게 기록했다. 그러나 사복음서 중에서 제일 짧은 이 책은 그리스도께서 하신 일에 대해 가장 많이 말한다.

마가복음에 등장하는 그 누구도 부활하기 이전의 예수님을 주님이라 부르지 않는다. 이 책에는 다른 이들에 대한 준엄한 고발도 누락되어 있다. 왜냐하면 종에게는 그런 것이 어울리지 않기 때문이다.

마가는 하나님의 종의 활동을 기록하면서, 아버지 하나님께 대한 그리스도의 즉각적이고도 절대적인 순종을 강조하기 위해 "즉시", "당장"이란 뜻의 헬라어 '유테오스'(eutheos)를 36번이나 사용했다.

마가복음의 3/8(총 16장 가운데 6장)이 십자가 사건 이전의 마지막 주간을 다루고 있다. 종의 가장 큰 일이 바로 대속(代贖)의 죽음이기 때문이다. 그리스도께서는 으뜸이 되기 위한 합당한 길이 섬김이라는 것(막 10:44)을 본으로 보여주셨다.

신약성경 각 권의 주제

역사

그리스도의 역사

- 마태복음 – 유대인들을 위한 메시아
- 마가복음 – 메시아는 종이다
- 누가복음 – 인간과 같으심
- 요한복음 – 예수님은 하나님이시다

교회의 역사

- 사도행전 – 교회의 사도들

체험

- 로마서 – 하나님의 의(義)
- 고린도전서 – 교회의 문제가 해결됨
- 고린도후서 – 바울의 평판 문제 해결
- 갈라디아서 – 자유의 복음
- 에베소서 – 그리스도 안에서 높아짐
- 빌립보서 – 하나 됨의 중요성
- 골로새서 – 승천하신 교회의 머리
- 데살로니가전서 – 재림 전의 승리
- 데살로니가후서 – 재림 전의 환난
- 디모데전서 – 디모데에 대한 신뢰
- 디모데후서 – 교회를 가르쳐라
- 디도서 – 거짓 교사들을 규탄함
- 빌레몬서 – 오네시모를 용서함

- 히브리서 – 성숙을 촉구함
- 야고보서 – 믿음은 행동이 따라야 한다
- 베드로전서 – 고난 중의 인내
- 베드로후서 – 거짓 교사들을 추방하라
- 요한일서 – 교제의 기쁨
- 요한이서 – 거짓 교사들을 판별하라
- 요한삼서 – 환대의 기쁨
- 유다서 – 배교자들에 대한 심판

예언

- 요한계시록 – 미래에 대한 계시

마가복음	
섬김 (1-10장)	희생 (11-16장)
갈릴리와 그 주변에서 선포하심	예루살렘에서 수난 당하심
환호와 갈채	십자가에 못 박히심
섬기는 자로서 사심	우리 죄 때문에 죽으심
비유와 이적	예언과 논쟁

3 누가복음 인간과 같으심

핵심 주제

Luke – Likeness of man

누가가 그리스도를 칭할 때, 가장 즐겨 사용한 단어는 "인자"(人子)이다. '사랑받는 의사' 누가는 예수께서 길 잃은 영혼을 찾아 구원하기 위해(눅 19:10), 그리고 그들의 처지를 공감하기 위해 겸손한 모습으로 세상에 오셨음을 증거했다. 누가복음은 가장 긴 복음서이다[장(章) 수는 마태복음보다 적지만 분량은 더 많다].

과학을 전공한 의사 누가가 가장 많은 역사 정보를 제공하는 동시에 그리스도께서 사람들과 나누신 상호 작용에 대해 세세하게 설명하고 있다는 점은 그리 놀랄 일이 아니다. 누가는 예수님의 감정 상태에 대해서도 가장 많이 말하고 있다.

누가는 예수님의 혈통에 대해 가장 길게 설명함으로써 예수님이 보통 사람은 아니라는 점을 명확히 밝히고 있다. 예수님은 완벽한 인간이요, 동정녀에게서 나신 분으로, 인간성을 입으신 유일무이한 신인(神人, God-Man)이다. 그분의 육신의 어머니는 마리아이지만, 그분의 아버지는 바로 하나님이시다. 예수께서는 '죽기 위해'(하나님께는 죽음이 없으므로) 인간이 되셔야 했지만, 동시에 그 죽음이 세상의 모든 죄를 속(贖)하기 위한 유효한 죄 값이 되려면 하나님이셔야 했다.

누가복음			
예비 (1-3장)	신분 증명 (4-8장)	가르침 (9-18장)	절정 (19-24장)
예루살렘과 나사렛	갈릴리	유대와 베레아	예루살렘
천사와 사람들	이적	비유	가장 큰 희생과 이적
30년	1년 6개월	6개월	8일 + 50일
×	행함의 능력	말씀의 능력	×

누가복음은 히브리서 2장 17절과 4장 15절의 주석이라 할 수 있다.

"그러므로 저가 범사에 형제들과 같이 되심이 마땅하도다 이는 하나님의 일에 자비하고 충성된 대제사장이 되어 백성의 죄를 구속하려 하심이라 … 우리에게 있는 대제사장은 우리 연약함을 체휼하지 아니하는 자가 아니요 모든 일에 우리와 한결같이 시험을 받은 자로되 죄는 없으시니라."

그리스도는 한 가지를 제외한 다른 모든 면에서 우리와 같은 인간이시다. 그 한 가지란 죄가 없다는 것이다. 이는, 예수께서 자발적으로 우리의 죄를 십자가로 가져가실 수 있음을 의미한다.

4 요한복음 예수님은 하나님이시다

핵심 주제

John – Jesus is God

요한복음은 하나님의 아들로서 예수님의 역할을 강조한다. 이 책의 내용 가운데 오직 8퍼센트만이 다른 복음서의 내용과 중첩되고, 나머지

요한복음	
서론	1:1-18
소개	1:19-4:54
반대	5-12장
설명	13-16장
중보의 기도	17장
십자가에 못 박힘	18,19장
부활	20,21장

92퍼센트는 독특한 내용으로 되어 있다. 요한복음은 그리스도가 다른 인간들과는 전혀 다른 절대적으로 유일무이한 분임을 강조한다. 그분은 다름 아닌 육체를 입고 세상에 오신 하나님이시기 때문이다!

요한은 그리스도께서 자신의 신성(神性)을 주장하기 위해 말씀하셨던 "나는 ~이다" 형식의

요한복음의 7가지 말씀

"나는…
생명의 떡이다"(6:35).
세상의 빛이다"(8:12).
문이다"(10:9).
선한 목자이다"(10:11).
부활이요 생명이다"(11:25).
길이요 진리요 생명이다"(14:6).
포도나무이다"(15:1).

요한복음의 7가지 이적

물로 포도주를 만드심(2:1-11)
왕의 신하의 아들을 고치심(4:46-54)
38년 된 병자를 고치심(5:1-9)
5천 명을 먹이심(6:1-14)
바다 위를 걸으심(6:16-21)
소경을 고치심(9:1-7)
죽은 나사로를 살리심(11:1-46)

일곱 가지 진술을 신중하게 선별하는 한편, 오직 하나님만이 행하실 수 있는 일곱 가지 이적들에 대한 이야기(요한복음에 기록된 이적은 그것이 전부이다)로 그 진술들을 보강했다.

요한은 예수 그리스도를 세상의 구세주로 소개하여 사람들이 믿고 영생을 얻을 수 있도록 하는 것이 이 책의 기록 목적이라고 말했다(요 20:30,31). 요한복음은 온 세상("세상"이란 말이 77번 나온다)을 위한 믿음("믿으라"라는 말이 몇 가지 다른 어형으로 99번 나온다)의 복음서이다.

요한복음 3장 16절은 복음 전체의 축소판이다.

"하나님이 세상을 이처럼 사랑하사 독생자를 주셨으니 이는 저를 믿는 자마다 멸망치 않고 영생을 얻게 하려 하심이니라."

그리스도의 가르침과 그리스도에 대한 증거들은 여러 권의 성경을 기록하고도 남을 만큼 충분했다(요 21:25). 그러나 우리는 지금 우리 앞에 놓인 성경만 가지고서도 예수님을 하나님의 아들로 믿기 위한 타당한 근거를 충분히 확보할 수 있다.

하나님께서는 하나님의 몫을 하셨다. 구세주를 세상에 보내주셨고, 성경을 통해 그분에 대해 충분히 말씀하셨다. 그러므로 이제 우리 몫만 남았다. 우리 몫은 성경의 기록을 믿고 예수님을 구주로 영접하는 것이다(요 1:12).

하나님의 아들이 사람의 아들이 되심으로써 사람의 아들들과 딸들이 하나님의 아들과 딸이 될 수 있게 되었다.

사복음서 대조표

	마태복음	마가복음	누가복음	요한복음
그리스도에 대한 관점	유대인의 메시아(왕)	거룩한 종	인간의 아들(人子)	하나님의 아들
대상	유대인	로마인	그리스(헬라)인	전 세계 사람들
핵심 구절	5:17	10:45	19:10	20:30,31
주제	그리스도께서 자기 나라를 유대인들에게 주심	그리스도가 하나님 아버지를 순종으로 섬김	인간의 필요에 대한 그리스도의 반응	그리스도의 신성
특징	구약 예언의 성취를 강조	헬라어 'eutheos'가 ("즉시", "당장"의 뜻) 40여 차례 쓰임, 가장 짧은 복음서	완벽한 정보와 세세함, 가장 긴 복음서	영생을 얻음에 대한 믿음 ('믿음'과 관련된 어형이 99번 쓰임)
성격	예언적	실제적	역사적	영적
핵심 단어	"이루어졌다"	"즉시"	"인자"	"믿으라"
다른 복음서와 공통 내용	58퍼센트 (42퍼센트가 독특함)	93퍼센트 (7퍼센트가 독특함)	41퍼센트 (59퍼센트가 독특함)	8퍼센트 (92퍼센트가 독특함)
중점	설교	이적	비유	교리
기자의 직업	세리	종 혹은 선교사	의사	어부
마지막 내용	메시아임을 증거로 부활하심	종이 영광으로 승천하심	남아 있는 자들에게 성령을 약속하심	재림
예언적 측면	왕(슥 9:9)	종(사 42:1)	인간(슥 6:12)	하나님(사 40:9)
그리스도의 사역	그리스도께서 통치하기 위해 주권을 갖고 오심	그리스도께서 섬기고 고난을 받기 위해 낮은 모습으로 오심	그리스도께서 인간의 처지를 나누고 공감하기 위해 인간으로 오심	그리스도께서 계시하고 구속하기 위해 신성을 가지고 오심
시간적 관점	과거	현재	미래	영원

5 사도행전 교회의 사도들

핵심 주제 Acts – Apostles of church

신약성경의 처음 다섯 권은 역사서로서 사복음서는 그리스도의 역사를 말하고, 사도행전은 교회의 초기 역사를 말한다. 그리스도께 훈련을 받은 사도들은 그리스도의 교회 지도자들이 되었고 또 그리스도의 천상(天上)의 사역을 대변하는 대변자가 되었다. 그분의 '사도'("보냄을 받은 자"라는 뜻인데)들은 세상을 복음화하기 위해 성령의 권능으로 세상을 향해 나아갔다.

복음서에서 교회에 대해 언급하는 소수의 구절들은 모두 미래 시제로 되어 있다. 예수께서 부활하시고 나서 50일이 지난 뒤에, 성령께서 예루살렘의 한 다락방에 모여 있던 성도들에게 권능을 부여함으로 말미암아 교회가 태어났기 때문이다(행 2장). 베드로는 곧 능력의 설교자가 되었고, 첫 번째 설교에서 무려 3천 명이 회개하는

사도행전

1–7장	8–12장	13–28장
		바울의 전도여행 1차 : 13–15장, 갈라디아 2차 : 16–18장, 그리스 3차 : 19–21장, 아시아 4차 : 22–28장, 로마
교회의 형성 유대인 예루살렘 중심 베드로 예루살렘까지	교회의 과도기 사마리아인 안디옥 중심 베드로와 바나바 유대와 사마리아까지	교회의 확장 이방인 로마 중심 바울 땅 끝까지
AD 30–36년(7년간)	AD 37–46년(10년간)	AD 47–66년(20년간)

역사를 목격했다. 그로부터 약 7년 동안 교회는 유대인과 예루살렘을 중심으로 돌아갔다.

그 후에 유대인들이 교회를 핍박하자 교회가 사마리아와 그 너머로 확장되었다. 그리고 이 시기에 교회를 핍박하던 다소 출신의 사울이란 청년이 부활하신 그리스도를 대면하여 회심했다. 그는 이방인에게 의욕적으로 복음을 전하는 '이방인의 사도'가 되었고, 몇 차례의 전도여행으로 로마제국 전체에 교회를 확장시켰다.

사도행전은 복음서와 서신서를 잇는 자연스러운 가교(架橋)이다. 사도행전은 다른 사람들을 통해 자신의 사역을 증대시키는 우리 주님의 방법이 훌륭한 효험을 지니고 있음을 입증한다.

주님은 오늘도 그런 방법을 사용하신다. 예수님은 우리가 입술로는 주님을 찬양하고, 삶으로는 주님의 능력을 나타내기를 바라신다.

6 로마서 하나님의 의

핵심 주제

Romans – Righteousness of God

로마서는 순서상으로도 그렇지만 논리적으로도 사도 바울이 기록한 13권의 서신서 맨 앞에 위치한다. 왜냐하면 로마서가 '하나님의 의(義)'라는 주제로 전개되는 복음의 큰 그림을 보여주기 때문이다.

사람은 누구나 창조된 세계와 자기 양심을 통해 하나님과 '의'가 존재한다는 증거를 얻을 수 있다. 더욱이 사람은 누구나 성경을 읽을 수 있다. 그러나 하나님의 의의 표준에 미치지 못한다. 그러므로 모든 인간에게는 오직 하나님께서만 은혜의 선물로 공급하실 수 있는 구원이 필요하다.

인간은 하나님의 의를 만족시킬 수 없다. 그러나 하나님의 완전하신 어린양께서는 십자가에서 죽으심으로 말미암아 하나님의 의를 만족시키셨

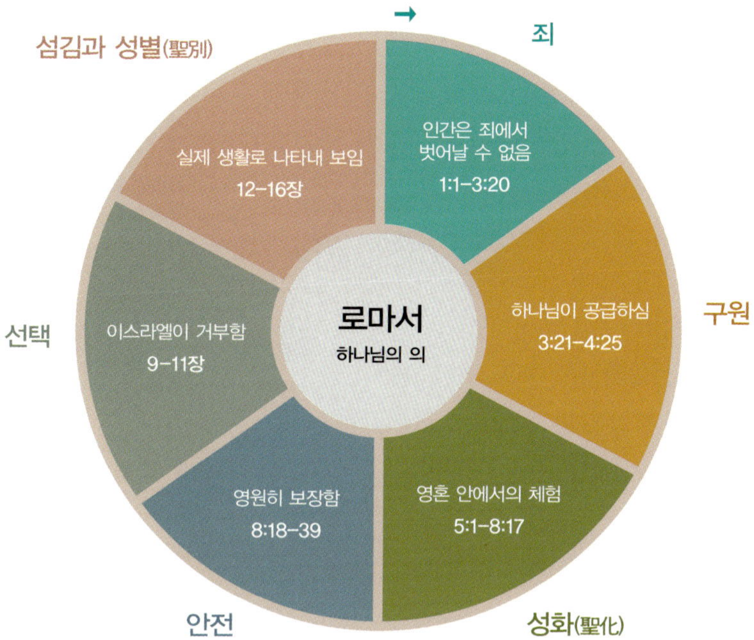

다. 일단 우리 죄인들이 '하나님 앞에 바로 서는 것'[이를 '칭의'(justification)라고 함]을 선물로 받아들이면, 하나님께서는 우리가 '성화'(sanctification)라 불리는 일련의 과정 속에서 성장하게 하신다.

이스라엘 민족은 하나님께서 반드시 약속을 지키신다는 것을 보여주는 확실한 실례(實例)이다. 왜냐하면 메시아께서 이 땅에 다시 오시는 날, 문자 그대로의 '왕국'이 하나님의 백성들을 기다리고 있기 때문이다. 그동안에 우리는 '하나님의 의'가 우리의 삶 속에서 무엇을 낳을 수 있는지 입증해 보이면서 살아야 할 것이다.

로마서는 바울의 다른 서신들과 마찬가지로 교리와 의무에 동일한 비중을 두고 있다. 진실한 믿음은 우리 생활에서 실제적인 변화를 낳는다. 우리는 섬기기 위해 구원 받았다!

7 핵심 주제 고린도전서 교회의 문제가 해결됨

1Corinthians – Church problems solved

사람들은 때로 "아, 초대교회로 돌아갈 순 없을까!"라는 말을 하곤 한다. 이런 말을 하는 사람들의 마음을 이해하지 못하는 것은 아니지만, 과연 그들이 1세기 고린도교회로 돌아갔을 때 정말 행복해할지 잘 모르겠다. 바울이 고린도교

고린도전서		
1-4장	분열	
5,6장	징계	방종, 소송, 방자
7-10장	어려운 문제들	결혼, 음식
11-14장	무질서	복종, 성만찬, 영적 은사
15,16장	교리	

회에 첫 번째로 보낸 이 편지의 내용이 온통 그 교회의 문제들에 관한 것이기 때문이다. 고린도 교회는 교회 안에서 벌어진 근친상간의 용인, 성도들 사이의 법정 소송, 간통, 간음, 성만찬의 무질서, 이혼, 십일조나 헌금을 바치지 않음, 주님의 지혜를 무시함 등 많은 문제를 갖고 있었다.

전해지는 바에 의하면 바울이 대머리였다고 한다. 어떤 사역자라도 그렇게 문제 많은 고린도 교회에서 머리털이 빠지지 않을까. 그러나 바울은 이 편지에서 비난하고 정죄하는 어조가 아니라 염려하며 타이르는 어조로 말했다. 하나님께서는 모든 교회와 가정과 개인의 문제에 대한 해결책을 갖고 계신다.

8 핵심 주제 고린도후서 바울의 평판 문제 해결

2Corinthians – Clearing Paul's reputation

바울이 고린도교회의 문제에 깊이 관여하여 첫 번째 편지를 보낸 뒤, 자신의 평판에 관한 문제를 해결하기 위해 또 다른 편지를 보내야 할 필요가 발생했다. 그의 편지를 못마땅하게 여긴 고린도교회 일부 교인들이 그의 신뢰성에 흠집을 내려 했기 때문이다. 요즈음에도 그런 일은 흔히 일어난다.

사도 바울은 자전적인 요소를 가장 많이 담고 있는 이 편지에서 자신의 영혼의 창(窓)을 열었다. 평소 논리적이었던 그가 이 편지에서 다소 감정적인 면을 드러낸 것이다. 이 편지를 읽다 보면 새신자들의 믿음을 훼손하려 했던 거짓 교사들에 대한 바울의 의분이 느껴진다. 기독교 신앙은 고린도 사람들이 알고 있었던 어떤 이방인의 종교나 유대인의 종교보다 우월하다. 바울을 향한 박해는 계속되었지만, 그리스도 안에서 하나님께 받은 소명에 대한 바울의 헌신의 열정은 꺾이지 않았다.

고린도후서		
1–7장	바울의 해명	계획 변경, 치리, 사역 촉구
8,9장	헌금을 위한 준비	
10–13장	바울의 권위	사도권 방어, 기쁨, 의무

그는 하나님께 사도의 권위를 받았지만 고린도 교인들에게 '사도권'을 행사하기보다는 그들이 자발적으로 순복해주기를 바랐다. 그는 고린도교회의 새신자들이 주께 진실해지고 믿음 안에서 성장하는 데 도움이 된다면, 자신의 모든 권리(심지어 세간의 평판까지도)를 기꺼이 포기할 준비가 되어 있었다.

9 핵심 주제 갈라디아서 자유의 복음

Galatians – Gospel of liberty

갈라디아서가 전하는 좋은 소식은, 우리가 그리스도 안에서 속박으로부터 풀려날 수 있다는 것이다. 우리는 그리스도 안에서 죄의 속박으로부터 풀려날 수 있다. 우리 안에 의로움을 주지 못하는 구약의 율법에서 자유로워질 수 있다. 우리는 이 모든 것들로부터 자유로워져 그리스도를 섬길 수 있으며, 세상에서 우리의 최상의 잠재력을 실현할 수 있다.

그러나 자유가 방종을 의미하는 것은 아니다! 우리 입맛에 맞게 아무렇게나 살라고 하나님께서 우리를 자유롭게 해주신 것이 아니라, 우리를 사랑하셔서 우리를 위해 자기 몸을 버리신 그리스도를 위해 살라고(갈 2:20) 자유롭게 해주신 것이다. 하나님께서는 새로운 주인, 곧 그리스도를 섬기게 하기 위해 우리를 이전의 노예 상태에서 해방시켜주셨다.

갈라디아서		
그리스도께 직접 받은 가르침 (1,2장)	율법은 노예 상태를 낳음 (3,4장)	자유는 오직 복음으로부터 (5,6장)
자서전적	신학적	실제적
그리스도	대조	결론
오늘날 그리스도 안에서 하나님이 주시는 계시	그 당시 하나님이 모세에게 주셨던 계시	오늘날 우리를 향한 하나님의 기대

이 해방 선언에는 하나님의 승인 도장이 찍혀 있다. 바울이 전하는 이 엄청난 소식이 '왜곡된 보도'일 가능성은 전혀 없다. 바울이 예수 그리스도께 직접 이 소식을 받았기 때문이다.

우리는 성령으로(육체가 아니라) 살고 행할 수 있는 새로운 능력을 얻었다. 이 능력의 값은 예수께서 갈보리에서 충분히 지불하셨다. 그리스도께서는 옛 본성과 옛 생활에 우리를 얽어매던 사슬의 고리를 끊으셨다. 그런데 우리가 끊어진 사슬의 고리를 다시 이으려고 한다면 말이 되겠는가?

10 핵심 주제 에베소서 그리스도 안에서 높아짐

Ephesians – Exaltation in Christ

그리스도 안에 있는 모든 성도들은 그리스도의 모든 부(富)를 소유하여 부유하게 된다. 하나님께서는 하늘에 계신 그리스도를 높이 여기시는 것처럼 우리를 높이 여기신다. 우리는 더할 나위 없는 지위를 갖고 있는 것이다!

하나님께서 우리를 얼마나 지극히 사랑하시는지, 성삼위 하나님(성부, 성자, 성령)께서 모두 우리의 구속(救贖)에 관여하셨다. 전에 우리 자신의 죄로 말미암아 죽었던 우리가 이제 그리스도 안에서 살게 되었다. 우리는 그리스도의 보혈을 통해 하나님과 화목하게 되었다. 그리스도의 교회 안에 있는 사람들을 가르던 장벽도 무너졌다. 이제는 더 이상 유대인과 이방인의 구분이 없다. 대신에 그리스도를 믿는 모든 사람들이 하나님의 가족에 속하게 되었다.

에베소서	
그리스도 안에서의 우리의 부유함(1–3장)	그리스도 안에서의 우리의 생활(4–6장)
성삼위에 의한 구속(1장) 하나님과 인간의 화목(2장) 비밀을 계시하심(3장)	영적 은사(4장) 하나님을 본받음(5장a) 복종(5장b–6장a) 하나님 안에서의 힘(6장b)

하나님께서는 우리가 그리스도 안에서 얻은 '부유함'에 합당한 삶을 사는지 관심을 갖고 계신다. 그러므로 우리는 일상의 행동으로 그리스도 안에서 얻은 우리의 지위를 더욱 빛나게 해야

한다. 성령께서는 교회의 '하나 됨'에 필요한 모든 것을 공급하신다. 그리고 우리 또한 교회의 '하나 됨'을 지켜나가야 한다.

승천하신 그리스도께서는 우리의 사역에 필요한 영적 은사를 나누어주신다. 그러나 그것들을 발견하여 활용하는 것은 우리 몫이다. 우리는 부활의 능력을 의지할 수 있다. 빛의 자녀로서 사랑 안에서 살려면 그 능력을 구해야 한다. 성령의 다스림을 받으면 가정과 일터에서 사람들과의 관계가 확연히 달라질 것이다. 우리는 하나님의 전신갑주를 입어야 한다. 사탄을 무찌르는 능력이 거기에 있기 때문이다.

11 핵심 주제 빌립보서 하나 됨의 중요성

Philippians – Priority of unity

개인적으로 그리스도와 하나가 되고, 교회에서 다른 크리스천들과 한 공동체를 이룰 때, 우리는 큰 기쁨을 맛본다. 그렇지만 그 연합이 깨지면 기쁨 넘치는 생활도 곧 중단될 것이다.

빌립보서	
1장	옥중설교
2장	한마음으로 겸손해져라
3장	행위로는 불충분함
4장	하나님을 의지하라

지역교회 교인들 각자가 '모든 사람들에게 복음을 전하는 것'에 개인의 우선순위를 둘 때, 교회의 '하나 됨'을 더 용이하게 이룰 수 있을 것이다. 바울은 감옥에서 편지로 말씀을 전할 때 이에 대한 본을 보여주었다(빌 1:15-20).

하나님과 연합하고 또 믿는 형제자매들과 연합하기 위해서는 겸손한 태도가 필요하다. 그리스도께서는 이에 대한 궁극적인 본을 보여주셨다. 우리가 그리스도 안에서 하나님의 의를 얻을 수 있도록 스스로 영광의 옷을 벗어 던지셨기 때문이다.

바울은 인간이 아무리 많은 것을 이루어도, 그것이 하나님의 인정을 받아낼 수 있는 유효한 근거가 되는 것은 아니라고 단언했다. '하나님 앞에 바로 서는 것'은 예수 그리스도를 통해 선물로 거저 오는 것이다. 우리는 그리스도께서 은혜의 선물로 주시는 능력과 자원을 적극적으로 사용함으로써 주님 안에서 항상 기뻐할 수 있다.

12 핵심 주제 골로새서 승천하신 교회의 머리

Colossians – Church's ascended Head

승천하신 그리스도께서는 '교회'라 불리는 성도들의 새로운 몸을 형성하기 위해 성령을 보내주셨다. 하늘에 계신 그리스도는 땅에 있는 이 몸, 즉 교회의 머리이시다.

바다 속 깊은 곳에 있는 잠수부의 생명이 그의 머리 위에 높이 떠 있는 배에서 생명유지 장치를 통제하는 사람들에게 전적으로 달려 있는 것처럼, 교회의 생명은 전적으로 그리스도께 달려 있다. 죄에 대한 승리와 세상에서의 사역과 장차 어느 날 하늘의 본향에 안전하게 도달하는 데 필요한 모든 것이 오직 그분에게서 흘러나오기 때문이다.

골로새서	
1장a	골로새 교인들에 대한 칭찬
1장b	그리스도의 하신 일
2장	바울의 염려
3,4장	삶을 위한 명령

바울은 그리스도에 대한 순전한 믿음을 훼방하려는 사람들을 주의하라고 당부하면서, 기독교 신앙이 '그리스도와 사람의 생각'에서 비롯되는 게 아니라 '오직 그리스도'에게서 비롯되는 것이라고 단언했다. 예수님을 우리 삶의 가장 높은 자리에 모시면 우리 마음이 위에 있는 것들을 향하게 될 것이며, 죄의 옛 본성에게 사망을 선고하게 될 것이며, 새 사람을 입게 될 것이며, 모든 것을 예수님과 같이 하게 될 것이다.

그리스도의 몸으로서 우리는 그리스도께서 자신의 뜻을 세상에 나타낼 때 사용하시는 도구이다. 우리의 손이 그분의 손이 되어야 한다. 우리의 발이 그분의 발이 되어야 한다. 우리의 손과 발은 그리스도의 분부를 민첩하게 수행하는 그리스도의 것이 되어야 한다.

13 데살로니가전서 재림 전의 승리

핵심 주제 1Thessalonians – Triumph before Return

처음에 데살로니가의 일부 성도들은 자기들이 죽기 전에 그리스도께서 재림하실 것이라고 생각했다. 그리고 나중에는 이미 세상을 떠난 형제자매들에게 어떤 일이 일어날지 의아해했다. 이에 바울이 좋은 소식을 전했다. 그리스도 안에서 죽은 성도들이 주님과 함께 거하면서 승리를 체험하고 있으며, 주께서 재림하실 때 그들의 살아 있는 영혼이 주님과 함께 돌아올 것이고, 또 그들의 죽은 육신이 일어나리라는 것이었다.

데살로니가전서		
1장	감사의 기도	
2장	바울과의 과거 관계	
3장	바울과의 현재 관계	
4,5장	실제적인 예언	올바른 사랑, 부활, 지도자에 대한 존경

예수께서 재림하실 때 세상에 살고 있는 성도들은 땅에서 하늘로 끌어 올려가(살전 4:17) 즉시 영적인 존재로 변화될 것이며, 공중에서 주님과 형제자매들을 만나게 될 것이다. 그리고 그 후에는 하늘의 집으로 가서 아버지와 영원토록 살게 될 것이다. 그 만남이 얼마나 감격스럽겠는가?

그러므로 주변의 크리스천이 죽을 때, 우리는 소망이 없는 다른 사람들처럼 슬퍼할 필요가 없다. 그러나 이 땅에서 살고 있는 한, 우리는 주님의 갑작스러운 재림을 대비하며 살아야 할 것이다. 아무도 그날이나 그 시각을 알지 못한다. 그러나 우리 믿는 자들은 확실한 소망을 가질 수 있다.

14 데살로니가후서 재림 전의 환난

핵심 주제 2Thessalonians – Tribulation before Return

초대교회에 가혹한 박해의 폭풍이 몰아치기 시작했을 때, 데살로니가의 일부 성도들은 자기들이 주님의 재림을 놓쳤다고 생각했고 또 예수님이 예견하셨던 대환란(마 24,25장)을 겪고 있는 것이라고 생각했다. 대환란은 그리스도의 지상 재림보다 먼저 일어날 것이다.

바울은 주님께서 예견하셨던 이 환란이 아직 일어날 수가 없다고 주장하면서, 불법을 억제하던 모든 것들이 벗겨지는 것과 적(敵)그리스도가 하나님의 성전에 나타나 스스로 하나님이라 주장하는 것과 엄청난 배교의 시대가 대환란보다 먼저 있으리라고 설명했다. 바울은 데살로니가 성도들이 겪고 있는 현재의 박해가 대환란은 아니라고 분명히 말했다.

데살로니가후서

1장	목회적 위로
2장	예언적 관심
3장	실제적 명령

우리도 예수님을 위해 환난을 겪어야 할지 모른다. 그러나 예수님은 "세상에서는 너희가 환난을 당하나 담대하라 내가 세상을 이기었노라"(요 16:33)라고 말씀하셨다.

15 디모데전서 디모데에 대한 신뢰

핵심 주제 1Timothy – Trust in Timothy

디모데와 디도는 바울이 목회자로 키운 영적 아들이었다. 그래서 그들에게 보낸 세 통의 편지(디모데전후서와 디도서)를 '목회서신'이라 한다. 바울은 디모데에게 성스러운 책무를 맡겼다. 자신을 대신하여 에베소에서 목회를 하게 했던 것이다.

디모데에게 임무를 맡김 (1장)	교인들의 행실 (2,3장)	디모데의 행실 (4-6장)
취지	기도	교리적
책임	여자	개인적
×	직분자들	인간관계

바울은 거의 3년간 에베소교회 성도들을 양육했고, 2차 전도여행과 3차 전도여행 기간 동안 디모데를 데리고 다니며 훈련시키는 데 많은 시간을 쏟았다.

젊은 목회자가 지역교회에서 어떻게 처신해야 할까? 목회를 하며 만나게 되는 다양한 연령층의 다양한 성격의 사람들과 어떤 관계를 유지해야 할까? 이것이 바로 바울이 디모데에게 보낸 편지의 주제이다.

목회자는 기도와 말씀 사역에 전념해야 한다. 신실한 사람들을 장로와 집사로 세워 하나님의 양 떼를 돌보게 해야 한다. 거짓 가르침과 배교를 항상 경계해야 한다.

그러나 무엇보다 목회자는 말과 행실과 사랑과 믿음과 정절에 대하여 다른 성도들의 본이 되어야 한다(딤전 4:12). 연소한 목회자일지라도 이런 것들을 신실하게 지켜나가면 아무도 업신여기지 못할 것이다.

16 디모데후서 교회를 가르쳐라

핵심 주제 2Timothy – Teach the church

바울은 디모데가 바울과 그리스도의 대리인으로서 중책을 맡고 있다는 점을 상기시켰다. 목회자들은 본연의 임무에서 이탈하여 다른 많은 일들에 빠지기가 쉽다. 하지만 목회자 본연의 임무는 하나님 말씀을 명백하고도 실제적으로 가르치는 것이다.

배교에 대한 최상의 대책은 하나님의 말씀인 진리를 견고하게 가르치는 것이다. 목회자는 거짓 가르침이 교회 안에 들어오지 못하게 항상 경계함과 아울러 하나님의 백성들을 하나님의 계시의 말씀과 뜻 가운데로 인도해야 한다.

디모데후서		
여러 가지 권고		
충성 (1,2장)	배교 (3장)	사역 (4장)
바울의 부탁	위험	설교
충성하는 자의 모습	방어	인내
×	×	바울의 소망

바울은 디모데의 나이가 어리지만 진리 안에서 담대하라고 촉구했다. 그리고 어떻게 하는 것이 그 사역을 성실하게 수행하는 것인지 알려주기 위해 여덟 가지 모습을 제시했다(2장).

진리를 원하지 않는 자들은 디모데에게 반기를 들 것이다. 그러나 인내하면서 하나님의 말씀을 전하면, 하나님의 정하신 때가 이르렀을 때 그에 합당한 열매를 추수할 수 있을 것이다.

17 디도서 거짓 교사들을 규탄함

핵심 주제 Titus – Truthless teachers denounced

거짓 교사들이 초기의 각 지역교회에 침투하려고 했다. 이에 바울은 강력한 태도로 맞섰고, 그들이 하나님의 백성들을 곁길로 빠뜨리지 못하도록 강하게 대항하고 규탄했다. 거짓 교사들은 필경 잘못된 품행을 낳을 잘못된 동기와 잘못된 메시지를 갖고 있었다.

디도서	
1장a	충성된 사람
1장b	거짓 가르침
2장	다양한 계층에게 주는 권면
3장	구원의 깨달음

공격이 최선의 방어이다. 따라서 목회자는 신실한 성도들을 장로로 선출하고 훈련하여 양 떼를 두루 살피도록 해야 한다. 이것이 목회자의 가장 중요한 임무 중에 하나이다. 더불어 목회자는 올바른 교리를 가르쳐야 하며, 지역교회의 다양한 연령층의 다양한 필요에 맞추어 적용해야 한다.

하나님께서 거저 주시는 은혜의 복음은 우리를 구원으로 인도할 뿐 아니라 또한 선한 행위로 인도한다. 하지만 거짓 교사들은 선한 행위를 구원의 산물로 여기는 대신 조건으로 여겨 은혜의 복음에 '인간의 행위'를 섞어버렸다.

18 빌레몬서 오네시모를 용서함

핵심 주제

Philemon – Pardon of Onesimus

골로새교회의 성도 빌레몬의 노예였던 오네시모는 주인에게서 도망쳐 로마로 갔다가 우연히 바울을 만났다. 그는 바울을 통해 그리스도를 영접했고, 그리스도께서 그의 삶을 완전히 바꾸어놓으셨다. 빌레몬은 바울이 잘 아는 사람이었다. 그래서 바울은 도망친 노예 오네시모를 용서하라고 부탁하는 편지와 함께 그를 주인에게 돌려보냈다.

빌레몬서	
1-7절	빌레몬을 칭찬함
8-17절	오네시모를 위한 부탁
18-25절	빌레몬에게 보증함

바울은 오네시모가 끼친 손해를 잊어달라고 부탁하지 않았다. 대신 오네시모를 용서하라고 청하면서 그가 진 빚은 자신이 대신 갚겠다고 말했다. 예수 그리스도로 말미암은 구원을 멋지게 묘사하는 대목이 아닐 수 없다. 하나님께서는 우리를 거리낌 없이 용서하셨는데, 그것은 하나뿐인 자기 아들이 우리의 모든 죄 값을 대신 치르셨기 때문이다. 이 사실은 우리 삶에 엄청난 변화를 일으킨다.

지금까지 살펴본 13통의 편지는 바울이 성령의 영감의 잉크에 펜을 깊이 담근 결과로 나온 것이었다. 성령께서 초대교회 최대의 공공의 적이었던 사울을 사도 바울로 회심시켜, 신약성경의 거의 절반에 가까운 책을 기록하게 역사하셨다는 것은 하나님의 사랑과 은혜에 대한 놀라운 증거가 아닐 수 없다. 이는 구원받지 못할 만큼 악한 사람은 하나도 없다는 것을 보여준다. 그리고 우리가 과거에 아무리 나쁜 죄를 지었다 하더라도 회개하고 씻김을 받으면, 하나님께서는 그 과거를 통해 크고 강력한 일을 행하신다.

이후에 나오는 편지들은 야고보, 베드로, 요한, 유다, 알려지지 않은 기자(히브리서의 기자)가 기록한 것이다.

19 히브리서 성숙을 촉구함

핵심 주제

Hebrews – Hasten to maturity

우리는 천국에 대한 유일한 소망이신 그리스도 안에서 믿음을 통해 거듭나는 순간, 이제 갓 태어난 영적 유아로서 하나님 가족의 일원이 된다. 하나님은 우리에게 성숙에 이르는 성장 과정을 요구하시며 또 기대하신다. 그러나 모든 크리스천들이 하나님의 요구와 기대에 부응하여 빠르게 성장하는 것은 아니다. 더욱이 크리스천들 가운데는 이전 단계로 퇴보하는 이들도 많다. 히

히브리서			
그리스도의 우월하심 (1:1–4:16)	그리스도의 우월한 제사장 직분 (5:1–8:5)	갈보리의 우월한 공로 (8:6–10:39)	우월한 행동 원칙 (11:1–13:25)
비교 선지자 천사 모세 여호수아	비교 아론 레위인 멜기세덱에 필적함	언약 성소 희생제물	믿음 인내 징계 인간관계

브리서의 수신자들이 그러했다. 그래서 히브리서의 기자는 그들이 성숙에 이르도록 강력히 촉구하고 권고했다.

이 편지는 당시의 유대인들이 종교적으로 고수하던 유대교적 요소들과 예수 그리스도를 비교한다. 그리고 비교의 결과로서, 그리스도께서 천사나 선지자나 모세나 여호수아나 아론이나 모든 레위인들보다 훨씬 더 우월하다는 것을 입증한다. 그리스도께서는 구약의 언약이나 성소나 희생제물을 능가한다. 이처럼 완벽하신 분이 오셨을진대 하나님의 계획의 부분적이고 미숙한 상태로 돌아가야 할 까닭이 무엇이겠는가?

히브리서의 6가지 위험

2:1–4	표류
3:7–4:2	의심
4:11–13	불순종
5:11–6:12	퇴보
10:19–39	성령을 욕되게 하는 것
12:25–29	부인

믿음의 원칙은 새로운 것이 아니다. 구원과 예배는 언제나 믿음에 근거한다. 하나님의 '믿음의 명예 전당'에는 모든 시대의 믿음의 종들이 나타낸 능력의 증거들이 넘쳐난다.

우리 하나님은 필요한 경우에 방탕한 자녀들을 격려하기 위해 질책하시는 사랑의 아버지이다. 하나님께서는 우리를 성장시키기 위해 전념하신다. 우리 또한 성장하기 위해 전념해야 할 것이다.

20 야고보서 믿음은 행동이 따라야 한다

핵심 주제

James – Jews' belief behaves

야고보서

1:1–18	승리
1:19–27	순종
2:1–13	공정함
2:14–26	행위
3:1–4:4	정결
4:5–5:6	겸손
5:7–20	인내

이 책은 예수님의 동생인 야고보 사도가 당시 소아시아 전역에 흩어져 살던 유대인 열두 지파의 개종자들에게 쓴 편지이다. 그는 예수님을 믿는 사람들이 '믿는 자'에 합당한 행동을 해야 한다고 강조했다. 구원은 오직 믿음으로 받는 것이지만, 구원에 이르는 믿음만이 존재할 수는 없다. 참 믿음은 참 행위를 낳는다.

야고보 사도는 구원의 믿음을 소유한 성도들이 일상에서 나타내야 하는 차이에 대해 인상적으로 기술하면서 시련과 유혹에 대한 승리, 하나님의 말씀에 대한 순종, 다른 사람들을 공정하게 대함, 아브라함과 라합과 같은 선행, 언행의 정결함, 하나님 앞에서 계획을 세울 때의 겸손, 고난과 질병 가운데서 인내함 등을 그 예로 제시했다.

귀신들도 하나님을 믿는다. 귀신들은 교리 면에서 근본주의자들조차 무색하게 만든다. 그러나 귀신들은 알고 있는 것 때문에 벌벌 떨지라도(약 2:19,20) 구원을 받지 못한다. 구원에 이르는 참된 믿음은 변화된 삶으로 드러나기 때문이다. 믿음은 그 열매로 알 수 있다.

21 베드로전서 고난 중의 인내

핵심 주제 1Peter – Patience in trials

사복음서의 기록만으로 보면 베드로를 인내의 귀감으로 여기기가 쉽지 않다. 그러나 오순절 성령 강림 사건을 통해 그는 완전히 다른 사람으로 변했다. 성령의 열매가 "사랑과 희락과 화평과 오래 참음과 자비와 양선과 충성과 온유와 절제"(갈 5:22,23)이기 때문이다.

베드로전서

성도들의 고난과… 보호(1:1–9)
하나님의 말씀(1:10–25)
성화(2:1–12)
복종(2:13–3:12)
그리스도의 고난(3:13–4:19)
재림(5:1–14)

그리스도께서 승천하시고 나서 30년 정도 지난 뒤, 베드로는 복음을 위해 고난을 받는 성도들에게 인내에 관한 편지를 썼다. 베드로는 비록 그들이 고난을 받고 있을지라도 그들의 구원이 안전하다는 것을 확신해야 하며, 주권적으로 고난을 허락하신 하나님께서 그들을 주목하고 계심을 깨달아야 한다고 가르쳤다.

고난과 시련은 하나님 말씀을 확인하고 통찰하게 하는 것, 영적 성장을 자극하는 것, 세상의 외인(外人)으로서 우리의 신분을 더 확실히 깨닫게 하는 것, 그리스도께서 자신을 핍박하는 자들의 손에 뿌린 보혈로 우리가 구속(救贖) 받았다는 사실을 집중적으로 바라보게 하는 것 등 몇 가지 유익을 우리에게 돌려준다.

베드로는 자유인들과 종들과 아내들과 남편들에게 특별한 지침을 주었다. 그러나 모든 크리스천들은 '산 돌'이 되어 교회의 머리이신 그리스도를 본받아야 한다. 우리는 고난이 우리의 유익을 위한 것이지, 우리가 저지른 죄 때문이 아니라는 사실을 확신해야 한다. 선(善)을 행하다가 고난을 당하거나 참음으로써 우리는 구세주께서 보이신 본을 따르고 또 하나님을 영화롭게 할 수 있다.

우리는 신실한 양이 되어야 한다. 우리의 목자께서 사탄을 압도하는 능력을 소유하고 계시다는 것을 믿어야 한다. 자기 양 떼를 위해 다시 오시겠다는 그분의 약속을 믿어야 한다.

22 베드로후서 거짓 교사들을 추방하라

핵심 주제 2Peter – Purge false teachers

베드로 시대에 거짓 교사들이 교회에 들여온 이단은 오늘날 우리가 목격하는 이단과 비슷하다. 그들은 불법과 방탕한 삶을 부추겼고, 주님의 재림 약속이 더디 이루어지는 것을 비웃었다. 그들은 향락주의를 조장하면서 "내일이면 죽을 테니까 흥청망청 먹고 마시자! 내세 따위는 없으니 하고 싶은 것을 하면서 인생을 즐기자! 지금이나 나중이나 아무도 나를 판단하지 못할 것이다!"라고 떠들었다.

베드로후서

믿음 의 확실성(1장)

을 거스르는 자들(2장)

의 완성(3장)

하나님의 말씀 안에서 활발하게 성장하는 것이야말로 성도 개인에게나 지역교회에 거짓 가르침이 침투하지 못하게 지키는 최선의 방어책이다. 그러나 다른 한편으로 우리는 거짓 교사들을 폭로하고 추방해야 한다. 왜냐하면 그들은 그리스도의 몸을 침식하는 암세포와 같기 때문이다.

참된 교사의 여부는 그 사람이 정결한 삶을 살고 그리스도의 재림을 인내로 기다리는지 아닌지를 통해 식별할 수 있다. 우리가 인내로 그리스도의 재림을 기다리는 동안, 하나님께서도 사람들이 자기 아들을 구주로 영접하기를 기다리신다.

나는 개인적으로, 주께서 1953년까지도 재림하지 않으셨다는 사실에 무척 감사한다. 그랬다면 내가 주님을 구주로 영접하는 일은 일어날 수 없었을 테니 말이다. 우리는 예수님의 재림을 기다리고 있다. 그리고 예수님도 사람들이 아버지께 돌아오기를 기다리고 계신다.

23 요한일서 교제의 기쁨

핵심 주제

1John – Joy in fellowship

사도 요한이 작성한 세 통의 편지는 교제에 관한 3부작을 이룬다. 요한은 첫 번째 편지에서 하나님과 교제해야 한다고 가르치고, 두 번째 편지에서 거짓 교사들과 교제하면 안 된다고 가르치고, 세 번째 편지에서 참된 교사들과 교제해야 한다고 가르친다.

요한은 하나님께서 하나님과의 교제 안으로 들어오는 자들에게 주시는 기쁨을 직접 체험한 입장에서 무척이나 감격스러운 어조로 편지를 썼다.

요한일서

하나님의 빛(1,2장)

사랑(3,4장)

생명(5장)

"우리가 보고 들은 바를 너희에게도 전함은 너희로 우리와 사귐이 있게 하려 함이니 우리의 사귐은 아버지와 그 아들 예수 그리스도와 함께 함이라 우리가 이것을 씀은 우리의 기쁨이 충만케 하려 함이로라"(요일 1:3,4).

교제는 함께 나누는 것을 뜻한다. 크리스천들은 하나님의 빛과 사랑과 생명을 함께 나눈다. 빛 가운데 행한다는 것은 세상을 사랑하지 않고 적그리스도의 말을 경청하지 않는다는 것을 의미한다. 대신 하나님 말씀에 순종하며 산다는 것을 뜻한다.

우리가 하나님을 향한 사랑 안에서 행하고 있는지는 하나님의 백성들을 사랑하고 있는지를 통해 알 수 있다. 오래 전에 어떤 사람은 "천국에서 성도들과 함께 사는 것은 정말 영광스러운 일이지만, 이 땅에서 성도들과 함께 사는 것은 완전히 딴 이야기이다"라고 말했다. 그러나 그렇게 생각하면 안 되고 또 그렇게 생각할 필요도 없다.

참된 크리스천은 하나님 바로 그분의 생명을 함께 나눈다.

"또 증거는 이것이니 하나님이 우리에게 영생을 주신 것과 이 생명이 그의 아들 안에 있는 그것이니라 아들이 있는 자에게는 생명이 있고 하나님의 아들이 없는 자에게는 생명이 없느니라 내가 하나님의 아들의 이름을 믿는 너희에게 이 것을 쓴 것은 너희로 하여금 너희에게 영생이 있음을 알게 하려 함이라"(요일 5:11-13).

24 요한이서 거짓 교사들을 판별하라

핵심 주제

2John – Judge false teachers

요한은 두 번째 편지에서 자녀들을 잘 양육하여 진리 가운데로 걷게 한 어떤 여인을 칭찬했지만, 모든 순회 설교자들이 순수한 복음을 가르치는 것은 아니라는 점을 상기시켰다. 그녀는 '그들은 예수 그리스도가 육신으로 오신 하나님이라고 말하는가?' 하는 기준으로 거짓 교사들을 분별해야 했다. 그리고 그들이 이 기본적인 교리 시험을 통과하지 못하면 그들을 대접해서도, 다른 방법으로 도와서도 안 되었다. 심지어 요한은 그들에게 인사하는 것조차 금하면서 그것이 그들의 악한 일에 동참하는 것이라고 단언했다.

요한이서

부녀에 대한

칭찬(1–4절)

계명(5,6절)

훈계(7–13절)

우리는 서로 사랑하라는 예수님의 명령을 지나치게 확대하기 쉽다. 그러나 주님의 사랑의 법에는 분명 '제한'이 있다. 그 법은 이단이나 음란한 행실을 퍼뜨리는 자들을 돕는 것을 포함하지 않는다.

25 요한삼서 환대의 기쁨

핵심 주제

3John – Joy of hospitality

거짓 교사들에게는 절대 주지 말아야 할 것들을 참된 교사들에게는 반드시 주어야 한다. 우리는 예수 그리스도를 올바른 눈으로 보는 사역자나 선교사들을 환대하는 기쁨을 나누어야 한다.

요한은 가이오를 칭찬했다. 그가 경건하고도 후한 접대의 본을 보였기 때문이다. 그러나 교만

요한삼서

1-8절	가이오의 번영
9-11절	디오드레베의 교만
12-15절	데메드리오를 칭찬함

한 디오드레베는 정반대였다. 그는 성도들을 접대하기를 거부했을 뿐 아니라 기꺼이 접대하려는 사람들까지도 방해했다.

우리는 하나님께 하는 마음으로 다른 사람들을 선대했던 데메드리오를 본받아야 한다. 경건한 사람은 다른 사람들에게 좋은 평을 받는다.

26 유다서 배교자들에 대한 심판

핵심 주제 Jude – Judgement on apostates

유다서의 주제는 디도서와 베드로전후서와 요한이서의 주제와 유사한 듯 보인다. 하지만 유다서는 그 편지들보다 데시벨을 한층 더 높여서 거짓 교사들을 규탄한다. 심지어 유다는 애초에 의도했던 주제를 변경하면서까지, 예수 그리스도를 부인하는 메시지를 갖고 교회에 들어온 경건치 못한 사람들에 대해 경고했다.

타락한 천사나 소돔과 고모라의 죄인들이나 이스라엘 역사의 몇몇 사람과 같은 과거의 배교자들은 하나님의 진노를 피하지 못했다. 오늘의 배교자들의 운명도 그들보다 더 낫지 못할 것이다.

하나님을 업신여기고 하나님의 진리를 더럽히는 그런 지도자들이 아름답게 꾸민 말로 그럭저럭 교인들의 마음을 얻을 수 있을지 모른다. 그러나 그들은 허울 좋은 가식의 이면에 사악한 본성을 감추고 있다. 그들의 삶에는 성령이 없다. 이와 반대로 진실한 크리스천들은 정욕대로 행하지 않는다. 대신 하늘로부터 오는 것을 행한다. 하나님의 영(靈)이 그들 안에 있기 때문이다.

유다서

배교의 예고(1-4절)
의 사도들(5-16절)
에 대한 대처법(17-23절)

하나님을 찬미함(24,25절)

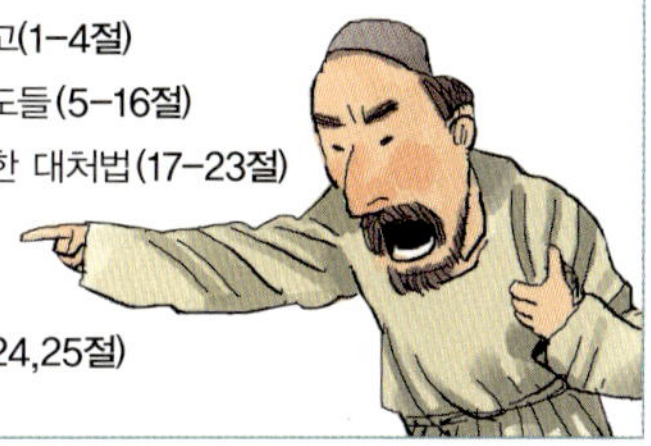

27 요한계시록 미래에 대한 계시

핵심 주제 Revelation – Revelation of future

예수께서는 요한계시록으로 들어가는 문 앞에 다음과 같은 열쇠를 걸어놓으셨다.

"그러므로 네 본 것과 이제 있는 일과 장차 될 일을 기록하라"(계 1:19).

그래서 우리는 요한이 과거(그리스도께서 주신 환상을 본 것)와 현재(일곱 교회에 보내는 편지)와 미래에 대해 기록했다는 것을 알 수 있다.

요한계시록 19장 10절은 예수님의 증언이 대언의 영이라고 말한다. 이는 요한이 앞부분 세 장(1,4,5장)에서 부활하신 그리스도의 모습을 묘사한 뒤에 나머지 장에서 미래의 베일을 벗기는 까닭을 설명해준다.

요한계시록은 대부분 장래에 되어질 일에 대한 기록이다! 이 책은 장차 이 땅의 죄의 세력 위에 연속적으로 임하게 될 21가지 끔찍한 심판(일곱 봉인, 일곱 나팔, 일곱 대접)을 포함하는 대환란에 대해 상술한다.

요한계시록		
네가 본 것 (1장) 과거	이제 있는 일 (2,3장) 현재	장차 될 일 (4-22장) 미래
이 책의 목적 재림 약속 하나님의 예고	아시아의 일곱 교회에 보내는 편지	주권의 심판자(4,5장) 대환란(6-18장) 재림(19장) 성도의 통치(20장) 영원의 상태(21,22장)

대환란 기간에는 그 결정적인 시대에 세상에 거주하는 인간들 외에도 이스라엘, 사탄, 그리스도, 천사장 미가엘, 바다에서 나온 짐승(적그리스도), 땅에서 나온 짐승(적그리스도의 거짓 선지자), 하나님께서 인(印) 치신 구속받은 자들 이렇게 일곱의 중요한 주체(主體)와 집단이 주된 역할을 한다.

한편 그리스도의 몸과 신부로서 교회가 요한계시록 처음 세 장에 많이 언급되다가 대환란 기간인 4장에서 19장까지 단 한 번도 언급되지 않는다는 점이 매우 흥미롭다.

이 땅의 군대들이 아마겟돈 골짜기에 모일 때, 그리스도께서 승리 가운데 돌아오셔서 모든 거역하는 자들을 잠잠하게 하실 것이며, 천 년 동안 지속될 나라를 이 땅에 세우실 것이다. 사탄은 결박될 것이며, 모든 시대의 성도들이 만왕의 왕과 함께 다스릴 것이며, 하나님과 그리스도의 신부들이 거할 거주지로서 새 예루살렘이 하늘에서 내려올 것이다. 그리고 그 후에 메시아의 나라가 세워질 것이며, 거기에는 의로운 자들이 영원히 거할 새 하늘과 새 땅이 있을 것이다.

우리는 최악의 것(대환란)이 아직 세상에 임하지 않았다는 것을 요한계시록에서 깨달을 수 있다. 물론 최상의 것(메시아의 나라와 영원의 상태)도 아직 임하지 않았다.

우리가 요한계시록을 어떻게 해석하든지 한 가지만큼은 분명하다. 그리스도 안에 있는 성도들이 '승리 팀'에 속해 있다는 사실이다!

성경은 이렇게, 주권자이신 하나님께서 죄의 반항이 전혀 없는 상태에서 직접 통치하시는 완벽한 창조의 세상으로 시작되어 동일한 세상으로 끝난다. 성경의 시작과 끝을 견주며 비교하고 대조하는 것은 매우 흥미롭다.

다음 도표는 그래함 스크로지(Graham Scroggie) 박사가 창세기 처음 세 장과 요한계시록 마지막 세 장을 나란히 펴놓고 비교되는 점들과 대조되는 점들을 정리한 것이다. 성경이 시작되는 처음 몇 장과 끝나는 마지막 몇 장을 면밀히 연구해보면 이 도표에 추가할 사항들을 더 발견할 수 있을 것이다.

창세기와 요한계시록 비교 대조표

창세기 1-3장	요한계시록 20-22장
하나님	하나님
처음 하늘과 땅	마지막 하늘과 땅
처음의 안식	마지막 안식
낙원을 잃음	낙원을 회복함
생명나무와 강	생명나무와 강
남편과 아내	어린양과 신부
사탄의 승리	사탄의 패배
심판을 선언함	심판을 집행함
하나님의 얼굴이 감추어짐	우리가 하나님의 얼굴을 볼 것임
저주를 선언함	저주가 제거됨
문이 닫힘	문이 결코 닫히지 않음
죽음이 모든 인간을 덮침	더 이상 죽음이 없음
모든 얼굴이 눈물로 젖음	모든 눈물이 씻김
밤과 함께 두려움이 옴	밤이 없으므로 두려움이 없음
생명나무로부터 추방됨	생명나무에 대한 권리가 있음
지상 낙원에서 쫓겨남	천국 도성을 물려받음
인간이 들어오지 못하도록 그룹(천사들)이 막음	그룹이 인간을 환영함

십자가 묵상을 돕는 성경 구절들

사 1:18	여호와께서 말씀하시되 오라 우리가 서로 변론하자 너희 죄가 주홍 같을지라도 눈과 같이 희어질 것이요 진홍같이 붉을지라도 양털같이 되리라
사 53:5	그가 찔림은 우리의 허물을 인함이요 그가 상함은 우리의 죄악을 인함이라 그가 징계를 받음으로 우리가 평화를 누리고 그가 채찍에 맞음으로 우리가 나음을 입었도다
슥 13:1	그날에 죄와 더러움을 씻는 샘이 다윗의 족속과 예루살렘 거민을 위하여 열리리라
고전 15:10	나의 나 된 것은 하나님의 은혜로 된 것이니 내게 주신 그의 은혜가 헛되지 아니하여 내가 모든 사도보다 더 많이 수고하였으나 내가 아니요 오직 나와 함께하신 하나님의 은혜로라
요일 1:8–10	만일 우리가 죄 없다 하면 스스로 속이고 또 진리가 우리 속에 있지 아니할 것이요 만일 우리가 우리 죄를 자백하면 저는 미쁘시고 의로우사 우리 죄를 사하시며 모든 불의에서 우리를 깨끗케 하실 것이요 만일 우리가 범죄하지 아니하였다 하면 하나님을 거짓말하는 자로 만드는 것이니 또한 그의 말씀이 우리 속에 있지 아니하니라
딤전 1:15	미쁘다 모든 사람이 받을 만한 이 말이여 그리스도 예수께서 죄인을 구원하시려고 세상에 임하셨다 하였도다 죄인 중에 내가 괴수니라
요일 1:7	저가 빛 가운데 계신 것같이 우리도 빛 가운데 행하면 우리가 서로 사귐이 있고 그 아들 예수의 피가 우리를 모든 죄에서 깨끗하게 하실 것이요
고전 2:2	내가 너희 중에서 예수 그리스도와 그의 십자가에 못 박히신 것 외에는 아무것도 알지 아니하기로 작정하였음이라

십자가(cross)의 세 가지 의미

1 하나님을 만나는 장소

• 교통 표지판의 '교차로'(cross)가 '만나는 지점'을 의미하듯이 우리는 예수님의 '십자가'를 통해서 하나님을 만난다. 하나님이 자신을 드러내시고, 우리를 부르시는 것도 십자가를 통해서이다. 예수님이 '땅에서 들리심'은 곧 십자가에 달리심을 의미한다. 우리는 십자가에 달리신 예수님의 모습에서 십자가 위로 높이 들린 채 사람들을 하나님께로 끌어당기시는 하나님의 모습을 발견할 수 있다.

내(예수님)가 땅에서 들리면 모든 사람을 내게로 이끌겠노라 요 12:32

2 죄 용서의 증거

• 초신자가 "예수님은 나흘 만에 부활하셨다"라는 바이블 퀴즈의 답안에 '가위표'(cross)를 했다면 가위표(×)는 "틀렸다", "옳지 않다"라는 뜻이 된다. 이와 마찬가지로 십자가는 우리가 하나님과 그릇된 관계에 있음을 지적한다. 십자가는 우리가 '죄인'으로 하나님의 용서가 필요한 존재라고 말한다. 우리는 예수님의 십자가에서 죄에 대한 진정한 용서를 경험할 수 있다. 예수님은 우리 죄를 대신 속죄하기 위하여 십자가에서 죽으셨다. 하나님은 예수님의 십자가 고난과 죽음이라는 방법으로 우리 죄를 용서하셨다.

그리스도께서 하나님 곧 우리 아버지의 뜻을 따라
이 악한 세대에서 우리를 건지시려고 우리 죄를 위하여 자기 몸을 드리셨으니 갈 1:4

3 하나님 사랑의 증거

• 사랑하는 사람에게 보내는 편지의 맨 끝 부분에 '십자 표시'(cross)를 연속해서 몇 개 그려넣는다면(+++) 이때 십자 표시는 사랑을 의미한다. 예수님의 십자가 역시 자신의 백성들을 향한 하나님의 충만한 사랑을 보여준다.

우리가 아직 죄인 되었을 때에 그리스도께서 우리를 위하여 죽으심으로
하나님께서 우리에게 대한 자기의 사랑을 확증하셨느니라 롬 5:8

성경 파노라마

초판 1쇄 발행 2008년 4월 7일
초판 73쇄 발행 2025년 10월 29일

지은이 테리 홀
옮긴이 배응준

펴낸이 여진구
책임편집 안수경
편집 이영주 진효지 최현수 구주은 김도연 김아진 배예담
책임디자인 마영애 노지현 조은혜 정은혜 남은진
마케팅 김상순 강성민
마케팅지원 최영배 정나영
제작 조영석 허병용
경영지원 김혜경 김경희 김영하

303비전성경암송학교 유니게 과정
이슬비전도학교 / 303비전성경암송학교 / 303비전꿈나무장학회

펴낸곳 규장

주소 06770 서울시 서초구 매헌로 16길 20(양재2동) 규장선교센터
전화 02)578-0003 팩스 02)578-7332
이메일 kyujang0691@gmail.com
홈페이지 www.kyujang.com
페이스북 facebook.com/kyujangbook
인스타그램 instagram.com/kyujang_com
카카오스토리 story.kakao.com/kyujangbook
등록번호 1922-2461
since 1978.08.14

책값 뒤표지에 있습니다.
ISBN 978-89-6097-046-5 03230

규 | 장 | 수 | 칙

1. 기도로 기획하고 기도로 제작한다.
2. 오직 그리스도의 성품을 사모하는 독자가 원하고 필요로 하는 책만을 출판한다.
3. 한 활자 한 문장에 온 정성을 쏟는다.
4. 성실과 정확을 생명으로 삼고 일한다.
5. 긍정적이며 적극적인 신앙과 신행일치에의 안내자의 사명을 다한다.
6. 충고와 조언을 항상 감사로 경청한다.
7. 지상목표는 문서선교에 있다.

하나님을 사랑하는 자 곧 그의 뜻대로 부르심을 입은 자들에게는 모든 것이 合力하여 善을 이루느니라(롬 8:28)

Member of the Evangelical Christian Publishers Association

규장은 문서를 통해 복음전파와 신앙교육에 주력하는 국제적 출판사들의 협의체인 복음주의출판협회(E.C.P.A:Evangelical Christian Publishers Association)의 출판정신에 동참하는 회원(Associate Member)입니다.